基于重要度的基础设施韧性研究

兑红炎 杨咏 ◎ 著

中国社会科学出版社

图书在版编目（CIP）数据

基于重要度的基础设施韧性研究／兑红炎，杨咏著．
北京：中国社会科学出版社，2024.8．--（郑州大学厚山人文社科文库）．-- ISBN 978-7-5227-4250-2

Ⅰ．F294

中国国家版本馆 CIP 数据核字第 20247A00K6 号

出版人	赵剑英
责任编辑	李斯佳
责任校对	周晓东
责任印制	戴　宽

出　　版	中国社会科学出版社
社　　址	北京鼓楼西大街甲 158 号
邮　　编	100720
网　　址	http://www.csspw.cn
发 行 部	010-84083685
门 市 部	010-84029450
经　　销	新华书店及其他书店
印　　刷	北京君升印刷有限公司
装　　订	廊坊市广阳区广增装订厂
版　　次	2024 年 8 月第 1 版
印　　次	2024 年 8 月第 1 次印刷
开　　本	710×1000　1/16
印　　张	16.25
字　　数	267 千字
定　　价	89.00 元

凡购买中国社会科学出版社图书，如有质量问题请与本社营销中心联系调换
电话：010-84083683
版权所有　侵权必究

郑州大学厚山人文社科文库
编委会

主　　任：别荣海　李　蓬
副 主 任：刘春太
委　　员：(以姓氏笔画为序)
　　　　　王海杰　汪流明　张世勋
　　　　　和俊民　周　倩　樊红敏
丛书主编：周　倩

总　序

哲学社会科学是人们认识世界、改造世界的重要工具，是推动历史发展和社会进步的重要力量。习近平总书记指出："一个没有发达的自然科学的国家不可能走在世界前列，一个没有繁荣的哲学社会科学的国家也不可能走在世界前列。""高校是我国哲学社会科学'五路大军'中的重要力量。"充分肯定了高校的地位和作用。郑州大学哲学社会科学面临重大机遇。

一是构建中国特色哲学社会科学的机遇。历史表明，社会大变革的时代，一定是哲学社会科学大发展的时代。党的十八大以来，以习近平同志为核心的党中央高度重视哲学社会科学。习近平总书记在全国哲学社会科学工作座谈会上的重要讲话为推动哲学社会科学研究工作提供了根本遵循。《关于加快构建中国特色哲学社会科学的意见》为繁荣哲学社会科学研究工作指明了方向。进入新时代，我国将加快向创新型国家前列迈进的步伐，构建中国特色自主知识体系成为高校的重要使命。站在新的历史起点上，更好进行具有许多新的历史特点的伟大斗争、推进中国特色社会主义伟大事业，需要充分发挥哲学社会科学的作用，需要哲学社会科学工作者立时代潮头、发思想先声，积极为党和人民述学立论、建言献策。

二是新时代推进中原更加出彩的机遇。推进中原更加出彩，需要围绕深入实施粮食生产核心区、中原经济区、郑州航空港经济综合实验区、郑洛新国家自主创新示范区、中国（河南）自贸区、中国（郑州）跨境电子商务综合试验区、黄河流域生态保护和高质量发展等重大国家战略开展研究，为加快中原城市群建设、高水平推进郑州国家中心城市建设出谋划策，为融入"一带一路"国际合作和推进乡村振兴、推动河南实现改革开放、创新发展，提供智力支持。同时，需要注重成果转化和智库建设，使智库真正成为党委、政府工作的"思想库"和"智囊团"。因此，站在中原现实发展的土壤之上，我校哲学社会科学必须立足河南实际、面向全国、放眼世界，弘扬焦裕禄精神、红旗渠精神、愚公移山精神、大别山精神和中原文化的优秀传统，建设具有中原特色的学科体系、学术体系，构建具有中原特色的话语体系，为经济社会发展提供理论支撑和智力支持。

三是加快世界一流大学建设的机遇。学校完成了综合性大学布局，确立了综合性研究型世界一流大学的办学定位，明确了建设一流大学的发展目标，世界一流大学建设取得阶段性、标志性成效，正处于转型发展的关键时期。建设研究型大学，哲学社会科学承担着重要使命，发挥着关键作用。为此，需要进一步提升哲学社会科学解决国家和区域重大战略需求、科学前沿问题的能力；需要进一步提升哲学社会科学原创性、标志性成果的产出质量；需要进一步提升社会服务水平，在创新驱动发展中提高哲学社会科学的介入度和贡献率。

把握新机遇，必须提高学校的哲学社会科学研究水平，树立正确的政治方向、价值取向和学术导向，坚定不移实施以育人育才为中心的哲学社会科学研究发展战略，为形成具有中国特色、中国风格、中国气派的哲学社会科学学科体系、学术体系、话语体系做出贡献。

"十三五"时期以来，郑州大学科研项目数量和经费总量稳步增长，走在全国高校前列。高水平研究成果数量持续攀升，多部作品入选《国家哲学社会科学成果文库》。社会科学研究成果奖不断取得突破，获得教育部第八届高等学校科学研究优秀成果奖（人文社会科学类）一等奖1项，二等奖2项，三等奖1项。科研机构和智库建设不断加强，布局建设11个部委级科研基地。科研管理制度体系逐步形成，科研管理的制度化、规范化、科学化进一步加强。哲学社会科学团队建设不断加强，涌现了一批优秀的哲学社会科学创新群体。

从时间和空间上看，哲学社会科学面临的形势更加复杂严峻。我国已经进入中国特色社会主义新时代，开始迈向以中国式现代化全面推进中华民族伟大复兴新征程，逐步跨入高质量发展新阶段；技术变革上，信息化进入新一轮革命期，元宇宙、云计算、大数据、移动通信、物联网、人工智能日新月异。放眼国际，世界进入到全球治理的大变革时期，面临百年未有之大变局。

从哲学社会科学研究本身看，重视程度、发展速度等面临的任务依然十分艰巨。改革开放40多年来，我国已经积累了丰厚的创新基础，在许多领域实现了从"追赶者"向"同行者""领跑者"的转变。然而，我国哲学社会科学创新能力不足的问题并没有从根本上改变，为世界和人类贡献的哲学社会科学理论、思想、制度性话语权、中国声音的传播力、影响力还很有限。国家和区域重大发展战略和经济社会发展对哲学社会科学提出了更加迫切的需求，人民对美好生活的向往寄予哲学社会科学以更高期待。

从高水平基金项目立项、高级别成果奖励、国家级研究机构建设上看，各个学校都高度重视，立项、获奖单位更加分散，机构评估要求更高，竞争越来越激烈。在这样的背景下如何深化我校哲学社会科学体制机制改革，培育发展新活力；如何汇聚众智众力，扩大社科研究资源供给，提高社科成果质量；如何推进社科研究开放和合作，打造成为全国高校的创新高地，是我们面临的重大课题。

为深入贯彻习近平新时代中国特色社会主义思想和习近平总书记关于哲学社会科学工作重要论述以及《中共中央关于加快构建中国特色哲学社会科学的意见》等文件精神，充分发挥哲学社会科学工作者"思想库""智囊团"作用，更好地服务国家和地方经济社会发展，推动学校哲学社会科学研究的繁荣与发展，郑州大学于2020年度首次设立人文社会科学标志性学术著作出版资助专项资金，资助出版一批高水平学术著作，即"厚山文库"系列图书。

厚山是郑州大学著名的文化地标，秉承"笃信仁厚、慎思勤勉"校风，取"厚德载物""厚积薄发"之意。"郑州大学厚山人文社科文库"旨在打造郑州大学学术品牌，集中资助国家社科基金项目、教育部人文社会科学研究项目等高层次项目以专著形式结项的优秀成果，充分发挥哲学社会科学优秀成果的示范引领作用，推进学科体系、学术体系、话语体系创新，鼓励学校广大哲学社会科学专家学者以优良学风打造更多精品力作，增强竞争力和影响力，促进学校哲学社会科学高质量发展，为国家和河南经济社会发展贡献郑州大学的智慧和力量，助推学校世界一流大学建设。

"厚山文库"出版资助的程序为：学院推荐，社会科学处初审，专家评审。对最终入选的高水平研究成果进行资助出版。

郑州大学党委书记别荣海教授，郑州大学校长李蓬院士，郑州大学副校长刘春太教授等对"厚山文库"建设十分关心，进行了具体指导。学科与重点建设处、高层次人才工作办公室、研究生院、发展规划处、学术委员会办公室、人事处、财务处等单位给予了大力支持。国内多家知名出版机构提出了建设性的意见和建议。在这里一并表示衷心感谢。

  我校哲学社会科学工作处于一流建设的机遇期、制度转型的突破期、追求卓越的攻坚期和风险挑战的凸显期。面向未来，形势逼人，使命催人，需要我们把握学科、学术和研究规律，逆势而上，固根本、扬优势、补短板、强弱项，努力开创学校哲学社会科学发展新局面。

周　倩

2024 年 01 月 01 日

序

  基础设施作为维系城市系统运作的重要枢纽，其韧性会直接影响城市整体韧性，探索基础设施韧性水平对提升韧性城市建设、保障城市安全至关重要。近年来，频发的灾害事件表明城市基础设施的建设、运维和管理仍存在许多问题，需要从韧性视角识别存在的不足。兑红炎教授近年来一直从事与体系韧性相关的研究，提出了重要度驱动的韧性评估模型和深度学习使能的韧性优化方法，在 Springer Nature 出版英文书籍 1 本，即 *Importance-informed Reliability Engineering*。与我一起在国际期刊 *Reliability Engineering & System Safety* 和中国工程院院刊 *Frontiers of Engineering Management* 发表了多篇韧性相关的论文，并在我的团队参与香港 GRF 基金，从事香港地铁韧性相关的研究工作，因此，我对兑红炎教授从事的基础设施领域的学术研究工作给予肯定和支持。

  本书以韧性、重要度理论为基础，提出了基于重要度的基础设施韧性管理思路。本书建立了基于全生命周期成本的基础设施风险评估模型；探讨了多灾害连续损伤和维护过程中的基础设施韧性模型；给出了考虑自然老化和冗余设计的基础设施韧性方法；同时，将其应用于城市污水处理设施、地铁设施、供水设施、医院卫生设施、环境绿化设施等。通过一系列的维护活动，吸收干扰并通过对干扰的适应和转变来维持或尽快恢复城市基本功能、增强城市的韧性，进而保障城市的运行安全。本书填补了以重要度视角识别基础设施在全寿命周期运行中薄弱环节的空白，增强了其抵御自然灾害的快速恢复能力。

  本书内容具有很好的理论价值和应用前景，可以服务于高年级本科生、研究生、系统工程相关的学者、工程师和管理人员。

谢旻，香港城市大学讲席教授
IEEE Fellow，欧洲科学和艺术院院士
2024 年 8 月 18 日

前　言

2020年9月，习近平主席在第75届联合国大会上宣布，中国"二氧化碳排放力争于2030年前达到峰值，努力争取2060年前实现碳中和"。以国家双碳战略为目标，为有效挖掘节能减排潜力，更需要对城市基础设施进行科学运维管理。

韧性能够从体系层面反映系统在遭受干扰、毁伤下进行重组后仍然能够完成任务的能力。韧性不仅能反映系统自身的抗毁能力，也反映了系统在遭受损失后的恢复能力，对系统韧性的研究本质上是在系统失效后对系统恢复能力和稳定性的研究。当前，韧性被广泛应用于系统工程领域，如电网、交通网等基础设施系统以及金融市场、生态系统等。因此，对系统韧性的研究对于解决实际中复杂系统遭受干扰以及减少经济损失具有现实和理论意义。本书的主要内容包含十个方面。

第一章为绪论。本章首先对韧性、重要度和维护概念进行概述，对相关研究进行总结与回顾，介绍了基于重要度的基础设施韧性管理思路。其次，将系统性能变化划分为干扰前阶段、干扰阶段和干扰后三个阶段，对韧性管理的相关研究进行总结归纳。最后，确定未来研究的几个视角。

第二章为基础设施全寿命周期风险评估。本章首先建立了基于全生命周期成本的风险管理框架，将系统内的部件生命周期分为四个阶段，即生产阶段、运行阶段、维护阶段和报废阶段。其次，基于系统的全生命周期成本建立系统的失效风险评估模型。最后，从系统成本和失效概率的角度控制系统风险，提出有限资源条件下控制系统风险的策略。

第三章为多灾害影响下基础设施韧性。本章首先探讨了多灾害下的连续损伤和维护过程，分析了在损伤和维护的相互作用下多状态系统的性能变化。其次，从性能角度出发，通过衡量性能恢复程度，得到系统性能韧性，考虑了两类费用，即损失费用和维修费用，建立成本韧性模型。最后，该方法的适用性通过光伏发电系统得到了验证。

第四章为考虑自然老化的多灾害下的基础设施韧性。本章建立多灾害作用下多状态系统的韧性评估模型、韧性优化模型。此外，以智能充电桩为例进行分析，对上述所提方法与建立的模型进行验证。

第五章为基于冗余设计的基础设施韧性。本章首先考虑设施的多态性以及系统期望成本，提出基于成本的设施维修优先级重要度。其次，将综合重要度与设施保障率相结合，提出系统级综合保障率。最后，综合考虑设施状态变化规律和维修水平，对各设施的冗余设施配置数量进行优化。

第六章为基于多阶段任务的污水处理设施韧性。本章对污水处理设施进行多阶段韧性研究分析，针对污水处理的三个阶段，建立污水处理系统阶段剩余韧性模型以及综合剩余韧性模型。

第七章为自然灾害下的地铁设施韧性。本章首先从复杂网络角度出发对地铁网络的拓扑结构和级联失效机理进行分析。其次，基于客流分布与拓扑结构特点建立考虑时间价值的韧性评估模型。最后，通过评估各节点的重要度，确定节点的维修顺序，更好地提升网络韧性。

第八章为自然灾害影响下的供水设施韧性。本章首先对供水设施进行建模，将供水网络在灾害影响下的性能变化划分为四个阶段。其次，建立分布式供水网络的级联失效模型，提出灾后的分布式供水网络的性能恢复模型。最后，通过实际案例得到验证。

第九章为基于病毒传播模型的医院卫生设施韧性。本章提出了"暴发率"的概念，从病人的角度来评价医院的状态，可以衡量在一段时间内 HIS 的攻击情况。进而建立了考虑节点异质性的病毒传播模型、级联失效模型，并以某市医院基础设施为例进行验证，管理者将优化整个系统的韧性作为目标来管理风险。

第十章为环境绿化养护机器人设施韧性。绿化养护机器人在实际作业过程中会受到多种复杂工况环境的影响，该影响对各部件退化过程的作用不尽相同。结合机器人实际服役工作环境复杂多变的特点，得到确定性环境条件和随机性环境条件下具有多维退化过程的养护机器人的部件环境重要度。基于多部件联合重要度，确定部件的维护优先级，在有限资源的情况下，得到最优预防性维护部件集，从而提升其韧性，增加环境绿化服务时间。

目　　录

第一章　绪论 ··· 1

　　第一节　研究背景和意义 ··· 1
　　第二节　韧性、重要度和维护之间的关系 ···································· 3
　　第三节　基于重要度的基础设施韧性管理 ···································· 9
　　第四节　本章小结 ·· 15

第二章　基础设施全寿命周期风险评估 ·· 17

　　第一节　基于全生命周期成本的风险管理框架 ··························· 17
　　第二节　基于重要度的全生命周期成本管理 ······························ 19
　　第三节　基于可靠性算子的风险分析 ······································ 29
　　第四节　本章小结 ·· 34

第三章　多灾害影响下基础设施韧性 ··· 35

　　第一节　多灾害下的连续损伤和维护过程 ································· 35
　　第二节　基于损伤和维护相互作用下的性能变化 ························ 39
　　第三节　多状态系统的性能韧性与成本韧性 ······························ 43
　　第四节　光伏发电系统的韧性仿真 ··· 46
　　第五节　本章小结 ·· 55

第四章　考虑自然老化的多灾害下的基础设施韧性 ··························· 56

　　第一节　多灾害作用下多状态系统的韧性评估模型 ····················· 56
　　第二节　多灾害作用下多状态系统的韧性优化模型 ····················· 64
　　第三节　智能充电站的韧性仿真 ·· 69
　　第四节　本章小结 ·· 74

第五章　基于冗余设计的基础设施韧性 75

- 第一节　基础设施系统维修优先级重要度 75
- 第二节　基于重要度的基础设施系统的维护决策分析 79
- 第三节　基于重要度的基础设施系统韧性评估与优化 89
- 第四节　算例分析 97
- 第五节　本章小结 113

第六章　基于多阶段任务的污水处理设施韧性 114

- 第一节　污水处理设施网络 116
- 第二节　污水处理设施韧性模型 119
- 第三节　案例分析 129
- 第四节　本章小结 145

第七章　自然灾害下的地铁设施韧性 147

- 第一节　地铁网络空间模型构建 147
- 第二节　地铁网络的级联失效分析 148
- 第三节　地铁网络韧性评估模型建立 152
- 第四节　基于节点重要度的韧性优化策略 157
- 第五节　案例分析 158
- 第六节　本章小结 165

第八章　自然灾害影响下的供水设施韧性 166

- 第一节　供水设施建模 166
- 第二节　供水设施的韧性模型 169
- 第三节　算例分析 178
- 第四节　本章小结 185

第九章　基于病毒传播模型的医院卫生设施韧性 186

- 第一节　考虑节点异质性的病毒传播模型 187
- 第二节　考虑节点异质性的级联失效模型 190
- 第三节　病毒传播下医院基础设施韧性优化 195

| 第四节 | 算例分析 | 202 |
| 第五节 | 本章小结 | 211 |

第十章 环境绿化养护机器人设施韧性 … 212

第一节	绿化养护机器人	212
第二节	考虑环境因素的养护机器人退化建模和重要度分析	213
第三节	基于环境韧性重要度的养护机器人预防性维护	216
第四节	仿真验证	218
第五节	本章小结	229

参考文献 … 230

第一章 绪论

在中国经济由高速发展步入高质量发展的新阶段，面对气候问题，碳中和目标的提出体现了中国作为最大碳排放国应对气候问题的大国担当以及对绿色转型的战略自信。如何构建示范性的城市基础设施系统，引领城市向绿色低碳、韧性智慧的方向发展，是新时期智慧城市建设的关键一步。

城市基础设施的发展对于降低城市风险、建设韧性城市具有重要作用。从灾害风险数据基础库建立到韧性评估指标体系的建立，构建科学完备的灾害韧性评估系统；注重多规合一，提出韧性城市总体规划。韧性城市建设应坚持规划引领，突出系统观，由被动的应急响应与处置转变为主动的风险预防与调控，并与城市更新有机融合，根据城市发展实际情况建立差异化的韧性制度体系。韧性城市规划的制定不仅包括短期内突发事件的应对方案和长期综合规划，还应通过检验与评估规划方案的实施效果对其进行动态调整，从而形成闭环。

韧性作为可靠性概念的拓展，能够从体系层面，反映系统在遭受干扰、毁伤下进行重组后仍然能够完成任务的能力。韧性不仅能反映系统自身的抗毁能力，也反映了系统在遭受损失后的恢复能力，对系统韧性的研究本质上是在系统失效后对系统恢复能力和稳定性的研究。当前，韧性被广泛应用于系统工程领域，如电网、交通网等基础设施系统以及金融市场、生态系统等。因此，对城市基础设施系统韧性的研究对于解决实际中城市遭受干扰以及减少经济损失具有现实和理论意义。

第一节 研究背景和意义

韧性作为影响系统可靠性的一种重要的恢复能力，对韧性度量的研究和探索从未间断过。而城市基础设施作为维系城市系统运作的重要枢纽，其韧性会直接影响城市的整体韧性，探索城市基础设施韧性水平对提升韧性城市建设、保障城市安全至关重要。近年来，频发的灾害事件表明城市基础设施的建设、运维和管理仍存在许多问题，需要从韧性视角识别存在的不足。城市基础设施韧性的理念与传统的城市规划理念存在一定的差异，与传统的观念不同，韧性作为一种综合性的系统特征，其本身包含多种视角，如鲁棒性、恢复性等。因此，更注重如何能够通过一系列的维护活动，吸收干扰并通过对干扰的适应和转变来维持或尽快恢复城市基本功能，增强城市的韧性，进而保障城市的运行安全。

在过去的几十年里，自然灾害和人为干扰极大地影响了许多基础设施的运行。例如，2021年2月，三场严重的暴风雪摧毁了得克萨斯州的能源基础设施，导致水、食物和暖气短缺，400多万户家庭断电。类似的恶意事件严重影响了许多社区的性能和安全。社会的发展将各种基础设施和相关网络汇聚在一起。负面危害甚至会导致一个系统的崩溃（Xing，2021）。为了应对快速变化的环境，韧性已成为许多基础设施系统的关键绩效指标（Gao, et al., 2016；Ayyub, 2014）。韧性作为一种综合度量，既关注系统面对干扰时的准备能力，也关注系统的恢复能力（Hosseini, et al., 2016）。韧性管理可以为工程师提供一种直观的方法来评估系统在发生干扰后满足规定性能要求的能力。可靠性中的重要度是从可靠性和维护方面制定的用于对工程系统组件的重要性的排序。它们可以提供一种强大的方法，从各个角度支持系统分析（Si, et al., 2020）。例如，组件可靠性重要度可以帮助工程师识别薄弱组件/参数并为系统改进提供指导，组件临界重要度给出了组件在系统失效时失效的概率。为改善韧性管理，目前已经开发了各种重要度。此外，维护活动对系统维持或恢复其性能的能力具有重大影响（Azadeh, et al., 2014）。这种能力也是韧性管理的重要来源和优化目标之一。预防性维护资源的分配、基于状态的维护策略的决策、扰动后应急维护的调度等都成为面向韧性的维护问题。随着各国政府对韧性管理的重视程度的提高，关于增强韧性的重要措施和维护优化的研究也日益丰富（Liu, et al., 2022）。

关于系统韧性的定义以及重要度在韧性管理中的应用存在一些争论（Ebrahimi, et al., 2022；Bruneau, et al., 2003）。由于关注程度和研究对象的不同，优化韧性的维护策略存在巨大差异。同时，重要度也是维护管理的关键工具之一。由此可见，韧性、重要度和维护优化之间存在复杂的耦合关系。此外，许多以韧性管理为导向的关于重要度和维护管理的学术论文虽然侧重点不同，但它们之间存在相似之处。对其进行全面的回顾和探讨，将为今后的研究提供有益的参考。

第二节 韧性、重要度和维护之间的关系

一 韧性概述

"韧性"一词源于拉丁语"resilier"，意思是"反弹"。1973年以前，这个词常被用来形容某些材料的特性（Beste and Hoffman，1950）。1973年，Holling（1973）率先提出了韧性的概念，将其作为系统吸收其状态和驱动变量变化的度量。随着全球化的发展，自然灾害和人为灾害的影响可能不再受地理因素的限制，破坏也变得更加不可预测和频繁。因此，韧性的概念逐渐被应用到工程行业和其他商业领域（Henry and Ramirez-Marquez，2012），在生态学、心理学、社会学、公共管理等诸多研究领域也得到了广泛的应用（Kerkhoff and Enquist，2007）。如 Leveson（2004）提出了基于系统安全工程的事故发生模型，奠定了韧性工程的基础。对于其内涵，Hosseini 等（2016）从组织、社会、经济和工程四个领域描绘和定义了韧性的概念。此外，一些学者提出了跨多个学科对韧性的一般定义。Pregenzer（2011）将韧性定义为衡量系统吸收持续和不可预测变化并维持其重要功能的能力。Henry 和 Ramirez‑Marquez（2012）将系统韧性定义为与时间相关的可量化度量。为了适应具体的系统和场景，一些作者对"韧性"做了进一步的丰富和解释。表 1-1 给出了工程学、社会生态学、组织学、经济学和心理学五个领域对韧性的定义。不难看出，对功能或性能的"抵抗""适应"和"恢复"是系统韧性的关键方面。因此，目前对韧性指标的研究主要集中在系统性能退化和恢复上，可分为两类，即确定性指标和概率指标（Feng, et al., 2022; Salem, et al., 2020）。对于韧性的定义，目前还没有达成共识。但是，关于韧性的优化、设计和分析的研究正在不断发展。与众所周知的可靠性概念类似，韧性也是系统的关键特征。两者有很大的相似之处，但又有不同之处，许多研究试图区分它们之间的关系（Hariri‑Ardebili，

2018）。一般认为，韧性分析考虑的是系统在扰动条件下的可靠性（Zuo，2021）。可靠性优化和分析方法，如重要度，可以为韧性的发展提供强有力的支持。

表 1-1　　　　　　　　　不同领域的关注点总结

领域	关注点
工程学领域	系统在外部和内部中断的情况下维持和恢复系统功能的能力（Cai, et al., 2021；Argyroudis, et al., 2020；Cheng, et al., 2019）
社会生态学领域	一个系统在经历外部冲击后抵抗干扰和重组的能力（Holling, 1973；Kerkhoff and Enquist, 2007；Webb, 2007；Carpenter, et al., 2001）
组织学领域	企业、组织和供应链对快速变化的商业环境的需求（Kendra, et al., 2003；Long, et al., 2017；Ali, 2022）
经济学领域	一个系统承受市场或环境冲击而不丧失有效配置资源的能力（Rose, 2004；Perrings, 2006；Hynes, et al., 2022）
心理学领域	个体在经历逆境时表现出积极行为适应的动态过程（Luthar, et al., 2000；Smith, et al., 2008；Connor and Davidson, 2003）

二　重要度概述

Birnbaum（1969）首先引入了二元状态系统重要度分析方法的概念并定义了三种类型的重要度，即结构重要度、可靠性重要度和寿命重要度。例如，Lambert（1975）在1975年建立了二态系统的临界重要度分析方法。1983年，Vesely 等（1983）引入了风险成就价值（RAW）和风险降低价值（RRW）的概念并将其应用于风险信息监管系统中的概率风险评估。Si 等（2014）研究了面向全生命周期的多状态和可重构系统的重要度理论和方法。同时，重要度被应用于各个领域。例如，在航空航天领域（Dui, et al., 2017），扩展了综合重要度，为螺旋桨飞机系统寻找最重要的部件。Marseguerra 和 Zio（2004）使用差分重要度分析了部件随机特性变化对核反应堆系统的影响。近年来，将维护、成本等诸多因素纳入显著性分析，大大增强了其实际意义和应用范围（Zio, et al., 2007；Borgonovo, 2008；Natvig, et al., 2009）。例如，在 Dui 等（2017）的研究中，考虑到温度、振动等外部因素的影响并提出了一种具有更新功能的多状态系统寿命的新重要度，以优先考虑系统的弱组件（或状态）。基于多项研究，总结了常见的重要度分类方法、应用领域、考虑因素和应用阶段（Si, et al., 2020；

Birnbaum，1969；Lambert，1975；Vesely，et al.，1983；Si，et al.，2014；Si，et al.，2012；Dui，et al.，2014）。

如图1-1所示，重要度的应用领域越来越广，考虑的因素（如性能、成本等）也越来越全面。重要度在系统的整个生命周期中，包括设计、运行和维护阶段，都扮演着重要的角色。根据其应用，重要度可分为可靠性重要度、生命周期重要度、结构重要度、成本重要度等。以多状态系统的性能分析为例，在设计阶段，可以通过重要度来度量组件对性能的贡献，从而识别系统的薄弱部分。由此可见，重要度可以作为从不同方面评价系统敏感性的指标之一。近年来，基于重要度的分析正在成为一个热门话题。越来越多的基于重要度的韧性指标，特别是临界重要度被发表在学术期刊上（Espiritu，et al.，2007）。此外，由于可靠性和韧性与维护的关系更加紧密，越来越多关于系统韧性的研究基于重要度的维护管理展开。

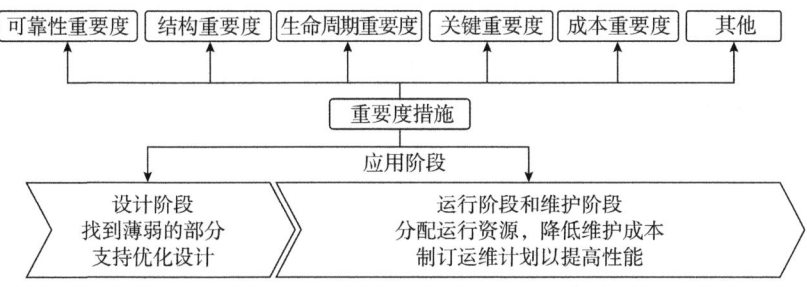

图1-1 重要度总结

三 维护管理方法概述

维护是提高工程系统安全性、可靠性和韧性的最重要、最有效的手段之一。维护可分为纠正性维护和预防性维护（Sharma，et al.，2011）。纠正性维护是指在系统发生故障时对其进行修复以恢复正常工作状态，这是一种常用的维护策略（Mechefske and Wang，2001）。这种类型的维护通常是意料之外的，因为它可能对系统功能产生严重的影响。韧性管理系统发生冲击后的紧急维护或恢复也属于纠正性维护（Sarkar，et al.，2020；Britton and Clark，2000）的一种。预防性维护是一种按照计划或特定的时间表执行检查或修理动作，使系统保持预定工作状态的方法

(Huang, et al., 2020)。最早的预防性维护模式可以追溯到 20 世纪 60 年代。在过去的几十年里,各种维护策略被提出,如基于状态的维护、机会性维护、选择性维护等（Ahmad and Kamaruddin, 2012；Levitin et al., 2021）。为了减少扰动的突发性和危害性,在韧性管理中提出了一种特殊的维护模式,即应急维护。当然,并非所有的维护策略都与韧性管理有关,Bukowski 和 Werbińska-Wojciechowska (2021) 定义了基于韧性的维护概念,包括纠正性维护和预防性维护。无效或低效的维护不仅不能显著提高系统的性能,还可能产生过高的成本。因此,有必要在系统生命周期的不同阶段实施不同的维护行动。在过去的几十年中,以可靠性为导向的维护方法有了巨大的改进（Petritoli, et al., 2018；Garg and Deshmukh, 2006）。但仍然缺乏基于重要度的维护管理研究。韧性过程有三个阶段,即正常阶段、干扰阶段和恢复阶段（Ganin, et al., 2016）。在这三个阶段中,可以分别对系统进行预防性设计、基于条件的控制和恢复安排。

根据图 1-2 所示的时间驱动维护管理特征,常见的管理活动包括冗余设计、预防性维护、应急维护等。这些维护活动由于各自的特点,在弹性管理的不同阶段发挥着不同的作用。具体的维护活动和适应阶段如图 1-3 所示。

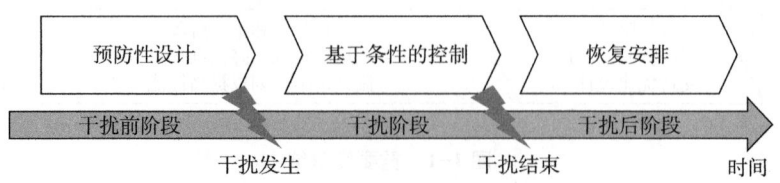

图 1-2　不同阶段的维护管理

广义的维护管理是指为了降低故障发生的概率、减少故障的影响、提高维修效果而进行的一系列活动（Xing and Johnson, 2022）。因此,一些主动的预防措施,如冗余设计和资源配置,也被认为是特殊的维护方法（Sayed, et al., 2019）。冗余设计和资源配置的目的是通过增加额外的组件或保护资源等,确保系统能够对干扰做出响应。预防性维护是指在部件出现故障之前对其进行维护,以提高系统抵抗干扰的能力。选择性维护和机会性维护属于群体维护。此外,当执行基于状态的维护时,

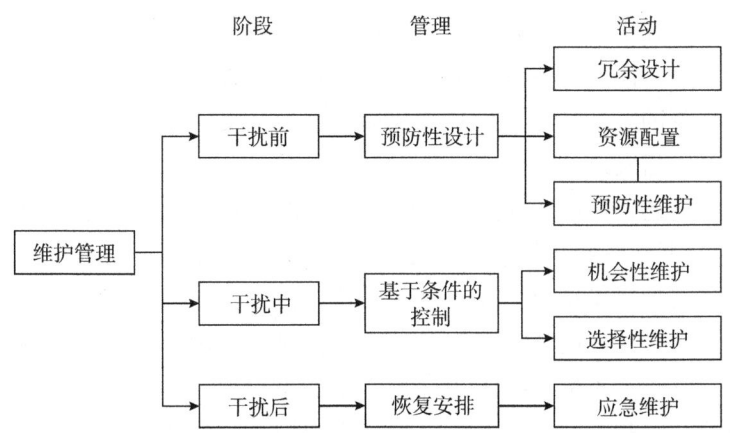

图 1-3　与韧性相关的常见维护策略的分类

工程师可能会利用这个机会对系统中的其他组件进行预防性维护。应急维护是韧性管理中的一种特殊维护方式，只有在检查或故障维护确定了其必要性时才进行。本节对与韧性相关的常见维护策略的分类进行具体阐述。

四　三个概念之间的关系

韧性和可靠性一样，是系统的质量特征之一，它与维护有着密切的关系。同样，有效的维护管理也是系统韧性的重要来源（Bukowski and Werbińska-Wojciechowska，2021）。维护活动可以帮助系统维持或恢复其性能，这是韧性管理的目标。重要度作为维护和韧性管理的有效工具，近年来得到了广泛关注。

例行的预防性维护工作使系统在干扰前处于健康的工作状态。此外，可以开展预防性设计工作，如冗余设计和资源配置，以减少干扰造成的损害（Levitin，et al.，2021）。在这一阶段，重要度可以指导工程师识别系统的薄弱部分，制订合理的预防性维护计划并遏制系统性能下降的风险。在干扰阶段，一些部件的可靠性下降，或者由于系统性能的退化导致系统最终失效。此时，可以执行基于重要度的维护活动来维持系统的性能。此外，为了充分利用资源，还可以在联合重要度的指导下，进行一些比较新颖的维护模式，如群体维护、选择性维护等。部件之间的依赖关系，如成本依赖、结构依赖等措施需要综合考虑（Levitin，et al.，2022）。这与上文所述的基于状态的维护非常相似，因此，将其称为基于状态的维护并不会造成歧义。一次扰动结束后，系统的性能一般会下降到一定水平，需要进行应急维护工作。重要度可以用来确定恢复的顺序和分配资源的方法，以支持系统快速有效地恢复到可接受的水平。这里同时使用了启发式方法和排序方法。

如上所述，韧性、维护和重要度分别扮演着目标、实际行动和方法的角色（见图1-4）。维护是维持或恢复系统功能的实际行动；而重要度则为维护管理提供指导。在干扰前阶段，由于扰动尚未到来，预防性维护更关注关键部件的状态。为了减少干扰对系统运行的巨大影响，通常在冗余设计、资源配置和维护计划中采用重要度。在干扰阶段，随着干扰的到来，一些组件失效，由于预防性维护，系统性能的下降可能并不明显。为了确保系统能够继续运行，在这一阶段采用基于状态的维护。考虑到组件的依赖性，如成本、结构等，研究人员提出了提高维护经济性和有效性的重要措施。在干扰后阶段，扰动已经对系统造成了很大的破坏，应急维护是必要的。在资源消耗和恢复贡献方面，重要度可以指导维护计划的制定，最大限度地提高系统的韧性。针对这三个韧性阶段的特点，本书以重要度作为指导优化过程的分析方法，建立维护策略的优化模型，实现系统韧性的最大化。

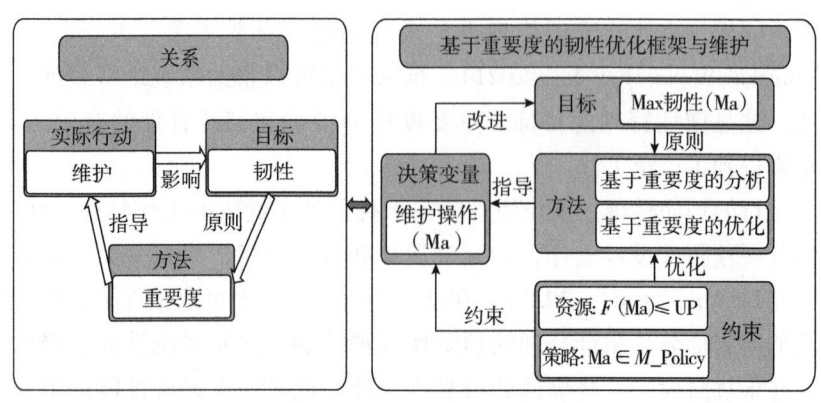

图1-4　韧性、维护和重要度之间的关系

梳理了三个概念之间的关系后，本书更关注具体的应用方法。维护管理本质上是一个优化问题，旨在合理安排维护活动。面向韧性的维护管理是一种考虑扰动条件的特殊优化模型。

第三节 基于重要度的基础设施韧性管理

一 干扰前阶段

干扰前的维护管理在韧性管理中是一项处于系统设计阶段的任务,对于城市基础设施系统而言,属于灾前预防工作,对系统性能的保持和恢复有重大影响,可以使用先验信息来预测干扰情景(Yodo, et al., 2017)。在考虑扰动的情况下,合理安排一些维护计划和资源配置降低系统运行的风险(Jain, et al., 2018),进而得到一个更有韧性的系统。

如图 1-5 所示,首先需要建立由系统模型和扰动模型组成的韧性模型。在实际应用中,如果城市基础设施系统处于具有各种威胁的复杂环境中,采用干扰模型来预测韧性措施更现实(Argyroudis, et al., 2020)。系统模型和韧性函数将直接影响关键组件的识别。为了减少干扰对系统性能的影响(或提高系统的鲁棒性),预防性维护设计的工作,如冗余设

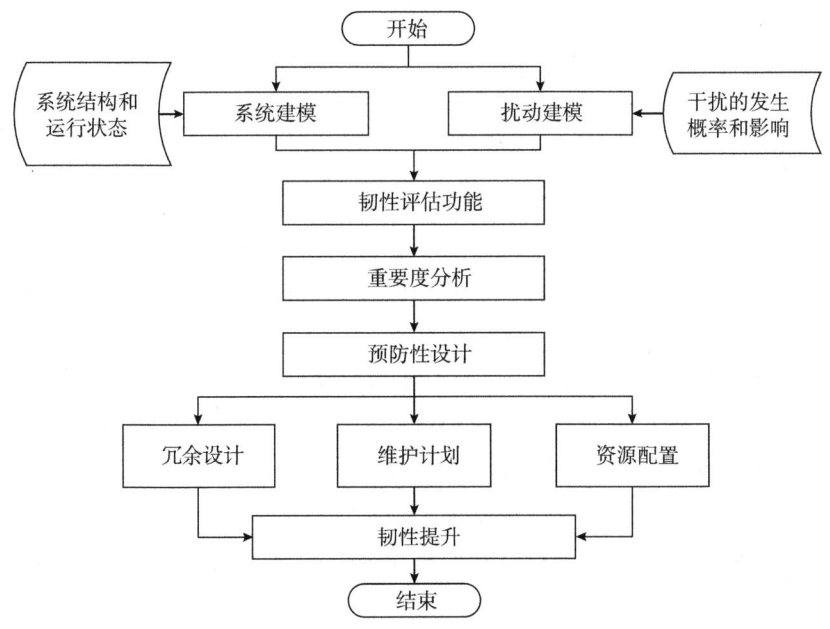

图 1-5 扰动前阶段维护管理流程

计、资源配置和维护计划可以在这一阶段进行。然而，受到成本或其他资源的约束，应该找到一些关键的组成部分，以最大限度地发挥资源的作用。重要度分析可以用于识别关键组件，以支持系统的设计工作并适当分配资源或计划。

（一）冗余设计

对于工业化的许多系统，如无人机（UAV）群，组件是系统自恢复和自适应能力的来源（Tan, et al., 2019）。当扰动发生时，关键部件的失效可能会大大降低系统性能，甚至导致系统失效（Levitin, et al., 2023）。因此，需要更换冗余组件或切换逻辑来维持系统的功能能力（Feng, et al., 2019; Rahmani, et al., 2018）。在逻辑方面，对关键模块进行冗余设计以提高控制系统的韧性（Chaves, et al., 2017），通过分析一个组件的备份数量对系统韧性的影响（Wen, et al., 2020），提出一个冗余重要度，用于确定一个组件是否值得冗余。无人机群本身就是一个典型的冗余系统，需要与更多无人机协同完成特定任务（Levitin, et al., 2023）。Feng等（2022）提出了一种考虑异构无人机群中不同类型无人机数量对分阶段任务影响的重要度，为无人机冗余组成决策提供了有益的指导。冗余设计作为一种特殊的预防方法，在干扰到来之前就考虑维护活动，已经逐渐成为一个热门的研究方向（Espinoza, et al., 2016）。

（二）资源配置

正确分配资源有助于提高系统的可靠性，从而在面对干扰时保持系统性能。特别是对于网络系统来说，保护关键节点或边缘已经成为提高系统韧性的成熟方法。在重要度分析领域，网络特征（如节点度、中心性、H指数等）的研究较为广泛，一些进化特征（如网络渗流）也通常被考虑在内（Liu, et al., 2022）。Wen等（2020）提出通过强化重要度来选择关键组件，提高了系统组件的韧性极限。Dui等（2021）提出风力发电系统的性能损失取决于系统的重要节点，寻找风力发电系统的重要节点并进行保护，可提高系统的可靠性。此外，在寻找基础设施投资中的关键节点时，往往会考虑风险因素（Ben and Eling, 2015）。Baroud 和Barker（2018）利用贝叶斯核模型提出了一种基于韧性的组件重要度。Hussain等（2019）指出，微电网可以作为电力系统的资源来提高系统的韧性。为满足维护需求，在Si等（2012）提出的综合重要度的基础上，Dui等（2023）给出了一种备件存储配置方法，如何在有资源可分配以提高系统韧性的情况下合理分配资源，为重要度的发展提供更加广阔的平台。这些研究对后续的维护活动或运行模式有很大的影响，应在今后的研究中予以关注。

（三）维护计划

为了维护系统的性能并提高其在复杂环境中的韧性，预防性维护管理的主要任务是决定何时以及在哪些部分执行维护活动。充分的预防性维护可以降低操作风险，提高系统韧性（Jain, et al., 2018）。不难看出，在这一阶段，韧性和可靠性的目标是相似的（Zuo, 2021）。在"何时"方面，与时间相关的重要度可以提供一些指导（Li, et al., 2019）。Birnbaum（1969）认为，重要度就是在给定时间内面向可靠性的组件的重要度。Dui 等（2022）将韧性度量定义为时间和组件的函数，认为组件重要度随时间的推移发生变化。此外，在机会性维护中，当一个部件出现故障时，也是修复其他部件的好时机（Wu, et al., 2016），其目标也是降低停机成本，这与"群体维护"的概念（Shafiee and Finkelstein, 2015）有些相似，其目标（或约束）包括性能提升（Liu, et al., 2022）、成本降低、维护时间缩短以及经常考虑的其他实际因素（Chen et al., 2022）。例如，Dui 等（2017）提出基于成本的重要度来选择合适的部件进行维护，Zhu 等（2021）结合时间依赖和时间独立寿命度量的优势，提出两种类型的重要度来确定优化目标。与上述两种预防性设计方法相比，基于重要度的预防性维护决策已经相对完善。

二　干扰阶段

如图 1-6 所示，在干扰阶段的维护活动并不容易被定义，尤其是对于基础设施系统而言。它与干扰后阶段有相似之处，因为两个阶段都有失效的部分。但不同之处在于，系统在干扰阶段的状态仍在不断退化。因此，需要在扰动的初始阶段进行干预，以减少影响并避免造成更大的损失（Liu, et al., 2014）。事实上，在干扰阶段采取合理、及时的维护行动，可以减少干扰后阶段更多的维护工作需求，甚至避免大规模的故障维护。

在这个阶段，扰动可能会引起系统的小规模故障，扰动的一些影响可以通过维护来抵消。维护活动会受到特定故障和运行条件的影响，因此，在这一阶段应用基于状态的维护。为了恢复某些功能，可能需要进行一些维护活动。因此，基于系统模型，应该描述组件之间的运行状态

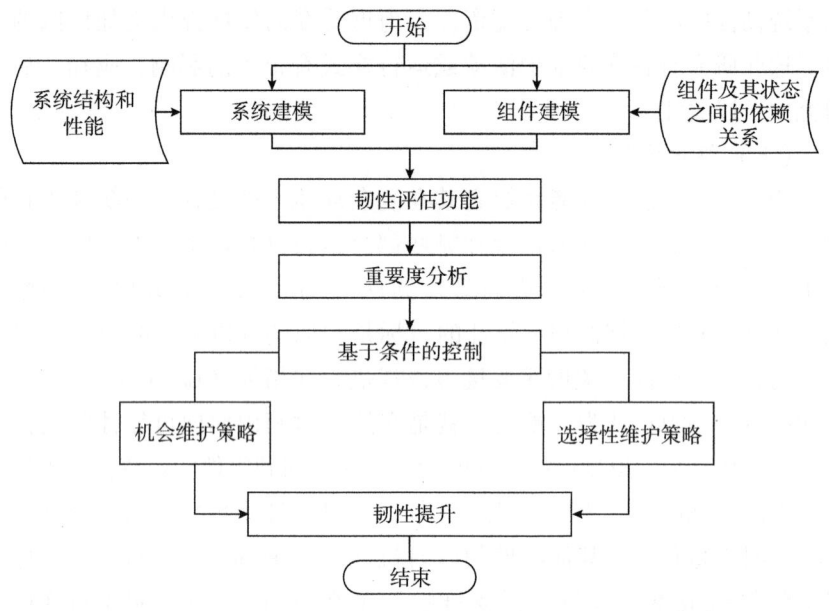

图 1-6　干扰阶段的维护管理流程

和依赖关系，可以使用重要度来识别值得维护的部件。具体应用见第一章第二节。

（一）机会维护策略

为提高系统性能，可以在可修复系统上同时进行故障纠正维护和预防性维护，以降低未来发生故障的概率。为了提高系统的可用性或降低成本，可以采用以下方法：如果一个部件发生故障，可以在修复故障部件的同时，对其他部件进行预防性维护。这种维护方式通常被称为机会维护，有时也被称为群体维护（Fan, et al., 2021; Ab-Samat and Kamaruddin, 2014）。Wu 等（2016）提出了一种重要度，当某些部件发生故障时，对正常部件制定部件维护优先级。与此想法类似，Dui 等（2019）在有限预算的约束下提出了一种扩展的联合集成重要度，以确定哪些部件有机会进行预防性维护。Dui 等（2021）考虑到维护成本和系统结构，Chen 和 Feng（2020）设计了重要度来寻找最优维护策略。Vu 等（2016）基于平均剩余寿命和 Birnbaum 重要度，通过建立考虑经济和结构依赖的模型来制订维护计划。

（二）选择性维护策略

选择性维护是在一组理想的维护动作中识别一个子集的过程（Cassady, et al., 2001）。这一过程主要包括两个部分：一是确定哪些部件采取维护行动，二是确定采取哪种类型的维护行动。决策的目标包括提高系统性能、降低成本和减少停机时间（Hesabi, et al., 2022; Tang, et al., 2021; Shahraki, et al., 2020）。虽然目前还没有提出以韧性为导向的选择性维护策略，但我们认为其目标与上述相似。Liu 等（2014）开发了一个两阶段模型：在第一阶段，使用收益—成本重要度来寻找合适的组件；在第二阶段，最优维护水平由维护行动的价值决定。类似地，Diallo（2018）解决了 Kuo（2003）提出的基于重要度的联合选择性维护和修理人员分配问题。对于多状态生产系统，Ahmed 和 Liu（2018）提出了总吞吐量重要度和维护效果重要度，可以解决有关不同部件的临界性和成功维护活动的长期影响的问题。根据已有研究发现，在解决选择性维护问题的研究中，重要度并没有被提及太多，但许多文章都讨论了重要度的概念（Duan, et al., 2018; Galante, et al., 2020）。

三 干扰后阶段

干扰后阶段的维护管理主要是帮助系统快速有效地恢复到可接受的性能水平。对于城市基础设施系统而言，属于灾后恢复重建工作。因此，基于干扰前阶段和干扰阶段的维护管理，必须尽可能地减少干扰后阶段的损害。此时，人们更多地关注韧性概念的恢复性特征，比如恢复的速度或程度。前两个阶段工作的结果直接影响到这一阶段的工作，有效的措施甚至可以使系统始终在可接受的性能范围内而不需要当前阶段的工作（Levitin, et al., 2021; Ouyang, et al., 2008）。但干扰的随机性导致的损害往往是不可避免的。在干扰后阶段进行应急维护是必要的。

如图 1-7 所示，假设系统在干扰后阶段损伤，然后进行应急维护。首先，应对由损伤子系统和部件组成的损伤系统进行建模。其次，可以开发优化模型，考虑资源限制和恢复能力水平。最后，使用重要度来指导应急维护，包括确定维护优先级和调度任务。在引导过程中，排序方法和启发式方法是常用的两种方式。具体应用可以参考第一章第二节。根据不同的目的，维护管理可分为三种类型（见表 1-2）。

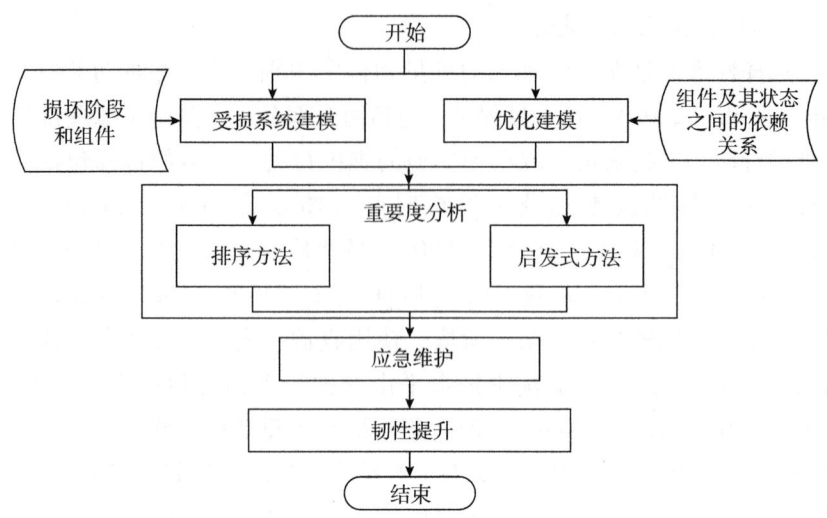

图 1-7 干扰后阶段的维护管理框架

表 1-2 干扰后阶段的维护管理分类

	问题特点	问题的目标
干扰后阶段的维护管理	规定的恢复程度	减少时间（Mishra, et al., 2021）
	指定恢复时间	最大化性能（Chen, 2016）
	指定的建议弹性度量	最大化或最小化指标（Li, et al., 2019; Dui, et al., 2021）

由表 1-2 可以看出，维护问题的不同特征对应着不同的韧性优化目标，这是由系统的功能决定的。例如，对于主动配电系统来说，恢复到可接受的性能是至关重要的（Mishra, et al., 2021）。相反，Chen（2016）提出了在短时间内实现系统性能最大化的两阶段算法。同时，也有许多学者倾向于提出专有的韧性度量，然后使用优化方法进行维护管理（Li, et al., 2019; Dui, et al., 2021）。在干扰后阶段，通过分析故障部件对系统的恢复影响来指导维护管理至关重要。基于韧性的重要度在这一阶段也被广泛使用。

（一）排序方法

重要度可用于确定组件的临界性（Si, et al., 2020）。在面向韧性的维护管理领域，重要度的应用和研究非常广泛（Zhang, et al., 2022）。在目标的指导和约束条件的约束下，提出了新的重要度来确定部件的维护优先级。例如，Dui等（2023）为了获得干旱影响下灌溉网络的最佳维护效率，开发了一种新的韧性重要度。在两种基于韧性的随机分量重要度的指导下，Baroud等（2014）提供了一种方法来确定内河航道网络中中断环节的恢复顺序，以提高恢复系统的能力。为了优化海上运输系统的韧性，Dui等（2021）提出了一种基于剩余韧性的重要度来确定远洋港口的维护优先级。从配水网络的地震韧性角度来看，Liu等（2020）的研究代表了一种基于重要度的韧性最大化的动态排序方法。与其他阶段和启发式方法相比，排序方法的研究非常丰富（Almoghathawi and Barker, 2019；Bai, et al., 2021）。因此，系统的韧性和性能测量已成为这一方向的热点。

（二）启发式方法

启发式方法也是常用的重要度和可靠性优化方法（Zhu, et al., 2017；Liu, et al., 2022）。因此，一些学者也尝试将启发式方法应用于维护管理领域的研究中。例如，有研究将一种新颖的韧性重要度与轮盘赌选择相结合，形成鸽群启发式优化的初始维护计划，有助于提高韧性优化的有效性。Zhang（2020）基于两个改进的重要度（近似度量和速率度量），提出了一种启发式策略，用于维护多个多状态系统。Fang等（2016）提出通过两个重要度来量化应该维护故障组件的优先级以及由于时间延迟而导致的最优系统韧性的潜在损失。然后使用基于Copeland's成对聚集的随机排序方法对组件的重要度进行排序。为了找到关键节点集并提高网络物理电力系统的韧性，Wu等（2021）提出了一种基于基因重要度的进化算法。Zhang和Wang（2017）提出了两个项目优先级度量，作为在预算固定的情况下选择桥梁进行维修的可能性以及考虑控制交通网络性能的不确定性。与排序方法相比，基于重要度的启发式方法更加灵活，可用于解决更复杂的问题。

第四节　本章小结

本章主要分析了韧性、重要度和维护之间的关系并将其在城市基础设施中的作用充分体现，从而确定了两个主要问题。

第一，基于韧性管理的多属性重要度。韧性作为一种综合性的系统特征，其本身包含多种视角，如鲁棒性、恢复性等。近年来，对多目标优化的研究也越来越多，但可以发现，第一章第三节第一部分研究的设计属性和第一章第三节第二、第三部分研究的优化目标都得到了广泛的研究。在保证韧性的同时忽略系统的其他操作或设计属性是不可取的。例如，Zuo（2021）分析了系统韧性与可靠性之间的关系，具有高韧性的系统可能具有低可靠性，反之亦然。而我们期望未受干扰的系统可靠性和受干扰的系统韧性都是高水平的。此外，随着现实世界的优化问题变得越来越复杂（Almoghathawi，et al.，2017），时间、成本、性能和许多其他标准在维护管理中受到广泛关注。因此，韧性管理中的多属性重要度应该更多地关注处理更复杂的维护问题。

　　第二，基于重要度的韧性运营策略。一方面，根据第一章第三节第二部分的讨论，大多数基于状态的维护方法旨在提高系统性能或可靠性。然而，由于这些研究中的许多目标函数与韧性没有直接关系，仍然需要对扰动阶段进行面向韧性的维护研究。另一方面，现有文献中基于重要度的维护模型侧重于物理维护。尽管如此，韧性策略越来越受到关注（Sayed，et al.，2019；Wang，et al.，2020）。从运行逻辑或模式角度出发，基于重要度的系统维护研究仍然很少。更重要的是，路径集重要度的发展为我们提供了一些系统运行设计的启示（Aggarwal，2020）。因此，利用重要度来制定考虑干扰条件的韧性导向的运行策略可能是一个有趣的话题。

第二章 基础设施全寿命周期风险评估

社会经济和环境因素的快速变化导致自然灾害和人为灾害变得越来越难以控制（Mitra and Shaw，2023）。风险是用来描述许多活动和技术对特定系统危害程度的客观量（Huang，et al.，2019）。不确定的风险环境会给城市基础设施带来巨大的损失。因此，管理者希望通过有效的风险管理避免系统的风险。然而，风险管理不可能消除所有的风险，只能使风险降低到一个可接受的水平或阈值。因此，如何有效地评估系统风险并对风险进行有效的控制仍是一个悬而未决的问题。

风险通常被理解为系统发生损伤或失效所带来的损失。风险被定义为衡量事件的可能性以及评估其后果的严重性。风险被假定为"可能性"和"后果"的函数（Hosseini，et al.，2020）。风险管理是用于管理和治理潜在风险的所有活动和措施，可以有效避免损失和事故发生（Langdalen，et al.，2020）。风险管理主要包括三步：风险识别与分析、风险评估和风险控制。风险评估是风险管理和控制过程的重要一环，可以从定量的角度衡量识别的风险等级，也可以为风险控制和优化提供切入点。

第一节 基于全生命周期成本的风险管理框架

基于风险的概念以及对前人研究的总结可知，系统风险与系统失效概率和成本相关。因此，本章基于系统的全生命周期成本建立系统的失效风险评估模型，即失效风险=失效概率×全生命周期成本，即系统的失效期望成本是系统的失效风险。

针对可修复的系统，系统的失效风险为：

$$Risk(t) = E(C) = (1-R(t)) \times C(t) \tag{2-1}$$

式（2-1）中，$R(t)$ 是系统的可靠性，$C(t)$ 是系统全生命周期成本，

$E(C)$ 是系统失效产生的期望成本。

对系统风险进行评估后，倘若系统风险发生，较大的失效风险会给系统带来难以接受的损失，尤其是对于大型工程系统，如核电站、核反应堆等。本节建立的风险管理与控制框架如图 2-1 所示。

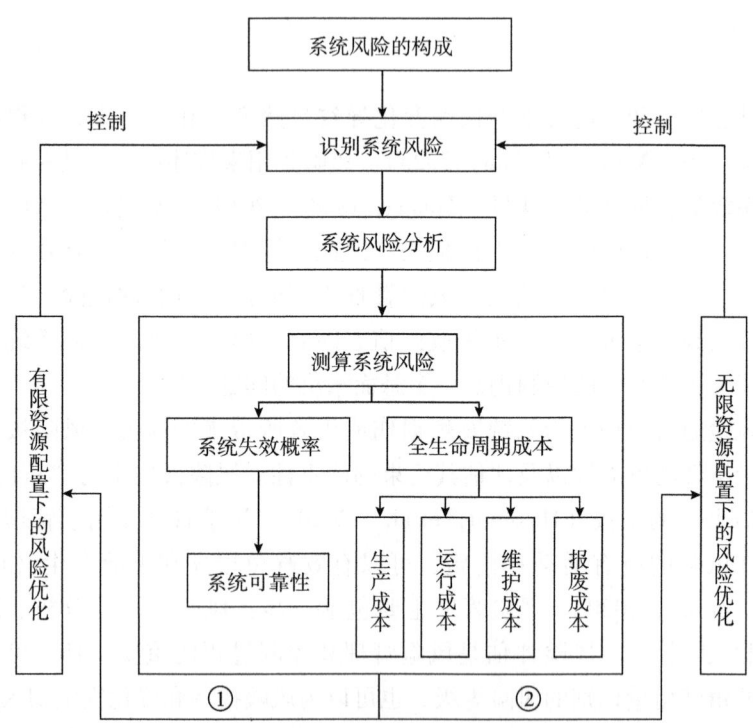

图 2-1　风险管理与控制的框架

首先，根据风险概念识别出系统面临的风险对风险进行分析；其次，根据系统的可靠性和系统的全生命周期成本（生产成本、运行成本、维护成本、报废成本）测算系统的失效风险；最后，分别在有限资源和无限资源配置下对系统的风险进行优化，以控制系统的风险处于低水平状态。

第二节 基于重要度的全生命周期成本管理

从全生命周期的角度考虑系统总成本，系统内的部件生命周期可以分为四个阶段：生产阶段、运行阶段、维护阶段和报废阶段。在维护阶段，部件的维护包括故障维护和预防性维护。假设部件失效时维护用时最长，报废更换时间最短，预防性维护时间处于二者之间。由于报废阶段对部件进行更换用时较短，所以假设报废阶段没有预防性维护发生。将部件划分为关键部件和非关键部件，关键部件发生故障会导致系统发生故障，非关键部件发生故障不会导致系统发生故障。图 2-2 给出了系统的全生命周期过程。

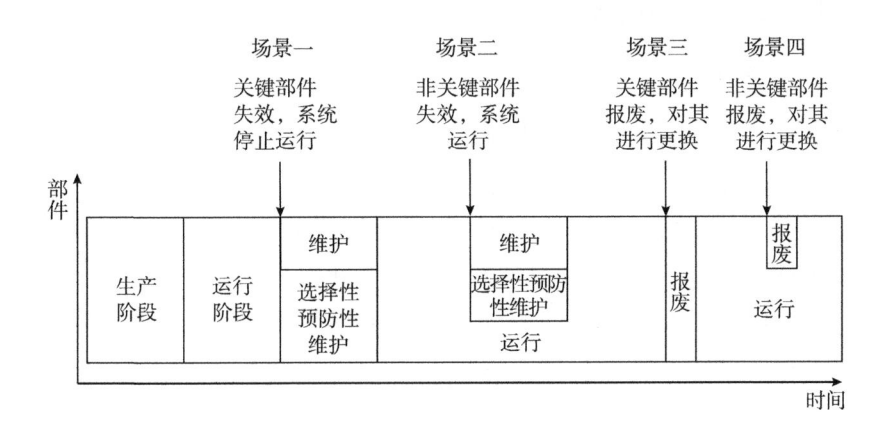

图 2-2 系统的全生命周期过程

从图 2-2 可知，关键部件失效时，系统会停止运行，此时系统处于维护阶段而不是运行阶段，会对关键部件进行维护，对其余部件进行预防性维护。当非关键部件失效时，由于系统不会失效，系统仍处于运行阶段，会对失效的非关键部件进行维护，对其余部件进行预防性维护。当关键部件报废时，系统会失效，此时进入报废阶段，需要对关键部件进行更换。当非关键部件报废时，由于系统不会失效，系统处于运行阶段，会对非关键部件进行更换。

一 生产阶段

生产阶段就是产品的生产安装过程，不同类型部件的生产成本不同。更关键的是，设计更复杂、技术要求更高的部件，生产成本会更高。同时，如果想要在生产阶段生产出具有更低失效率的部件，需要突破技术和资源的限制，增加设计成本。根据 Si 等（2019）给出的相应生产成本与可靠性的关系可得：

$$C_i^P = c_i^b \cdot e^{\left[(1-f_i)\frac{R_i - R_{i,\min}}{R_{i,\max} - R_i}\right]} \tag{2-2}$$

式（2-2）中，c_i^b 是部件 i 生产的基本成本，R_i 是部件的可靠性，$R_{i,\min}$ 是组件 i 的最小可接受可靠性，而 $R_{i,\max}$ 是组件 i 的最大可获得可靠性。f_i 表示可靠性改进的可行性，其中，$0 < f_i < 1$，反映了制造复杂性和技术可行性。较大的 f_i 表示提高组件 i 的可靠性更容易或更可行。

因此，总生产成本是：

$$C^P = \sum_{i=1}^{n} C_i^P \tag{2-3}$$

式（2-3）中，n 是系统内的部件总数。

二 运行阶段

结合 Gandhi 等（2022）给出的运行成本函数可知，运行成本是随时间的推移增加的，这与部件随时间的推移老化损伤愈加严重有关。本节给出了部件随时间变化的运行成本函数，即部件 i 运行到 t 时刻的运行成本，即：

$$C_i^O(t) = a_i b_i^{\frac{t}{d_i}} \tag{2-4}$$

由于关键部件和非关键部件失效分别会使系统处于维护阶段和运行阶段，因此，对部件失效时的总成本要分类讨论。定义 K_1 为部件的失效状态阈值，K_2 为部件的预防性维护状态阈值，K 为系统的失效状态阈值，三者的关系为 $K \leq K_1 \leq K_2$。用 $R_i(t)$ 表示部件 i 的可靠性，用 $R(t)$ 表示系统的可靠性。当部件 i 是非关键部件、$R_i(t) \leq K_1$ 时，部件 i 失效；当部件 i 是关键部件、$R_i(t) \leq K_1$ 时，部件 i 失效，系统失效；当 $R(t) \leq K$ 或 $\{R_i(t) \leq K_1、i$ 是关键部件$\}$ 时，系统会失效。

A. 关键部件 i 失效

用 $\varphi_i((<K_1)_i, R(t)) < K$ 表示 $R_i(t) \leq K_1$，且满足 $R(t) \leq K$，即关键

部件失效、系统失效，此时系统停止运行，所有部件均可进行预防性维护（预防性维护时间小于维护失效部件的时间）。部件 i 在 t_i^f 时刻发生失效，此时有两种恢复方案，一是进行维护，二是进行报废更换。

其一，对关键部件 i 进行维护，维护时间为 Δt_i^m，同时对其余部件进行预防性维护。在 $(t_i^f+\Delta t_i^m)$ 时刻维护结束，系统重新运行，如图 2-3 所示。此时，该阶段系统的运行成本为：

$$C_{1M}^O(t) = \sum_{j=1}^n a_i b_i^{\frac{t_i^f}{d_i}} \tag{2-5}$$

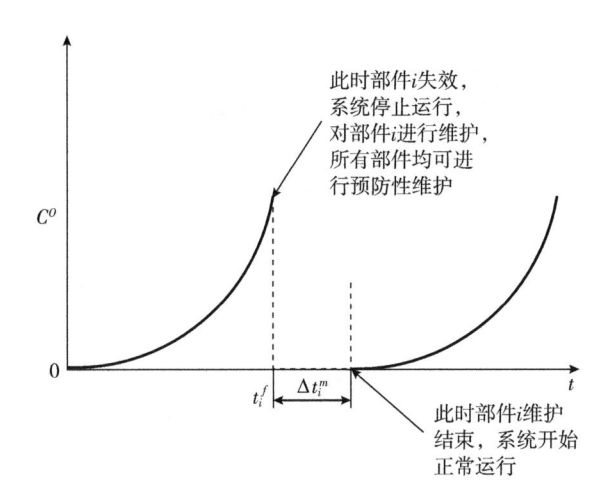

图 2-3 对关键部件进行维护的运行成本

其二，对关键部件 i 进行更换，更换时间为 Δt_i^r，由于更换时间较短，无法对其余部件进行预防性维护。在 $(t_i^f+\Delta t_i^r)$ 时刻更换结束，系统重新运行，如图 2-4 所示。此时，该阶段系统的运行成本为：

$$C_{1R}^O(t) = \sum_{j=1}^n a_i b_i^{\frac{t_i^f}{d_i}} \tag{2-6}$$

B. 非关键部件 i 发生故障

当非关键部件 i 发生故障时，$\varphi_i((<K_1)_i, R(t)) \geqslant K$，即 $R_i(t) \leqslant K_1$，且 $R(t) \geqslant K$，此时系统仍在正常运行。此时仍有两种恢复方案，分别是对部件 i 进行维护或更换。

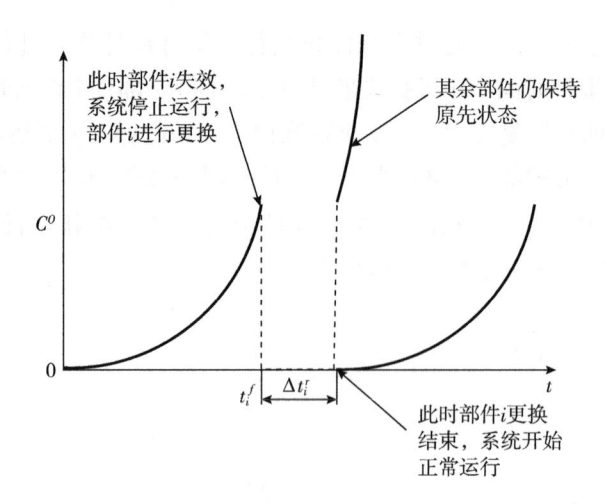

图 2-4　对关键部件进行更换的运行成本

其一，对部件 i 进行维护，维护时间为 Δt_i^m，同时，只能对其余非关键部件进行预防性维护。为了控制成本，我们需要确定预防性维护组件集的最小割集，同时必须确保在维护失效部件和维护预防性维护组件集时，系统不会发生失效。预防性维护组件集 P_m 的确定如图 2-5 所示。组件的预防性维护时间为 Δt_j^{pm}，假设预防性维护相较于故障维护是不完美维护，即预防性维护完的部件不是最佳工作状态，那么，预防性维护时间小于部件 i 的失效维护时间，如图 2-6 所示。此时，该阶段系统的运行成本为：

$$C_{2M}^O(t) = a_1 b_1^{\frac{t_i^f}{d_1}} + \sum_{j=1,\ j\notin P_m,\ j\neq i}^{n} a_1 b_1^{\frac{t_i^f + \Delta t_i^m}{d_1}} + \left\{ \sum_{k=1,\ k\in P_m}^{m} a_1 b_1^{\frac{t_i^f}{d_1}} + \sum_{k=1,\ k\in P_m}^{m} a_1 b_1^{\frac{(\Delta t_i^m - \Delta t_j^{pm})}{d_1}} \right\}$$

（2-7）

在图 2-5 中，根据部件是否达到预防性维护的阈值，获得预防性维护部件所在的集合，根据部件的 Birnbaum 重要度最终确定部件是否进行预防性维护。假设当非关键部件 i 失效时，只有重要度比部件 i 小的部件，才会进行预防性维护。Birnbaum 重要度描述了部件可靠性变化对系统可靠性变化的影响，可表示为：

$$I(BM)_i(t) = \frac{\partial R(t)}{\partial R_i(t)} \qquad (2-8)$$

式（2-8）中，$R(t)$ 表示系统可靠性，$R_i(t)$ 表示部件 i 的可靠性。

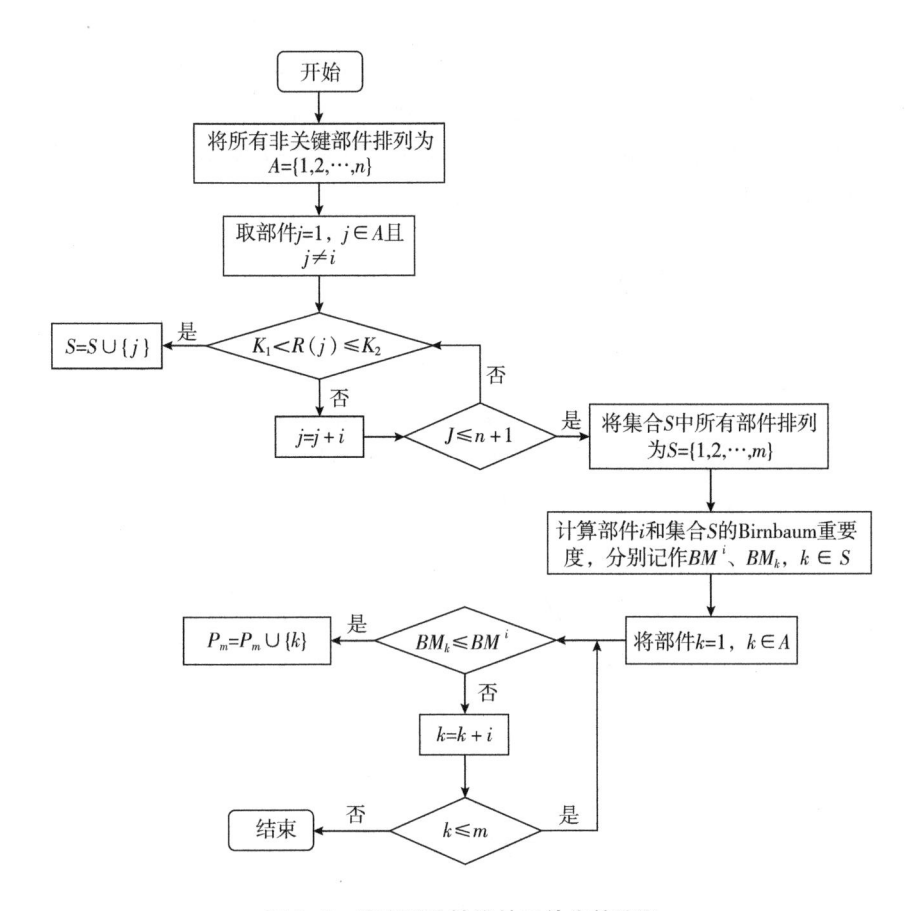

图 2-5　确定预防性维护组件集的流程

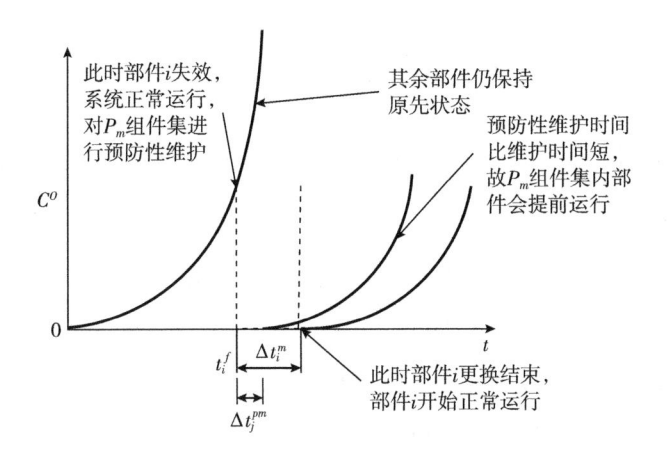

图 2-6　对非关键部件进行维护的运行成本

其二，对非关键部件 i 进行更换，更换时间为 Δt_i^r，由于更换时间较短，无法对其余非关键部件进行预防性维护，其余部件均正常运行。在 $(t_i^f+\Delta t_i^r)$ 时刻更换结束，部件 i 重新运行，如图 2-7 所示。该阶段系统的运行成本为：

$$C_{2R}^O(t) = a_1 b_1^{\frac{t_i^f}{d_1}} + \sum_{j=1, j\neq i}^{n} a_1 b_1^{\frac{t_i^f+\Delta t_i^r}{d_1}} \tag{2-9}$$

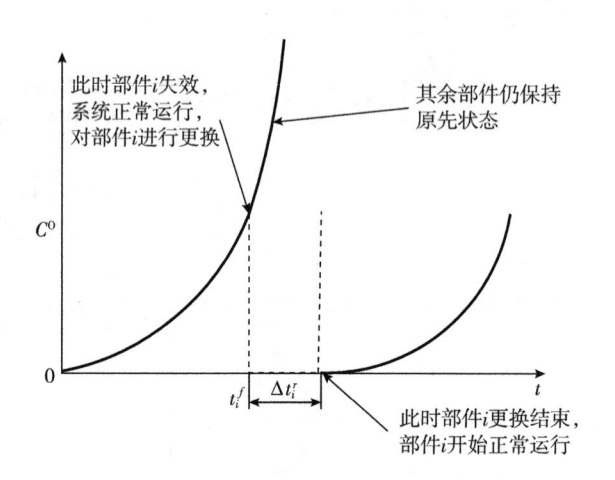

图 2-7　对非关键部件进行更换的运行成本

因此，系统的总运行成本为：

$$C^O(t) = (1 - Z_i) \sum_{j=1}^{n} a_1 b_1^{\frac{t_i^f}{d_1}} +$$

$$Z_i \left\{ a_1 b_1^{\frac{t_i^f}{d_1}} + y \left(\sum_{j=1, j\notin P_m}^{n} a_1 b_1^{\frac{t_i^f+\Delta t_i^m}{d_1}} + \left(\sum_{k=1, k\in P_m}^{m} a_1 b_1^{\frac{t_i^f}{d_1}} + \sum_{k=1, k\in P_m}^{m} a_1 b_1^{\frac{(\Delta t_i^m - \Delta t_j^{pm})}{d_1}} \right) \right) + \right.$$

$$\left. (1 - y) \left(\sum_{j=1, j\neq i}^{n} a_1 b_1^{\frac{t_i^f+\Delta t_i^r}{d_1}} \right) \right\}$$

$$\tag{2-10}$$

$$Z_i = \begin{cases} 0, & if \varphi_i((<K_1)_i, R(t)) \leqslant K \\ 1, & if \varphi_i((<K_1)_i, R(t)) > K' \end{cases} \tag{2-11}$$

$$y = \begin{cases} 1, & \text{进行维修} \\ 0, & \text{进行更换} \end{cases} \tag{2-12}$$

式（2-10）中，Z_i 用于确定部件是否为关键部件，y 用于确定对部件进行维护还是更换。

三　维护阶段

维护成本包括部件维护成本、系统维护成本、预防性维护成本。在预防性维护阶段，本章假设当一个部件失效时才进行预防性维护。当失效部件是关键部件的时候，会对其他所有部件进行预防性维护，而当非关键部件失效后，只会对预防性维护组件集 P_m 进行维护。因此，预防性维护成本是根据失效部件是否为关键部件进行分类讨论的。

A. 当部件 i 是关键部件时，预防性维护成本为：

$$c^{PM}_{1,(<K_1)_i} = \sum_{j=1, i \neq j}^{n} c^{pm}_j \tag{2-13}$$

B. 当部件 i 是非关键部件时，预防性维护成本为：

$$c^{PM}_{2,(<K_1)_i} = \sum_{j \in P_m}^{n} c^{pm}_j \tag{2-14}$$

式（2-13）和式（2-14）中，$c^{PM}_{1,(<K_1)_i}$、$c^{PM}_{2,(<K_1)_i}$ 表示部件 i 失效时的预防性维护成本，c^{pm}_j 是部件 j 的预防性维护成本。

利用式（2-11）的 Z_i 可以将式（2-13）和式（2-14）合并为：

$$c^{PM}_{(<K_1)_i} = (1 - Z_i) \sum_{j=1, i \neq j}^{n} c^{pm}_j + Z_i \sum_{j \in P} c^{pm}_j \tag{2-15}$$

因此，系统的总维护成本为：

$$C^M(t) = \sum_{i=1}^{n} \left\{ \begin{array}{l} c_{s,(<K_1)_i} \Pr[\varphi((<K_1)_i, R(t)) < K] \Pr[R_i(t) < K_1] \\ + c^m_{(<K_1)_i} \Pr[R_i(t) < K_1] + c^{PM}_{(<K_1)_i} \Pr[R_i(t) < K_1] \end{array} \right\}$$

$$= \sum_{i=1}^{n} \{ c_{s,(<K_1)_i} \Pr[\varphi((<K_1)_i, R(t)) < K] + c^m_{(<K_1)_i} + c^{PM}_{(<K_1)_i} \} \Pr[R_i(t) < K_1]$$

$$\tag{2-16}$$

式（2-16）中，$c_{s,(<K_1)_i}$ 是部件 i 失效的系统维护成本，$c^m_{(<K_1)_i}$ 是部件 i 失效的维护成本，$\Pr[\varphi((<K_1)_i, R(t)) < K]$ 表示部件 i 在 t 时刻低于失效阈值、系统低于失效阈值的概率，$\Pr[R_i(t) < K_1]$ 表示部件 i 失效的概率。

四 报废阶段

本章规定报废有两种情况，一种是可靠性小于或等于报废阈值 K_0，即 $R_i \leq K_0$；另一种是对失效部件的维护或更换的价值进行比较。如果更适合更换，那么规定该部件报废。

根据 Dui 等（2019）的研究可知，对于具有 n 个部件 m 个状态的多状态系统的性能为：

$$U(X(t)) = \sum_{k=1}^{m} a_k \Pr[\varphi(X(t)) = k]$$
$$= \sum_{k=1}^{m} a_k \Pr[\varphi(X_1(t), X_2(t), \cdots, X_n(t)) = k] \quad (2-17)$$

式（2-17）中，a_k 表示系统在状态 k 所具有的性能，$\Pr[\varphi(X(t)) = k]$ 表示系统在状态 k 的概率。$\Pr[\varphi(X(t)) = k]$ 是关于所有组件可靠性的函数，$\Pr[\varphi(X(t)) = k] = f_k(R_1(t), R_2(t), \cdots, R_n(t))$。

基于系统的性能，具有 m_i 个性能状态的组件 i 的综合重要度（Si et al., 2012）可以定义为：

$$I_i^{IIM}(t) = \sum_{k=1}^{m} a_k R_i(t) \lambda_i(t) \left\{ \sum_{l \neq 0}^{m_i - 1} P_l \Pr[\varphi(l_i, X(t)) = k] - \Pr[\varphi(0_i, X(t)) = k] \right\} \quad (2-18)$$

式（2-18）中，$R_i(t)$ 是组件 i 的可靠性，$\lambda_i(t)$ 是组件 i 的失效率。P_l 是部件 i 在性能状态 l 的概率。$\Pr[\varphi(l_i, X(t)) = k]$ 表示组件 i 在性能状态 l 时，系统在状态 k 的概率，且 $\sum_{l \neq 0}^{m_i - 1} P_l = 1$。$\Pr[\varphi(0_i, X(t)) = k]$ 表示组件 i 在故障状态时，系统在状态 k 的概率。

$$\frac{dU(X(t))}{dt} = \frac{\sum_{k=1}^{m} a_k \Pr[\varphi(X(t)) = k]}{dt} = \sum_{k=1}^{m} a_k \sum_{i=1}^{n} \frac{\partial(\Pr[\varphi(X(t)) = k])}{\partial R_i(t)} \frac{\partial R_i(t)}{\partial t}$$

。因为：

$$\Pr[\varphi(X(t)) = k] = \Pr[X_i(t) = 0] \Pr[\varphi(0_i, X(t)) = k] + (1 - \Pr[X_i(t) = 0]) \sum_{l \neq 0}^{m_i - 1} (P_l \Pr[\varphi(l_i, X(t)) = k]) = (1 - R_i(t)) \Pr[\varphi(0_i, X(t)) = k] + R_i(t) \sum_{l \neq 0}^{m_i - 1} (P_l \Pr[\varphi(l_i, X(t)) = k])$$，所以：

$$\frac{\mathrm{d}U(X(t))}{\mathrm{d}t} = \sum_{k=1}^{m} a_k \sum_{i=1}^{n} \left\{ \sum_{l\neq 0}^{m_i-1} P_l \Pr[\varphi(l_i, X(t)) = k] - \Pr[\varphi(0_i, X(t)) = k] \right\}$$

$$\frac{\partial R_i(t)}{\partial t} = \sum_{i=1}^{n} \sum_{k=1}^{m} a_k R_i(t) \lambda_i(t) \left\{ \sum_{l\neq 0}^{m_i-1} P_l \Pr[\varphi(l_i, X(t)) = k] - \Pr[\varphi(0_i, X(t)) = k] \right\} = -\sum_{i=1}^{n} I_i^{IIM}(t)_\circ$$

由此可得，$\dfrac{\mathrm{d}U(X(t))}{\mathrm{d}t} = -\sum_{i=1}^{n} I_i^{IIM}(t)$ 成立。

当组件 i 失效时，对其进行维护或者更换，此时，部件的性能值为 0。假设维护是不完美的，即不能将部件 i 恢复至最佳状态，而是某一中间状态；更换可以将部件 i 恢复至最佳状态。另外，单位时间内系统性能的改善被称为恢复重要度（RIM），即：

$$RIM(t) = \frac{\mathrm{d}(U(\beta_i, X(t)) - U(0_i, X(t)))}{\mathrm{d}t}$$

$$= \frac{\mathrm{d}U(\beta_i, X(t))}{\mathrm{d}t} - \frac{\mathrm{d}U(0_i, X(t))}{\mathrm{d}t}$$

$$= -\sum_{j=1, j\neq i}^{n} (I_j^{IIM}(t)_{X_i(t)=\beta} - I_j^{IIM}(t)_{X_i(t)=0}) \tag{2-19}$$

式（2-19）中，β 是部件 i 进行维护或更换后的性能状态，$I_j^{IIM}(t)_{X_i(t)=\beta}$ 是部件 i 在性能状态 β 时部件 j 的综合重要度。

其一，对部件 i 进行维护，假设维护会使部件恢复至状态 γ，则系统的恢复重要度为：

$$RIM^M(t) = -\sum_{j=1, j\neq i}^{n} (I_j^{IIM}(t)_{X_i(t)=l} - I_j^{IIM}(t)_{X_i(t)=0})$$

$$= -\sum_{j=1, j\neq i}^{n} \sum_{k=0}^{m} a_k R_j(t) \lambda_j(t)$$

$$\left\{ \begin{array}{l} \left(\sum_{l\neq 0}^{m_j-1} P_l \Pr[\varphi(\gamma_i, l_j, R(t)) = k] - \Pr[\varphi(\gamma_i, 0_j, R(t)) = k] \right) \\ - \left(\sum_{l\neq 0}^{m_j-1} P_l \Pr[\varphi(0_i, l_j, R(t)) = k] - \Pr[\varphi(0_i, 0_j, R(t)) = k] \right) \end{array} \right\}$$

$$\tag{2-20}$$

其二，对部件 i 进行更换，更换可以使系统恢复至最佳状态，则系统的恢复重要度为：

$$RIM^R(t) = -\sum_{j=1, j\neq i}^{n} (I_j^{IIM}(t)_{X_i(t)=l} - I_j^{IIM}(t)_{X_i(t)=0})$$

$$= -\sum_{j=1, j\neq i}^{n}\sum_{k=0}^{m} a_k R_j(t)\lambda_j(t)$$

$$\left\{ \begin{array}{l} \left(\sum_{l\neq 0}^{m_i-1} P_l \Pr[\varphi(1_i, l_j, R(t))=k] - \Pr[\varphi(1_i, 0_j, R(t))=k]\right) \\ -\left(\sum_{l\neq 0}^{m_i-1} P_l \Pr[\varphi(0_i, l_j, R(t))=k] - \Pr[\varphi(0_i, 0_j, R(t))=k]\right) \end{array} \right\}$$

$$(2-21)$$

对部件 i 进行维护的成本为 c_i^m，进行更换的成本为 c_i^r。当部件失效后，我们选择进行维护或更换的要求是成本最小，恢复重要度最大。利用 D_i 来确定是进行维护还是更换，则 D_i 被定义为：

$$D_i = \frac{\dfrac{c_i^m}{RIM^M(t)}}{\dfrac{c_i^r}{RIM^R(t)}} = \frac{c_i^m RIM^R(t)}{c_i^r RIM^M(t)} \tag{2-22}$$

当 $D_i<1$ 时，对部件 i 进行维护；当 $D_i>1$ 时，对部件 i 进行更换；当 $D_i=1$ 时，任意选择其中一种进行执行，本章默认进行更换。

此时将更换报废的情况考虑进去，维护或更换后的成本需要综合考虑，可以得到维护和报废阶段共存的期望成本函数，即：

$$C^{MR}(t) = \sum_{i=1}^{n} \left\{ \begin{array}{l} y\{c_{s,(<K_1)_i}\Pr[\varphi((<K_1)_i, R(t))<K] + \\ c^m_{(<K_1)_i}\} + c^{PM}_{(<K_1)_i} + (1-y)c^r_{(<K_1)_i} \end{array} \right\} \Pr[R_i(t)<K_1]$$

$$(2-23)$$

$$y = \begin{cases} 1, & D_i < 1 \\ 0, & D_i \geq 1 \end{cases} \tag{2-24}$$

因此，系统的总成本为：

$$C(t) = C^P(t) + C^O(t) + C^{MR}(t) \tag{2-25}$$

式（2-25）中，$C^P(t)$、$C^O(t)$、$C^{MR}(t)$ 分别为生产成本、运行成本、维护成本和报废成本。

第三节 基于可靠性算子的风险分析

在对系统风险进行评估后,需要对高风险系统进行优化,即控制系统的风险。基于失效风险的定义,本节从系统成本和失效概率的角度控制系统风险,给出了有限资源条件下控制系统风险的策略。

由于资源有限,不能在系统中增加成本投入,因此,不能通过仅对所有部件或某些部件提高可靠性,从而提高系统可靠性。本节提出了一种新的策略,即通过降低部分部件的可靠性,将降低可靠性的部件所用的资源用于其他部件,从而提高系统可靠性,以此实现对系统风险的控制。

首先,以两个部件的可靠性变化为例。系统可靠性为 $R_s = f(R_1, R_2, R_3, \cdots, R_n)$,假设将部件 i 的可靠性降低 ΔR,提升部件 j 的可靠性也为 ΔR,即:

$$\Delta R_s = f(R_1, \cdots, R_i - \Delta R, \cdots, R_j + \Delta R, \cdots, R_n) - f(R_1, \cdots, R_i, \cdots, R_j, \cdots, R_n)$$

$$= f(R_1, \cdots, R_i - \Delta R, \cdots, R_j + \Delta R, \cdots, R_n) - f(R_1, \cdots, R_i - \Delta R, \cdots, R_j, \cdots, R_n) - (f(R_1, \cdots, R_i, \cdots, R_j, \cdots, R_n) - f(R_1, \cdots, R_i - \Delta R, \cdots, R_j, \cdots, R_n))$$

当 $\Delta R \to 0$ 时,

$$\lim_{\Delta R \to 0} \frac{f(R_1, \cdots, R_i, \cdots, R_j, \cdots, R_n) - f(R_1, \cdots, R_i - \Delta R, \cdots, R_j, \cdots, R_n)}{\Delta R} = \frac{\partial R}{\partial R_i}$$

$$\lim_{\Delta R \to 0} \frac{f(R_1, \cdots, R_i - \Delta R, \cdots, R_j + \Delta R, \cdots, R_n) - f(R_1, \cdots, R_i - \Delta R, \cdots, R_j, \cdots, R_n)}{\Delta R} = \frac{\partial R}{\partial R_j}$$

因此,

$$\lim_{\Delta R \to 0} \frac{f(R_1, \cdots, R_i - \Delta R, \cdots, R_j + \Delta R, \cdots, R_n) - f(R_1, \cdots, R_i, \cdots, R_j, \cdots, R_n)}{\Delta R} = \frac{\partial R}{\partial R_j} - \frac{\partial R}{\partial R_i}$$

由于将部件 i 的可靠性降低 ΔR 与将部件 j 的可靠性增加 ΔR 的成本可能不一致,引入 α ($\alpha > 0$) 作为修正系数,使二者花费的资源是一样的,即:

$$\Delta R_s^C = \frac{\partial R}{\partial R_j} - \alpha_{i,j} \frac{\partial R}{\partial R_i} \tag{2-26}$$

$\left(\frac{\partial R}{\partial R_j} - \alpha_{i,j} \frac{\partial R}{\partial R_i}\right)$ 被称为可靠性算子,可靠性算子表示固定成本下改变部件之间的可靠性带来的系统可靠性变化率。不难看出,当可靠性算子大于 0 时,系统的可靠性是增加的。此时,成本修正系数 $\alpha_{i,j} = 1/\alpha_{j,i}$。

接下来,本节将两个部件的变化推广至多个部件的变化。此时,单一部件到多部件,即将降低部件 i 的可靠性所省下的资源用到其他部件上,即部件 $j \to (j+k)$。

$$\Delta R_s = f(R_1, \cdots, R_i - \Delta R, \cdots, R_j + \Delta R, R_{j+1} + \Delta R, \cdots, R_{j+k} + \Delta R, \cdots, R_n) - f(R_1, R_2, R_3, \cdots, R_n)$$

$$= f(R_1, \cdots, R_i - \Delta R, \cdots, R_j + \Delta R, R_{j+1} + \Delta R, \cdots, R_{j+k} + \Delta R, \cdots, R_n) - f(R_1, \cdots, R_i - \Delta R, \cdots, R_j + \Delta R, R_{j+1} + \Delta R, \cdots, R_{j+k}, \cdots, R_n) + f(R_1, \cdots, R_i - \Delta R, \cdots, R_j + \Delta R, R_{j+1} + \Delta R, \cdots, R_{j+k}, \cdots, R_n) - f(R_1, \cdots, R_i - \Delta R, \cdots, R_j + \Delta R, R_{j+1} + \Delta R, \cdots, R_{j+k-1} + \Delta R, R_{j+k}, \cdots, R_n) + \cdots + f(R_1, \cdots, R_i - \Delta R, \cdots, R_j + \Delta R, R_{j+1}, \cdots, R_{j+k}, \cdots, R_n) - f(R_1, \cdots, R_i - \Delta R, \cdots, R_j, R_{j+1}, \cdots, R_{j+k}, \cdots, R_n) - (f(R_1, R_2, R_3, \cdots, R_n) - f(R_1, \cdots, R_i - \Delta R, \cdots, R_j, R_{j+1}, \cdots, R_{j+k}, \cdots, R_n))$$

当 $\Delta R \to 0$ 时,

$$\lim_{\Delta R \to 0} \frac{f(R_1, \cdots, R_i - \Delta R, \cdots, R_j + \Delta R, R_{j+1} + \Delta R, \cdots, R_{j+k} + \Delta R, \cdots, R_n) - f(R_1, R_2, R_3, \cdots, R_n)}{\Delta R} =$$

$$\frac{\partial R}{\partial R_{j+k}} + \frac{\partial R}{\partial R_{j+k-1}} + \cdots + \frac{\partial R}{\partial R_j} - \frac{\partial R}{\partial R_i}$$

此时,可靠性算子为:

$$\Delta R_s^C = \alpha_{j+k,i} \frac{\partial R}{\partial R_{j+k}} + \alpha_{j+k-1,i} \frac{\partial R}{\partial R_{j+k-1}} + \cdots + \alpha_{j,i} \frac{\partial R}{\partial R_j} - \frac{\partial R}{\partial R_i} \qquad (2-27)$$

多部件到单一部件,即将降低部件 $[i, i+k]$ 的可靠性所省下的资源用到部件 j 上,即:

$$\Delta R_s = f(R_1, \cdots, R_i - \Delta R, R_{i+1} - \Delta R, \cdots, R_{i+k} - \Delta R, \cdots, R_j + \Delta R, \cdots, R_n) - f(R_1, R_2, R_3, \cdots, R_n)$$

$$= f(R_1, \cdots, R_i - \Delta R, R_{i+1} - \Delta R, \cdots, R_{i+k} - \Delta R, \cdots, R_j + \Delta R, \cdots, R_n) - f(R_1, \cdots, R_i - \Delta R, R_{i+1} - \Delta R, \cdots, R_{i+k} - \Delta R, \cdots, R_j, \cdots, R_n) - (-f(R_1, \cdots, R_i - \Delta R, R_{i+1} - \Delta R, \cdots, R_{i+k} - \Delta R, \cdots, R_j, \cdots, R_n) + f(R_1, \cdots, R_i - \Delta R, R_{i+1} - \Delta R, \cdots,$$

$R_{i+k} - \Delta R, \cdots, R_j, \cdots, R_n)) + f(R_1, \cdots, R_i - \Delta R, R_{i+1} - \Delta R, \cdots, R_{i+k}, \cdots, R_j, \cdots, R_n) + \cdots + (f(R_1, R_2, R_3, \cdots, R_n) - f(R_1, \cdots, R_i - \Delta R, R_{i+1}, \cdots, R_{i+k}, \cdots, R_j, \cdots, R_n))$

当 $\Delta R \to 0$ 时，

$$\lim_{\Delta R \to 0} \frac{f(R_1, \cdots, R_i - \Delta R, R_{i+1} - \Delta R, \cdots, R_{i+k} - \Delta R, \cdots, R_j + \Delta R, \cdots, R_n) - f(R_1, R_2, R_3, \cdots, R_n)}{\Delta R} =$$

$$\frac{\partial R}{\partial R_j} - \frac{\partial R}{\partial R_{i+k}} - \frac{\partial R}{\partial R_{i+k-1}} - \cdots - \frac{\partial R}{\partial R_i}$$

此时，可靠性算子为：

$$\Delta R_s^C = \frac{\partial R}{\partial R_j} - \alpha_{i+k,j} \frac{\partial R}{\partial R_{i+k}} - \alpha_{i+k-1,j} \frac{\partial R}{\partial R_{i+k-1}} - \cdots - \alpha_{i,j} \frac{\partial R}{\partial R_i} \tag{2-28}$$

多部件到多部件，即将降低部件 $[i, i+k]$ 的可靠性所省下的资源用到部件 $[j, j+h]$ 上，即：

$\Delta R_s = f(R_1, \cdots, R_i - \Delta R, \cdots, R_{i+k} - \Delta R, \cdots, R_j + \Delta R, \cdots, R_{j+h} + \Delta R, \cdots, R_n) - f(R_1, R_2, R_3, \cdots, R_n)$

$= f(R_1, \cdots, R_i - \Delta R, \cdots, R_{i+k} - \Delta R, \cdots, R_j + \Delta R, \cdots, R_{j+h} + \Delta R, \cdots, R_n) - f(R_1, \cdots, R_i - \Delta R, \cdots, R_{i+k} - \Delta R, \cdots, R_j + \Delta R, \cdots, R_{j+h}, \cdots, R_n) + f(R_1, \cdots, R_i - \Delta R, \cdots, R_{i+k} - \Delta R, \cdots, R_j + \Delta R, \cdots, R_{j+h}, \cdots, R_n) - (f(R_1, R_2, R_3, \cdots, R_n) - f(R_1, \cdots, R_i - \Delta R, \cdots, R_{i+k}, \cdots, R_j, \cdots, R_{j+h}, \cdots, R_n))$

当 $\Delta R \to 0$ 时，

$$\lim_{\Delta R \to 0} \frac{f(R_1, \cdots, R_i - \Delta R, \cdots, R_{i+k} - \Delta R, \cdots, R_j + \Delta R, \cdots, R_{j+h} + \Delta R, \cdots, R_n) - f(R_1, R_2, R_3, \cdots, R_n)}{\Delta R} =$$

$$\frac{\partial R}{\partial R_j} + \frac{\partial R}{\partial R_{j+1}} + \cdots + \frac{\partial R}{\partial R_{j+h}} - \frac{\partial R}{\partial R_{i+k}} - \frac{\partial R}{\partial R_{i+k-1}} - \cdots - \frac{\partial R}{\partial R_i}$$

此时，可靠性算子为：

$$\Delta R_s^C = \frac{\partial R}{\partial R_j} + \alpha_{j+1,j} \frac{\partial R}{\partial R_{j+1}} + \cdots + \alpha_{j+h,j} \frac{\partial R}{\partial R_{j+h}} - \alpha_{i+k,j} \frac{\partial R}{\partial R_{i+k}} - \alpha_{i+k-1,j} \frac{\partial R}{\partial R_{i+k-1}} - \cdots - \alpha_{i,j} \frac{\partial R}{\partial R_i}$$

$$(2-29)$$

接下来，本节将对串联系统、并联系统的可靠性算子进行讨论。

A. 串联系统的可靠性算子

在串联系统中，系统的可靠性为 $R(t) = \prod_{i=1}^{n} R_i(t)$。

其一，当两个部件的可靠性变化时，部件 i 到部件 j 根据式（2-

26）可得：

$$\Delta R_s^C = \frac{\partial R}{\partial R_j} - \alpha \frac{\partial R}{\partial R_i} = \prod_{k=1, k \neq i, j}^{n} R_k(t)(R_i(t) - \alpha R_j(t))$$

在部件成本相同的条件下，串联系统中两个部件的可靠性发生变化，将可靠性大的部件的可靠性转移到可靠性小的部件时，系统可靠性增加最多。

证明：

$$\max(\Delta R_s^C) \Leftrightarrow \max\left\{ \prod_{k=1, k \neq i, j}^{n} R_k(t)(R_i(t) - \alpha R_j(t)) \right\} \Leftrightarrow \max\{(R_i(t) - \alpha R_j(t))\}$$

因为 $\alpha > 0$，所以，$\Leftrightarrow \max R_i(t)$ and $\min R_j(t)$

因此，将系统中可靠性最大的部件的可靠性转移至可靠性最小的部件时，系统可靠性增加最多。

其二，当部件 i 的可靠性降低，部件 $[j, j+k]$ 的可靠性提高时，令 $I=\{i, j, j+1, \cdots, j+k\}$，根据式（2-27）可得：

$$\Delta R_s^C = \alpha_{j+k,i} \frac{\partial R}{\partial R_{j+k}} + \alpha_{j+k-1,i} \frac{\partial R}{\partial R_{j+k-1}} + \cdots + \alpha_{j,i} \frac{\partial R}{\partial R_j} - \frac{\partial R}{\partial R_i} = \prod_{l=1, l \notin I}^{n}$$

$$R_l(t) \left\{ \prod_{l \in I, l \neq j+k} \alpha_{j+k,i} R_l(t) + \cdots + \prod_{l \in I, l \neq j} \alpha_{j,i} R_l(t) - \prod_{l \in I, l \neq i} R_l(t) \right\}$$

其三，将部件 $[i, i+k]$ 的可靠性降低、提升部件 j 的可靠性时，令 $I=\{j, i, i+1, \cdots, i+k\}$，根据式（2-28）可得：

$$\Delta R_s^C = \frac{\partial R}{\partial R_j} - \alpha_{i+k,j} \frac{\partial R}{\partial R_{i+k}} - \alpha_{i+k-1,j} \frac{\partial R}{\partial R_{i+k-1}} - \cdots - \alpha_{i,j} \frac{\partial R}{\partial R_i} = \prod_{l=1, l \notin I}^{n} R_l(t)$$

$$\left\{ \prod_{l \in I, l \neq j} R_l(t) - \prod_{l \in I, l \neq i+k} \alpha_{i+k,j} R_l(t) - \cdots - \prod_{l \in I, l \neq i} \alpha_{i,j} R_l(t) \right\}$$

其四，将部件 $[i, i+k]$ 的可靠性所省下的资源用到部件 $[j, j+h]$ 上，令 $I=\{i, i+1, \cdots, i+k, j, j+1, \cdots, j+k\}$，根据式（2-29）可得：

$$\Delta R_s^C = \frac{\partial R}{\partial R_j} + \alpha_{j+1,j} \frac{\partial R}{\partial R_{j+1}} + \cdots + \alpha_{j+h,j} \frac{\partial R}{\partial R_{j+h}} - \alpha_{i+k,j} \frac{\partial R}{\partial R_{i+k}} - \alpha_{i+k-1,j}$$

$$\frac{\partial R}{\partial R_{i+k-1}} - \cdots - \alpha_{i,j} \frac{\partial R}{\partial R_i}$$

$$= \prod_{l=1, l \notin I}^{n} R_l(t) \left\{ \prod_{l \in I, l \neq j} R_l(t) + \prod_{l \in I, l \neq j+1} \alpha_{j+1,j} R_l(t) + \cdots + \prod_{l \in I, l \neq j+h} \alpha_{j+h,j} R_l(t) \right.$$

$$\left. - \prod_{l \in I, l \neq i+k} \alpha_{i+k,j} R_l(t) - \cdots - \prod_{l \in I, l \neq i} \alpha_{i,j} R_l(t) \right\}$$

B. 并联系统的可靠性算子

在并联系统中，系统的可靠性为 $R(t)=1-\prod_{i=1}^{n}(1-R_i(t))$。

其一，当两个部件的可靠性变化时，部件 i 到部件 j 根据式（2-26）可得：

$$\Delta R_s^C = \frac{\partial R}{\partial R_j} - \alpha \frac{\partial R}{\partial R_i} = \prod_{l=1, l\neq j}^{n}(1-R_l(t)) - \alpha \prod_{l=1, l\neq i}^{n}(1-R_l(t))$$

$$= \prod_{l=1, l\neq i,j}^{n}(1-R_l(t))\{(1-R_i(t)) - \alpha(1-R_j(t))\}$$

$$= \prod_{l=1, l\neq i,j}^{n}(1-R_l(t))(R_j(t)-R_i(t)+(1-\alpha))$$

在部件成本相同的条件下，并联系统中两个部件的可靠性发生变化，将可靠性小的部件的可靠性转移到可靠性大的部件时，系统可靠性增加最多。

证明：

$$\max(\Delta R_s^C) \Leftrightarrow \max\left\{\prod_{l=1, l\neq i,j}^{n}(1-R_l(t))(R_j(t)-R_i(t)+(1-\alpha))\right\}$$

$$\Leftrightarrow \max\{R_j(t)-R_i(t)+(1-\alpha)\} \Leftrightarrow \max\{R_j(t)-R_i(t)\}$$

$$\Leftrightarrow \max R_i(t) \text{ and } \min R_j(t)$$

因此，将系统中可靠性最小的部件的可靠性转移至可靠性最大的部件时，系统可靠性增加最多。

其二，当部件 i 的可靠性降低、部件 $[j, j+k]$ 的可靠性提高时，令 $I=\{i, j, j+1, \cdots, j+k\}$，根据式（2-27）可得：

$$\Delta R_s^C = \alpha_{j+k, i}\frac{\partial R}{\partial R_{j+k}} + \alpha_{j+k-, i}\frac{\partial R}{\partial R_{j+k-1}} + \cdots + \alpha_{j, i}\frac{\partial R}{\partial R_j} - \frac{\partial R}{\partial R_i}$$

$$= \prod_{l=1, l\notin I}^{n}(1-R_l(t))\left\{\prod_{l\in I, l\neq j+k}\alpha_{j+k, i}(1-R_l(t)) + \cdots + \alpha_{j, i}(1-R_l(t)) - \prod_{l\in I, l\neq i}(1-R_l(t))\right\}$$

其三，将部件 $[i, i+k]$ 的可靠性降低、提升部件 j 的可靠性时，令 $I=\{j, i, i+1, \cdots, i+k\}$，根据式（2-28）可得：

$$\Delta R_s^C = \frac{\partial R}{\partial R_j} - \alpha_{i+k,j}\frac{\partial R}{\partial R_{i+k}} - \alpha_{i+k-1,j}\frac{\partial R}{\partial R_{i+k-1}} - \cdots - \alpha_{i,j}\frac{\partial R}{\partial R_i}$$

$$= \prod_{l=1, l\notin I}^{n}(1-R_l(t))\left\{\prod_{l\in I, l\neq j}(1-R_l(t)) - \prod_{l\in I, l\neq i+k}\alpha_{i+k, j}(1-R_l(t)) - \cdots - \prod_{l\in I, l\neq i}\alpha_{i, j}(1-R_l(t))\right\}$$

其四，将部件$[i, i+k]$的可靠性所省下的资源用到部件$[j, j+h]$上，令$I=\{i, i+1, \cdots, i+k, j, j+1, \cdots, j+k\}$，根据式（2-29）可得：

$$\Delta R_s^C = \frac{\partial R}{\partial R_j} + \alpha_{j+1, j} \frac{\partial R}{\partial R_{j+1}} + \cdots + \alpha_{j+h, j} \frac{\partial R}{\partial R_{j+h}} - \alpha_{i+k, j} \frac{\partial R}{\partial R_{i+k}} - \alpha_{i+k-1, j}$$

$$\frac{\partial R}{\partial R_{i+k-1}} - \cdots - \alpha_{i, j} \frac{\partial R}{\partial R_i}$$

$$= \prod_{l=1, l \notin I}^{n} (1 - R_l(t)) \Big\{ \prod_{l \in I, l \neq j} (1 - R_l(t)) + \prod_{l \in I, l \neq j+1} \alpha_{j+1, j}$$

$$(1 - R_l(t)) + \cdots + \prod_{l \in I, l \neq j+h} \alpha_{j+h, j} (1 - R_l(t)) - \prod_{l \in I, l \neq i+k}$$

$$\alpha_{i+k, j} (1 - R_l(t)) - \cdots - \prod_{l \in I, l \neq i} \alpha_{i, j} (1 - R_l(t)) \Big\}$$

在时刻t时，利用可靠性算子降低系统风险，系统风险变化量为：

$$\Delta Risk(t) = (1 - (\Delta R_s^C + R(t))) \times C(t) - (1 - R(t)) \times C(t) = -\Delta R_s^C C(t) \tag{2-30}$$

式（2-30）中，"$-\Delta R_s^C C(t)$"里面的"$-$"表示系统风险降低。
在t时刻系统的风险变化率为：

$$\beta = \frac{-\Delta R_s^C C(t)}{(1-R(t)) \times C(t)} = -\frac{\Delta R_s^C}{(1-R(t))} \tag{2-31}$$

式（2-31）中，变化率为负值说明系统风险降低了，变化率为正值说明系统风险增加了。

第四节 本章小结

本章主要分析了城市基础设施的风险评估，提出了一个综合的生命周期成本模型，分别讨论了由于不同类型的部件而导致的运行成本和维护成本。基于部件的Birnbaum重要度，提出了一种确定预防性维护组件集的具体方法。此外，利用恢复重要度，给出了关键基础设施在维护或执行报废时的具体选择方法。然后，从生命周期中预期失效成本的角度建立了风险评估模型，提出了在有限资源条件下优化系统可靠性和改善风险的重要度。基于此优化系统风险，在无限资源（增加成本投资以改进维护）条件下进行风险优化。

第三章　多灾害影响下基础设施韧性

灾害可以是自然的或人为的，它破坏了城市基础设施系统的功能或提供的服务水平（Dhulipala and Flint，2020）。各种灾害对城市基础设施系统的影响均会造成严重的性能下降，带来巨大的损失。例如，地震会导致交通网络的中断、交通信号设施的大面积停电、大量的错峰出行以及巨大的损失（Wu and Chen，2023）。飓风通常会对配电系统造成严重破坏，特别是配电杆和电路（Salman, et al.，2017）。此外，在短时间内可能发生多次灾害。因此，研究多灾害下的系统性能和成本是很重要的。

第一节　多灾害下的连续损伤和维护过程

城市基础设施系统在工作时，难免会受到外部的影响，不断遭受外界的随机灾害。每次灾害都会对系统的性能造成显著的影响，其影响包括直接性能损伤和间接性能退化。直接性能损伤体现在打击瞬间性能状态的瞬时下降。灾害发生瞬间，系统立即从当前性能状态转移到与系统性能值相对应的低性能状态，性能损伤的程度主要与打击因素有关。间接性能退化主要反映在损伤率的变化上，累积灾害的破坏效应会加速系统的性能退化过程，体现为缩短了性能退化过程中的状态转移时间。

本节假设一个系统的性能状态集合为 $S=\{S_0, S_1, \cdots, S_m\}$，令 F_i 表示系统在性能状态 S_i 下对应的性能值，则对应的性能水平 $F=\{F_0, F_1, \cdots, F_m\}$。系统在状态 S_0 下性能最佳，在状态 S_m 下性能最低，中间状态 $S_i(0<i<m)$ 介于最佳状态和失效状态之间，具有不完全性能或部分性能。可定义系统的性能向量为 $F=[F_0, F_1, \cdots, F_m]$。遭受打击时系统的性能退化过程如图 3-1 所示。

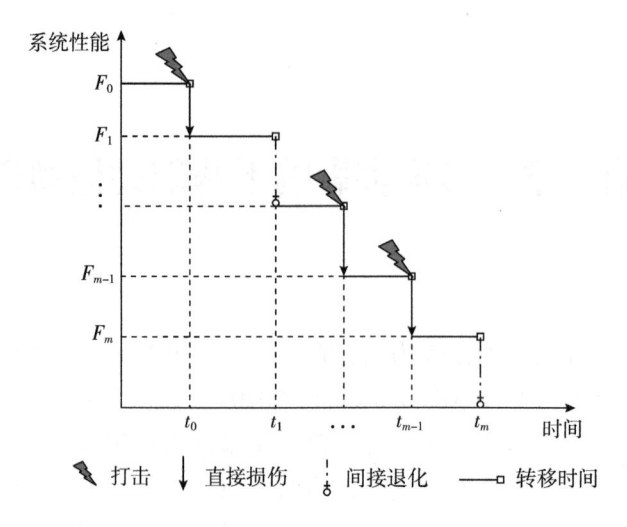

图 3-1 多灾害破坏下系统性能的变化情况

在灾害损伤阶段，系统初始状态为 S_0，对应的系统性能值为 F_0，表示系统的最佳状态。在打击事件发生后，系统状态将会从状态 S_i 向状态 S_j 不断转移（$i<j$），同样地，系统性能值也会从 F_i 下降至 F_j。

在遭受多灾害后，系统性能会明显下降。然而，为了维持系统的高性能状态，需在系统性能降低到一定性能状态后，对系统进行维护，使其从当前性能状态转移到与系统性能值 $F=F_j$ 相对应的高性能状态 S_j，保持较高的系统状态运行。系统的维护恢复过程如图 3-2 所示。

在图 3-2 中，对应的系统性能值 $F_m=0$。当达到失效状态后便开始对系统进行维护。在维护过程中，每次维护事件后，系统将会从状态 S_i 向状态 S_j 转移（$i>j$），同样地，系统性能值也会从 F_i 上升至 F_j。

每当系统达到失效状态时，就需要对系统进行维护恢复。系统在维护恢复过程中仍可能受到打击。当新的打击发生时，本次维护终止，开始发生性能退化过程。只有当系统性能再次退化到失效状态时，才又一次对系统进行维护恢复。如果在维护过程中没有遭受新的灾害，则一直对系统进行维护，直至系统被维护恢复到最佳状态 S_0。系统在执行任务过程中，灾害损伤和维护恢复是交叉进行的。集成灾害损伤和维护恢复后，系统性能状态及对应性能值的变化情况如图 3-3 所示。

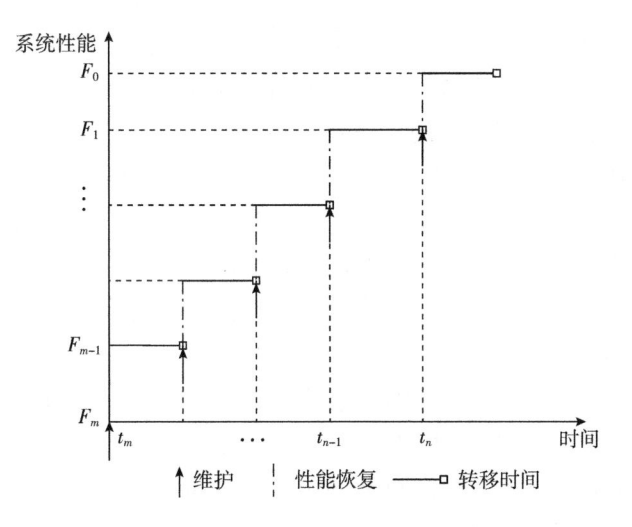

图 3-2 维护恢复下系统性能值的变化情况

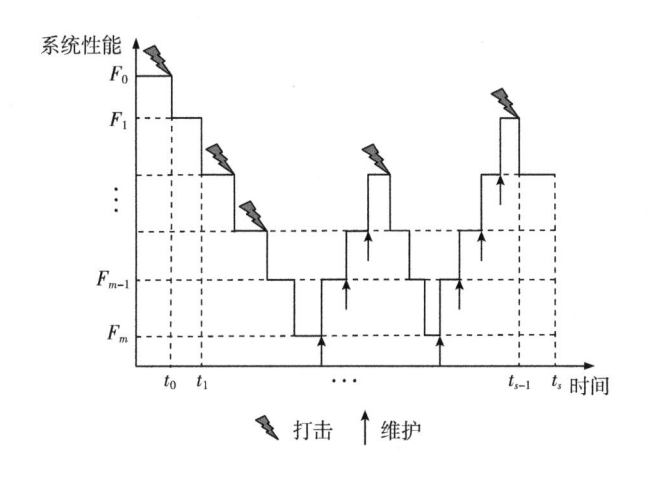

图 3-3 集成灾害损伤和维护恢复后系统性能值的变化情况

系统在执行任务时，其初始时刻的状态为最佳状态 S_0。系统在初始时刻处于状态 S_0 的概率为 $P(S(0)=S_0)=1$，对应的系统性能值为 F_0。因此，可以定义系统的初始状态向量为 $P(t)=[P_0, P_1, \cdots, P_m]=[1, 0, \cdots, 0]$。系统在执行任务过程中会受到外界灾害的影响，在每次灾害发生时，系统性能状态将会发生从状态 S_i 向状态 S_j 的转移 $(0 \leq i<j \leq m)$，同样地，系统性能值也会发生从 F_i 到 F_j 的下降。由于灾害会对系统造成

累积效应，因此，不同状态在遭受灾害后的损伤率不同。每次灾害之后的状态转移用一个新的 Markov 过程描述。当系统达到失效状态时，系统进行维护，维护恢复带来的状态转移也可以用 Markov 过程描述。因此，灾害与恢复的交叉过程可以用系列 Markov 过程进行描述。

由于不同状态之间的转移时间是随机的，系统在 t 时刻所处的状态也具有概率性，故可引入状态转移概率矩阵 $R(t)$ 来表示系统在 t 时刻从始状态 S_i 转移到终状态 S_j 的概率，$R_{i,j}(t)$ 可表示为：

$$R_{i,j}(t) = \Pr(S(t) = S_j \mid S(0) = S_i) \tag{3-1}$$

式（3-1）中，$S(t)$、$S(0)$ 分别表示系统在 t 时刻和 0 时刻所处的状态，$R_{i,j}(t)$ 的值可以通过求解马尔可夫更新方程求得。

本节引入一个连续时间离散状态的 Markov 过程来构建多状态模型，并通过求解得到系统的状态概率分布。可维护多状态系统的 Markov 状态转移模型如图 3-4 所示。

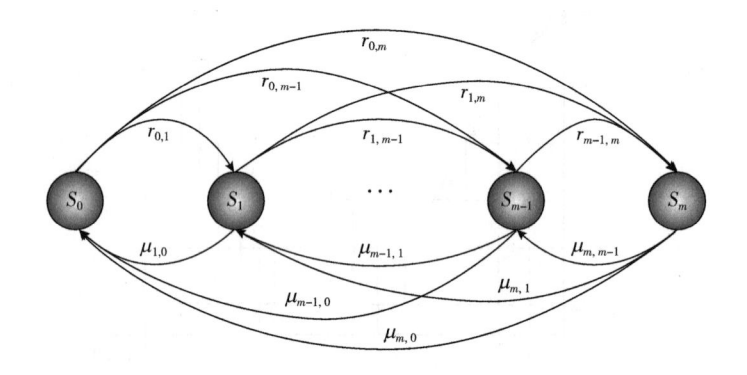

图 3-4　可维护多状态系统的 Markov 状态转移模型

令 A 表示组件 k 的状态转移率矩阵，可表示为：

$$A = \begin{bmatrix} a_{0,0} & a_{0,1} & \cdots & a_{0,m-1} & a_{0,m} \\ a_{0,1} & a_{1,1} & \cdots & a_{1,m-1} & a_{1,m} \\ \vdots & \vdots & \ddots & \vdots & \vdots \\ a_{m-1,0} & a_{m-1,1} & \cdots & a_{m-1,m-1} & a_{m-1,m} \\ a_{m,0} & a_{m,1} & \cdots & a_{m,m-1} & a_{m,m} \end{bmatrix} \tag{3-2}$$

在式（3-2）中，$a_{i,j}$ 表示系统从状态 S_i 到状态 S_j 的转移率。因为 $R_{i,i}$

$(t)=1-\sum_{j=0,j\neq i}^{m}R_{i,j}(t)$，$a_{i,i}=\dfrac{\partial R_{i,i}(t)}{\partial t}$，$a_{i,j}=\dfrac{\partial R_{i,j}(t)}{\partial t}$，所以，$a_{i,i}=-\sum_{j=0,j\neq i}^{m}a_{i,j}$。因此，转移率矩阵中的对角线成分 $a_{i,i}$ 被定义为同一行中所有其他比率的负值之和。此外，根据 Smith 等（2008）的研究，我们还可以更详细地得到相关数据。考虑到损伤和维护过程的不同，$a_{i,j}$ 可以被定义为：

$$a_{i,j}=\begin{cases}r_{i,j},\ i<j\\-(\sum_{j=0}^{i-1}\mu_{i,j}+\sum_{j=i+1}^{m}r_{i,j}),\ i=j\\\mu_{i,j},\ i>j\end{cases} \quad (3-3)$$

由于系统性能状态转移满足 Markov 过程，因此，通常在给定初始条件 $P(t)=[P_0,\ P_1,\ \cdots,\ P_m]$ 的情况下，可以通过求解微分方程，得到组件处于各状态的概率，即：

$$\dfrac{\mathrm{d}P(t)}{\mathrm{d}t}=P(t)A \quad (3-4)$$

式（3-4）中，$P(t)=[P_0,\ P_1,\ \cdots,\ P_m]$ 为状态概率的行向量，因为系统的初始状态为最佳状态，所以，$P(t)=[P_0,\ P_1,\ \cdots,\ P_m]=[1,\ 0,\ \cdots,\ 0]$，$A$ 为状态转移率矩阵，微分方程可进一步展开为：

$$\dfrac{\mathrm{d}p_j(t)}{\mathrm{d}t}=\sum_{i=0}^{m}p_i(t)a_{i,j}-p_j(t)\sum_{i=0}^{m}a_{j,i} \quad (3-5)$$

由此可以求得系统在各个状态 S_i 的概率 p_i 和其对应的性能值 F_i。

第二节 基于损伤和维护相互作用下的性能变化

在实践中，损伤和维护往往是轮流进行的。当系统受到灾害时，其性能会下降。在低性能水平下的系统运行成本更高并可能导致系统故障。因此，应该进行维护，并将系统提高到高性能状态。在下一次灾害发生的情况下，系统性能再次下降，新的维护工作开展。因此，损伤和维护的循环反复发生。基于此，本节分析在损伤和维护的相互作用下多状态系统的性能变化。

多灾害加速了系统的性能退化过程。加速的模型主要是通过减少状态间的退化时间，即增加系统性能的退化率来实现的。系统性能退化率的变化主要与三个因素有关：原始系统的性能退化率、新灾害发生前的性能状态以及新灾害的严重程度。原始系统指的是没有遭受过灾害的系统或者是经过多次灾害后一直维持在最佳状态的系统。

在系统遭受外部灾害的瞬间，系统的性能发生了重大变化，主要表现为性能状态的瞬间下降。性能状态的下降程度主要与灾害的严重程度 θ_w 有关。灾害越严重，直接的性能破坏性越大，系统性能状态的瞬时下降也越明显。式（3-6）和式（3-7）模拟了灾害的严重程度 θ_w 对性能状态的影响。

$$v = y(\theta_w) \tag{3-6}$$

$$S(T^{w-}) \to S(T^{w+}) = S_i \to S_{i+v} \tag{3-7}$$

其中，S_i 表示系统在第 w 次灾害前一刻所处的性能状态。S_{i+v} 表示系统在第 w 次灾害后一刻所处的性能状态。$v(v=1, 2, \cdots, n)$ 是关于第 w 次灾害的严重程度 θ_w 的函数，且灾害程度越严重，v 的取值越大。

多灾害的损伤恢复模型会随灾害次数发生改变，由于每次灾害的发生都将改变系统性能的退化过程，即改变系统性能的损伤率，减少系统性能状态间的退化时间。因此，从本质上讲，多灾害下的系统性能退化过程就是一系列 Markov 过程。这些 Markov 过程的转移率矩阵既考虑了原始系统的退化率，又考虑了系统在新灾害发生前一刻所处的性能状态，同时还考虑了新灾害的严重程度。

本节用 $w \in \{1, 2, 3, \cdots\}$ 表示灾害发生的次数，用 T^w 表示第 w 次灾害发生的时刻，用 $\Delta T^w = T^w - T^{w-1}$ 表示第 w 次灾害和第 $(w-1)$ 次灾害的时间间隔，第 w 次灾害发生后系统的转移概率矩阵、转移率矩阵和性能值可分别用 $R^w(t)$、$A^w(t)$ 和 $\overline{F}_s^w(t)$ 表示。用 $u \in \{1, 2, 3, \cdots\}$ 表示维护发生的次数，用 T_u 表示第 u 次维护启动的时刻，即系统性能状态第 u 次退化到 S_m 的时刻。

令 A^* 表示原始系统（未遭受灾害的系统或灾害后被维护恢复至最佳状态的系统）从遭受新的灾害到下次灾害发生或维护恢复启动前的性能退化转移率矩阵。考虑到遭受灾害后的系统性能服从状态顺序退化，因此，A^* 可表示为：

$$A^* = \begin{bmatrix} 0 & r_{0,1}^1 & r_{0,2}^1 & \cdots & r_{0,m-1}^1 & r_{0,m}^1 \\ 0 & 0 & r_{1,2}^1 & \cdots & r_{1,m-1}^1 & r_{1,m}^1 \\ \vdots & \vdots & \vdots & \ddots & \vdots & \vdots \\ 0 & 0 & 0 & \cdots & 0 & r_{m-1,m}^1 \\ 0 & 0 & 0 & \cdots & 0 & 0 \end{bmatrix} \tag{3-8}$$

当不发生维护时，系统不会返回到高性能状态，而只是依次退化到较低的性能状态。需要注意的是，如果原系统没有遭遇灾害，系统性能的退化过程是非常缓慢的，可以忽略不计。因此，可以假设系统总是在没有灾害干扰的情况下保持最佳状态。

如果灾害次数 $w=1$，在遭受灾害瞬间，系统性能状态发生从状态 $S(T^{1-})$ 到 $S(T^{1+})$ 的直接下降。从第 1 次灾害发生后到第 2 次灾害发生或维护恢复启动前，系统将根据性能退化转移率矩阵 A^1 发生间接性能退化。由于在第 1 次灾害发生时，系统性能属于原始系统的一种情况，即 A^1 属于 A^* 的一种情况，故 A^1 可表示为：

$$A^1 = A^* \tag{3-9}$$

在多次灾害（即 $w>1$）的背景下，系统遭受灾害瞬间，性能状态发生从状态 $S(T^{w-})$ 到 $S(T^{w+})$ 的直接下降，从第 w 次灾害发生后到第 $w+1$ 次灾害发生前或维护恢复启动（系统性能状态退化到状态 S_m）前，系统将根据性能退化转移率矩阵 A^w 发生间接性能退化，A^w 可表示为：

$$A^w = \begin{bmatrix} 0 & r_{0,1}^w & r_{0,2}^w & \cdots & r_{0,m-1}^w & r_{0,m}^w \\ 0 & 0 & r_{1,2}^w & \cdots & r_{1,m-1}^w & r_{1,m}^w \\ \vdots & \vdots & \vdots & \ddots & \vdots & \vdots \\ 0 & 0 & 0 & \cdots & 0 & r_{m-1,m}^w \\ 0 & 0 & 0 & \cdots & 0 & 0 \end{bmatrix}, \quad w>1 \tag{3-10}$$

式（3-10）中，$r_{i,j}^w$ 表示系统从第 w 次灾害发生后到第 $w+1$ 次灾害发生或维护恢复启动（系统性能状态退化到状态 S_m）前从状态 S_i 到状态 S_j 的性能退化率。$r_{i,j}^w$ 由三个因素决定：原始系统的性能退化率 $r_{i,j}^1$、第 w 次灾害发生前一刻系统所处的状态 $S(T^{w-})$、第 w 次灾害的严重程度 θ_w。故 $r_{i,j}^w$ 可表示为：

$$r_{i,j}^w = f(r_{i,j}^1, S(T^{w-}), \theta_w) = (1+\alpha_i^{w-})^{\beta^w} \cdot r_{i,j}^1 \tag{3-11}$$

即第 w 次灾害发生后到第 $w+1$ 次灾害发生或维护恢复启动（系统性能

状态退化到退化 S_m) 前，系统的性能退化转移率矩阵 A^w 可表示为：

$$A^w = f(A^*, S(T^{w^-}), \theta_w) = (1+\alpha_i^{w^-})^{\beta^w} \cdot \begin{bmatrix} 0 & r_{0,1}^1 & r_{0,2}^1 & \cdots & r_{0,m-1}^1 & r_{0,m}^1 \\ 0 & 0 & r_{1,2}^1 & \cdots & r_{1,m-1}^1 & r_{1,m}^1 \\ \vdots & \vdots & \vdots & \ddots & \vdots & \vdots \\ 0 & 0 & 0 & \cdots & 0 & r_{m-1,m}^1 \\ 0 & 0 & 0 & \cdots & 0 & 0 \end{bmatrix}$$

$$= \begin{bmatrix} 0 & (1+\alpha_i^{w^-})^{\beta^w} r_{0,1}^1 & (1+\alpha_i^{w^-})^{\beta^w} r_{0,1}^1 & \cdots & (1+\alpha_i^{w^-})^{\beta^w} r_{0,m-1}^1 & (1+\alpha_i^{w^-})^{\beta^w} r_{0,m}^1 \\ 0 & 0 & (1+\alpha_i^{w^-})^{\beta^w} r_{1,2}^1 & \cdots & (1+\alpha_i^{w^-})^{\beta^w} r_{1,m-1}^1 & (1+\alpha_i^{w^-})^{\beta^w} r_{1,m}^1 \\ \vdots & \vdots & \vdots & \ddots & \vdots & \vdots \\ 0 & 0 & 0 & \cdots & 0 & (1+\alpha_i^{w^-})^{\beta^w} r_{m-1,m}^1 \\ 0 & 0 & 0 & \cdots & 0 & 0 \end{bmatrix}$$

(3-12)

式(3-12)中，$\alpha_i^{w^-}$ 为性能退化率的状态参数，取决于第 w 次灾害发生前一刻系统所处的状态，为简化且不失一般性，可令 $\alpha_i^{w^-}$ 为恒定常量，但对于不同状态，$\alpha_i^{w^-}$ 的取值不同；β^w 为性能退化率的强度参数，取决于第 w 次灾害的严重程度 θ_w；$r_{i,j}^1$ 表示原始系统的性能退化率。

系统在遭受灾害瞬间，系统性能状态发生从状态 $S(T^{w^-})$ 到 $S(T^{w^+})$ 的直接下降，直接性能损伤之后，系统将根据性能退化转移率矩阵 A^w 发生间接性能退化，直至系统性能下降至最低性能状态 S_m。此后，对系统进行维护使其性能恢复，以保证高效工作，其恢复过程服从系统的性能维护恢复转移率矩阵 A_u。由于性能维护恢复过程与灾害次数无关，仅取决于此次维护的始终状态。由此可知，每次维护启动后系统的维护恢复转移率矩阵保持一致，可令 A_u 表示系统从第 u 次维护启动到再次遭受灾害或性能状态被维护恢复到最佳状态（即状态 S_0）前的性能维护恢复转移率矩阵，可表示为：

$$A_u = \begin{bmatrix} 0 & 0 & \cdots & 0 & 0 & 0 \\ \mu_{1,0} & 0 & \cdots & 0 & 0 & 0 \\ \vdots & \vdots & \ddots & \vdots & \vdots & \vdots \\ 0 & 0 & \cdots & \mu_{m-1,m-2} & 0 & 0 \\ 0 & 0 & \cdots & 0 & \mu_{m,m-1} & 0 \end{bmatrix}$$

(3-13)

式（3-13）中，$\mu_{i,j}$ 表示系统从第 u 次维护开始到再次遭受灾害或性能状态被恢复到最佳状态（即状态 S_0）前从状态 S_i 到状态 S_j 的维护恢复率。

性能转移率矩阵的定义说明，系统性能恢复过程服从于逐个状态的顺序恢复。如果在维护过程中没有发生灾害，维护工作将一直进行，直到系统保持最佳状态 S_0。如果在维护过程中发生了新的灾害，维护工作就会终止。当系统性能状态退化到最低性能状态 S_m 时，就会发生直接性能损伤和间接性能退化的过程，从而触发系统的维护。

第三节 多状态系统的性能韧性与成本韧性

系统性能韧性量化模型是从性能角度出发，通过衡量性能恢复程度，获得系统性能韧性。性能恢复程度是指系统在遭受极端事件破坏后，在规定的时间内系统性能提高的程度。图 3-5 是系统在损伤和维护恢复下的性能变化过程。

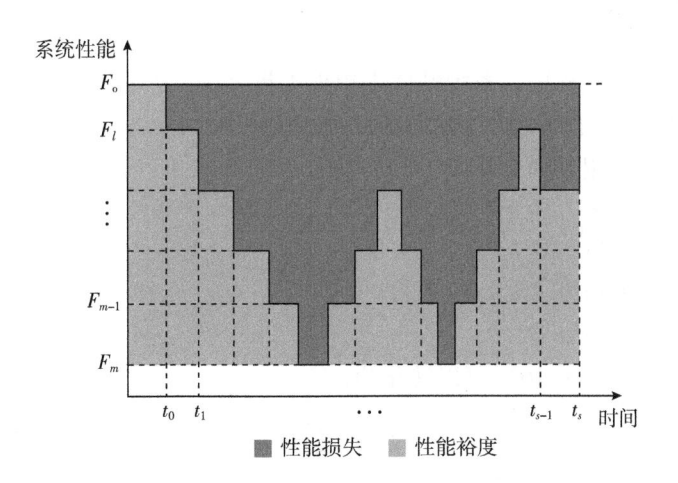

图 3-5 系统在损伤和维护恢复下的性能变化过程

A. 离散过程中的定义

在任务执行过程中，系统性能累积损失量是指系统在遭受灾害损伤及维护恢复下的性能损失量之和。性能累计损失量 F_{loss} 为：

$$F_{loss} = \sum_{d=1}^{s}((F_0 - F_d)(t_d - t_{d-1})) \qquad (3-14)$$

式（3-14）中，s 为系统在灾害损伤和维护恢复过程的时间总步数，F_0 为系统在受到灾害前所具有的最佳状态，F_d 表示系统在状态 d 下所具有的性能值，(t_d-t_{d-1}) 表示系统在状态 d 的持续时间。

系统在灾害损伤和维护恢复下所能承受的最大性能损失量被称为系统性能裕度，用 F_{margin} 表示，即：

$$F_{margin} = F_0(t_s - t_0) \qquad (3-15)$$

式（3-15）中，F_0 为系统在受到灾害前所具有的最佳状态，(t_s-t_0) 表示持续时长。此时，系统的性能韧性 R_e 就可定义为：

$$R_e = \frac{F_{margin} - F_{loss}}{F_{margin}} \qquad (3-16)$$

B. 连续过程中的定义

在连续时间离散状态的 Markov 过程中，t 时刻的系统平均性能值 $\overline{F}_S(t)$ 可表示为：

$$\overline{F}_S(t) = \sum_{i=0}^{m} p_i(t) F_i \qquad (3-17)$$

在连续的过程中，系统性能累积损失量 F_{loss}、系统性能裕度 F_{margin} 和性能韧性 R_e 三个部分可以用新的方程式表示。

系统性能累计损失量 $F_{loss}(t)$ 为：

$$F_{loss}(t) = \int_0^t (F_0 - \overline{F}_S(t)) \, dt \qquad (3-18)$$

系统性能裕度 $F_{margin}(t)$ 为：

$$F_{margin}(t) = F_0 t \qquad (3-19)$$

因此，式（3-16）可以转化为：

$$R_e = \frac{F_{margin} - F_{loss}}{F_{margin}} = 1 - \frac{\int_0^t (F_0 - \sum_{i=0}^{m} p_i(t) F_i) \, dt}{F_0 t} = \frac{\sum_{i=0}^{m} F_i \int_0^t (p_i(t)) \, dt}{F_0 t} \qquad (3-20)$$

不难看出，$0 \leq R_e \leq 1$。当 $R_e = 0$ 时，系统处于临界崩溃状态。当 $R_e = 1$ 时，系统没有任何性能损失，处于最佳状态。R_e 的值越大，系统的性能韧性就越高，说明系统在经历了多次灾害的破坏和维护过程后，整体性能恢复到了较高的水平。

系统在灾害损失和维护恢复下会产生两类费用：损失费用和维护费用。损失费用包括直接损失费用和间接损失费用。直接损失费用是由破坏事件直接造成的，与其他因素无关。间接损失费用是由系统性能下降造成的，取决于恢复过程的时长，表示系统在低性能状态相较于最佳状态运行下减少的收入。维护费用表示系统从低性能状态维护恢复到高性能状态所需花费的费用，只取决于维护过程的始终状态，与其他因素无关。

系统在打击损伤阶段，会发生从性能状态 S_i 到状态 S_j（$0 \leqslant i < j \leqslant m$）的转移，该过程伴随着 $d_{i,j}$ 的直接损失。

$$\begin{cases} d_{i,j} > 0, & if\ i < j \\ d_{i,j} = 0, & if\ i \geqslant j \end{cases} \tag{3-21}$$

在维护过程中，系统将从性能状态 S_i 转移到状态 S_{i-1}（$i = 1, 2, \cdots, m$），这个过程伴随着维护成本 $k_{i,i-1}$ 的产生。图 3-6 显示了多状态系统在损伤和维护过程中产生的成本。

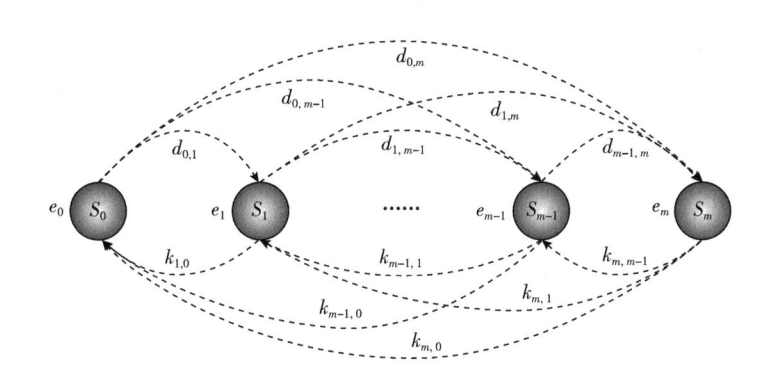

图 3-6　多状态系统在损伤和维护过程中产生的成本

用 $L(t)$ 表示系统从 0 时刻到 t 时刻产生的总费用，结果可表示为：

$$L(t) = L_d(t) + L_e(t) + L_k(t) = \sum_{i=0}^{m} \sum_{j=0}^{m} d_{i,j} N_{i,j}(t) + \sum_{j=0}^{m} e_j T_j(t) + \sum_{i=1}^{m} k_{i,i-1} N_{i,j}(t) \tag{3-22}$$

式（3-22）中，$L_d(t)$、$L_e(t)$、$L_k(t)$ 分别表示系统的直接损失

费用、系统的间接损失费用、系统的维护费用。$N_{i,j}(t)$ 表示系统在 0 时刻到 t 时刻从状态 i 转移到状态 j 的次数。$d_{i,j}$ 和 e_j 分别表示系统从状态 S_i 转移到状态 S_j 的直接损失、系统停留在状态 S_j 造成的单位时间间接损失。$T_j(t)$ 表示系统从 0 时刻到 t 时刻停留在状态 S_j 的累积时间，可表示为：

$$T_j(t) = \int_0^t \mathcal{L}\{F(x) = F_j\} \mathrm{d}x \tag{3-23}$$

$$\mathcal{L}\{F(x) = F_j\} = \begin{cases} 1, & if\ F(x) = F_j \\ 0, & else \end{cases} \tag{3-24}$$

式（3-23）和式（3-24）中，$F(x)$ 表示系统在 x 时刻所具有的性能值，F_j 表示系统在状态 S_j 所具有的性能值。

在项目开始前，系统的各项费用都有预算。假设在 $[0, t]$ 的系统运行过程中发生的总成本不能超过预算值 $L_g(t)$，这是一个随时间变化的函数。那么，可以引入成本韧性 R_l 来衡量预算盈余，故在 t 时刻的成本韧性可以定义为：

$$R_l(t) = \frac{L_g(t) - L(t)}{L_g(t)} \tag{3-25}$$

不难看出，$0 \leqslant R_l \leqslant 1$。当 $R_l = 0$ 时，系统没有任何预算盈余，或者发生的费用正好等于预算。当 $R_l = 1$ 时，也就是说，没有灾害发生，这意味着系统既没有退化，也没有维持。R_l 的值越大，系统的预算盈余就越多，这意味着系统在运行过程中产生的费用越少。

第四节　光伏发电系统的韧性仿真

本节运用所建立的多灾害模型来评估地震冲击下光伏发电系统的性能韧性和成本韧性，并验证模型的可操作性和准确性。

假设某电厂光伏发电系统的发电量为 1868MW，该电厂有五种性能状态，分别为 $\{S_0, S_1, S_2, S_3, S_4\}$，代表电厂处于最佳状态、较好状态、良好状态、轻微损伤状态和失效状态。不难看出，从状态 S_0 到状态 S_4，电厂的发电能力逐渐变弱。根据 Zeng 等（2021）和 Chen（2018）的研究，给出光伏发电系统的相关数据，如表 3-1 至表 3-5 所示。

表 3-1 显示了光伏发电系统的性能状态、性能值和相应的发电能力。

表 3-1　　光伏发电系统的性能状态、性能值和相应的发电能力

状态	性能状态	性能值	发电能力（MW）
S_0	最佳状态	$F_0 = 1.00$	1868
S_1	较好状态	$F_1 = 0.75$	1401
S_2	良好性能	$F_2 = 0.50$	934
S_3	轻微损伤状态	$F_3 = 0.25$	467
S_4	失效状态	$F_4 = 0.00$	0

图 3-7 给出了光伏发电系统的多状态转移模型。参考 Dhulipala 和 Flint（2020）的研究以及 Wu 等（2023）的研究，为了简化说明，本节假设退化只引起系统状态的一步过渡。

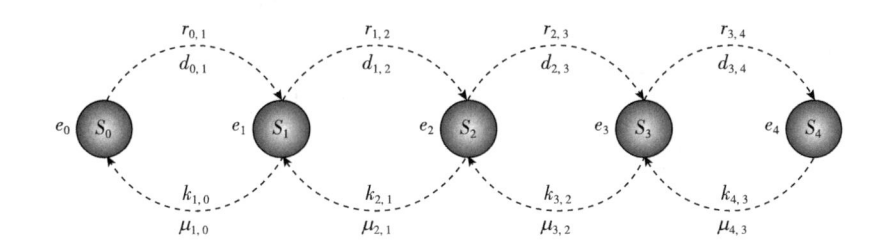

图 3-7　光伏发电系统的状态转移过程

在图 3-7 中，$r_{i,j}$（$i=0,1,2,3$；$j=i+1$）是性能退化率。$\mu_{i,j}$（$i=1,2,3,4$；$j=i-1$）是恢复率。$d_{i,j}$（$i=0,1,2,3$；$j=i+1$）是直接损失费用。e_j（$j=0,1,2,3$）是单位时间的间接损失费用。$k_{i,j}$（$i=1,2,3,4$；$j=i-1$）是维护费用。表 3-2 给出了系统的状态转换率参数。表 3-3 给出了光伏发电系统各项费用的参数。

表 3-2　　　　　　　光伏发电系统的状态转换率参数

符号	参数值
$r_{0,1}^{1}$	0.18（$year^{-1}$）
$r_{1,2}^{1}$	0.22（$year^{-1}$）
$r_{2,3}^{1}$	0.20（$year^{-1}$）

续表

符号	参数值
$r^1_{3,4}$	0.19（$year^{-1}$）
$\mu_{1,0}$	0.75（$year^{-1}$）
$\mu_{2,1}$	0.76（$year^{-1}$）
$\mu_{3,2}$	0.72（$year^{-1}$）
$\mu_{4,3}$	0.77（$year^{-1}$）

表 3-3　　　　　　　光伏发电系统的各项费用的参数

符号	参数值
$d_{0,1}$	1.9×10^8（€）
$d_{1,2}$	1.8×10^8（€）
$d_{2,3}$	1.7×10^8（€）
$d_{3,4}$	1.6×10^8（€）
$k_{1,0}$	2.8×10^8（€）
$k_{2,1}$	2.7×10^8（€）
$k_{3,2}$	2.6×10^8（€）
$k_{4,3}$	2.5×10^8（€）
e_0	0（€）
e_1	2.40×10^8（€/year）
e_2	4.80×10^8（€/year）
e_3	7.19×10^8（€/year）
e_4	9.59×10^8（€/year）

因此，系统的性能退化率矩阵 A^* 和恢复率矩阵 A_u 可以分别定义为：

$$A^* = \begin{bmatrix} 0 & 0.18 & 0 & 0 & 0 \\ 0 & 0 & 0.22 & 0 & 0 \\ 0 & 0 & 0 & 0.20 & 0 \\ 0 & 0 & 0 & 0 & 0.19 \\ 0 & 0 & 0 & 0 & 0 \end{bmatrix}$$

$$A_u = \begin{bmatrix} 0 & 0 & 0 & 0 & 0 \\ 0.75 & 0 & 0 & 0 & 0 \\ 0 & 0.76 & 0 & 0 & 0 \\ 0 & 0 & 0.72 & 0 & 0 \\ 0 & 0 & 0 & 0.77 & 0 \end{bmatrix}$$

表 3-4 给出了光伏发电系统性能退化率的状态参数。

表 3-4　　　　　　光伏发电系统性能退化率的状态参数

符号	参数值
$\alpha_0^{w^-}$	0.5
$\alpha_1^{w^-}$	0.6
$\alpha_2^{w^-}$	0.5
$\alpha_3^{w^-}$	0.6
$\alpha_4^{w^-}$	0

灾害发生的时间可以利用预测模型进行预测。本节假设灾害发生的时间已知。光伏发电系统在运行期间受到了多次灾害，表 3-5 给出了灾害的相关参数。

表 3-5　　　　　灾害发生的时间点以及对应的强度参数

w	T^w	θ_w	β^w
1	3（year）	1（level）	—
2	7（year）	2（level）	2.5
3	10（year）	1（level）	3
4	20（year）	1（level）	2

灾害造成的直接性能损害与灾害的强度水平是一致的。在本节中，式（3-6）被定义为 $v = y(\theta_w)$。当强度等级为 1 的灾害发生时，对系统的直接性能损害表现为瞬间下降 1 个状态；强度等级为 2 的灾害造成的直接性能损害是瞬间下降 2 个状态。

随着时间的推移，光伏发电系统受到的灾害冲击次数增加，导致直接和间接的性能损害费用增加。光伏发电系统的性能下降反过来又导致系统维护次数的增加，使维护费用上升。因此，光伏发电系统的预算 $L_g(t)$ 应随时间的推移逐渐增加。本节为了简化计算，使预算呈线性增长，即 $L_g(t) = 3 \times 1^9 \times t$。

一 性能韧性分析

在第 0—3 年，光伏发电系统不受外部冲击，运行在最佳状态 S_0。系统的性能率为 $F_0 = 1$。根据式（3-20），性能韧性 $R_e = 1$。根据光伏发电系统在第 0—3 年的状态，即状态 S_0 在 $t = 3$ 时性能状态概率矩阵可视为 $P(3) = [1, 0, 0, 0, 0]$。

用维护过程模拟多次灾害冲击，将分段曲线拼接起来，可以得到光伏发电系统的性能状态概率，如图 3-8 所示。

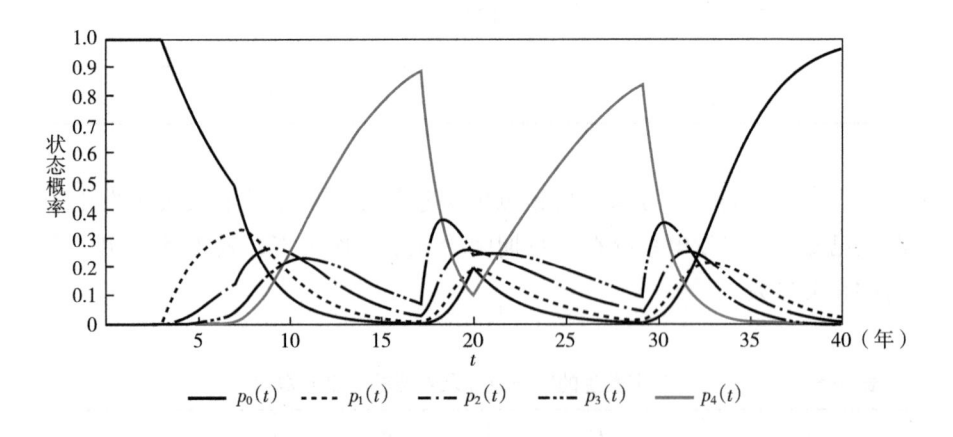

图 3-8 性能状态的概率分布

从图 3-8 中可以看出，光伏发电系统的性能在第三次灾害后的第 17.18 年退化到失效状态。当系统达到失效状态时，维护过程开始。当光伏发电系统在 20 年后经历第 4 次灾害时，维护过程终止。在第 29.13 年，系统性能再次下降到失效状态，光伏发电系统经历了第 2 次维护。

本节采用全概率公式计算系统的瞬时平均性能，根据式（3-20）可以得出光伏发电系统在 [0, t] 的性能韧性。通过拼接多个灾害冲击和维护过程的性能韧性的分段曲线可以知道光伏发电系统在第 0—40 年的性能韧性，如图 3-9 所示。

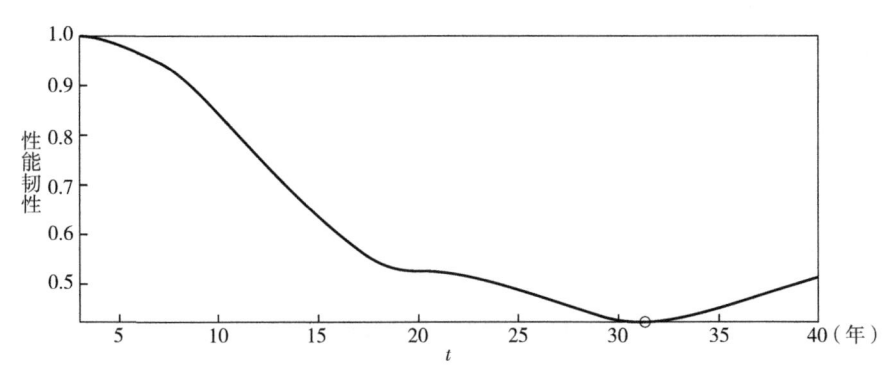

图 3-9　光伏发电系统的性能韧性

在图 3-9 中，光伏发电系统的系统性能韧性在第 0—31.13 年逐渐下降。在 t = 31.13 时，系统性能韧性达到最低水平，即 0.423。在第 17.18—20 年，光伏发电系统性能韧性的放缓是由于系统经历了第 1 次维护。尽管维护改善了系统性能，但由于维护前系统受到多种灾害冲击的影响，系统性能韧性并没有提高。同样，光伏发电系统虽然在第 29.13—31.13 年进行了维护，但也没有提高系统的性能韧性，没有完成状态升级。在第 31.13—40 年，光伏发电系统继续经历维护过程，导致性能韧性的提高。

二　成本韧性分析

在第 0—3 年，光伏发电系统没有受到灾害冲击，也没有进行维护，因此，光伏发电系统在第 0—3 年的成本韧性等于 1。根据成本预算函数和式（3-25）可以得出光伏发电系统在第 0—40 年的成本韧性，如图 3-10 所示。

从图 3-10 可以看出，光伏发电系统的成本韧性在第 0—40 年都大于 0.80，说明光伏发电系统的储备资金是充足的。光伏发电系统在第 29.13 年的成本韧性最小，为 0.847。当光伏发电系统受到灾害打击时，该系统的成本韧性就会减少。只有当系统被维护 2 次时，光伏发电系统的成本韧性才会增加。这说明光伏发电系统的成本预算与维护成本相比是比较充足的，也就是说，维护带来的成本远远小于外部冲击带来的损失。

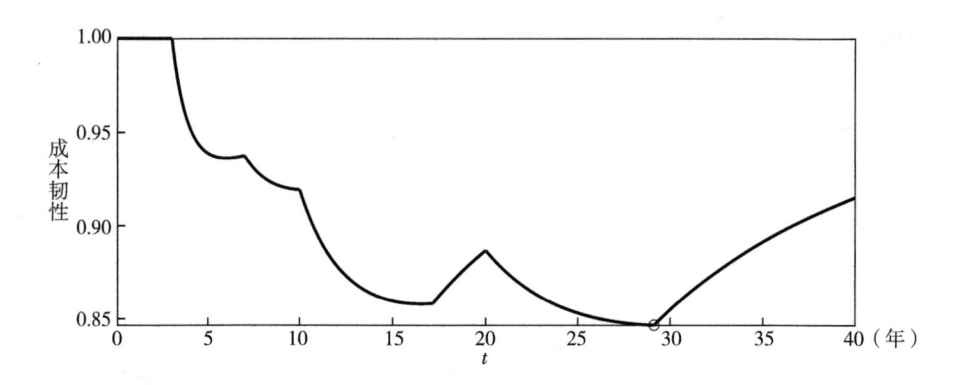

图 3-10 光伏发电系统的成本韧性

三 灵敏度分析

对光伏发电系统的性能韧性和成本韧性进行灵敏度分析。复杂系统具有抵抗一定强度破坏的能力,而抵抗冲击强度的大小取决于系统的缓冲能力和抵抗冲击能力。光伏发电系统作为满足居民用电需求的重要来源之一,具有一定的抗冲击能力。提高光伏发电系统抵御冲击的能力体现在性能退化率的变化上,光伏发电系统的抗冲击能力越强,性能的退化率就越低。

通过提高光伏发电系统的抵抗能力,性能下降率变为 $0.8r_{i,j}^1$、$0.7r_{i,j}^1$、$0.6r_{i,j}^1$ ($i=0, 1, 2, 3; j=i+1$)。分别对光伏发电系统的性能韧性和成本韧性进行分析,得到了不同退化率下的性能韧性对比图(见图 3-11)和不同退化率下的成本韧性对比图(见图 3-12)。

从图 3-11 中可以看出,在灾害冲击期间抵抗能力的增加会提高光伏发电系统的性能韧性。这是由于性能退化率的降低减缓了光伏发电系统从高性能状态向低性能状态的转变。在维护过程中,虽然抵抗能力得到提高,但系统的性能韧性却降低了。这是因为光伏发电系统进入失效状态的时间延长了(即系统在低性能状态下运行的时间较长),导致光伏发电系统的维护发生延迟,从而导致性能韧性的降低。

从图 3-12 来看,光伏发电系统在遭受前三次灾害时,由于没有维护,成本韧性没有变化。在第 1 次维护发生后,成本韧性随着抵抗能力的增加而逐渐下降。这是因为低性能退化率导致系统在低性能状态下运行的时间较长,而低性能运行给光伏发电系统带来的间接损失也较大。

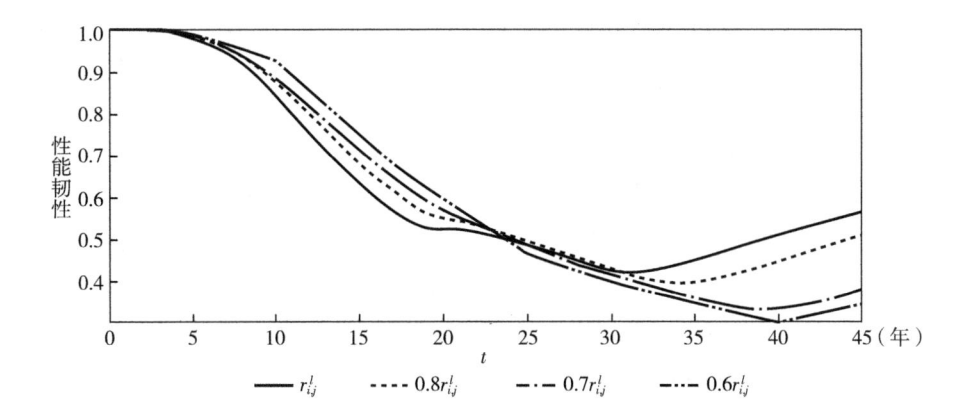

图 3-11　不同退化率下的性能韧性对比

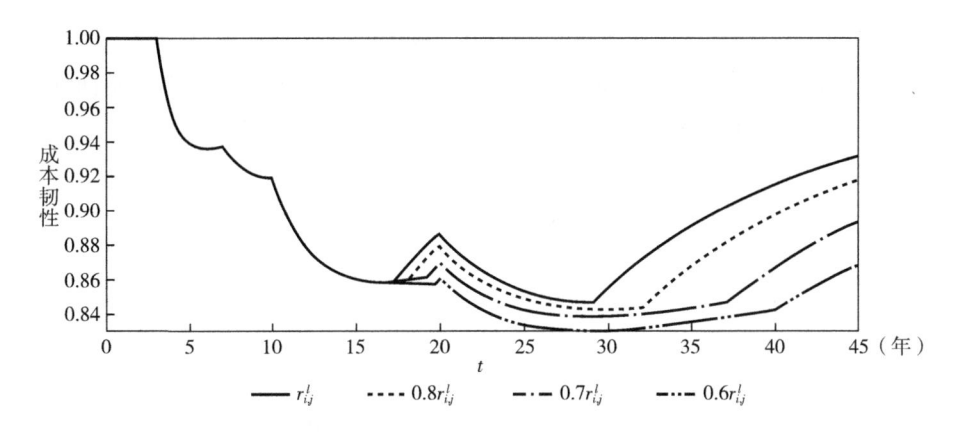

图 3-12　不同退化率下的成本韧性对比

当光伏发电系统进入失效状态时，就会发生维护。维护速度越快，光伏发电系统从低性能状态进入高性能状态的速度就越快。维护速度越快，恢复率越大。同时，较快的维护速度需要更多的维护成本投入。根据工程实践和历史经验，维护费用的变化与恢复率的变化之间的关系可以确定为：$\Delta k_{i,j}=5\Delta \mu_{i,j}$（$i=1，2，3，4$；$j=i-1$）。

通过提高光伏发电系统发生故障后的维护速度，恢复率变为$1.2\mu_{i,j}$、$1.5\mu_{i,j}$、$1.8\mu_{i,j}$。分别对光伏发电系统的性能韧性和成本韧性进行分析。可以得到不同恢复率下的性能韧性（见图 3-13）和不同恢复率下的成本韧性（见图 3-14）。

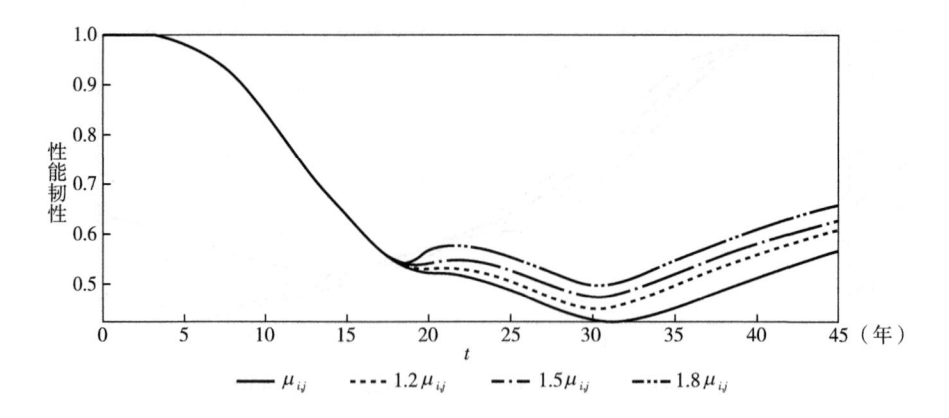

图 3-13　不同恢复率下的性能韧性对比

从图 3-13 来看，在前三次灾害中，系统的性能韧性没有变化，因为光伏发电系统没有发生维护。在维护发生后，光伏发电系统的性能韧性变大了，因为维护速度加快了，导致系统恢复到更高的性能状态。

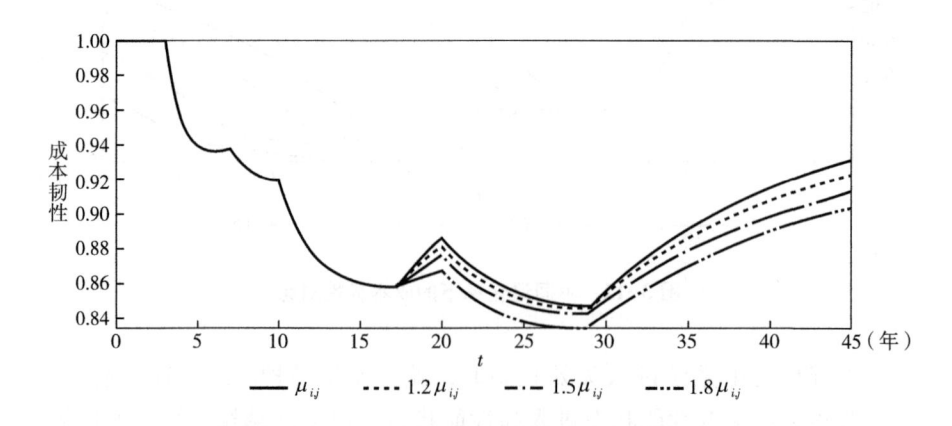

图 3-14　不同恢复率下的成本韧性对比

从图 3-14 来看，在遭受前三次灾害冲击时，系统的成本韧性没有变化，因为光伏发电系统没有发生维护，各种费用没有变化。维护发生后，维护速度加快，导致系统的维护成本增加，从而使光伏发电系统的成本韧性下降。

根据图 3-11 和图 3-13 可以看出，光伏发电系统在灾害冲击期间的性能韧性可以通过增加抵抗能力来改善。维护期间的性能韧性可以通过提高维护速度来提高。因此，为了提高光伏发电的性能韧性，有必要同时提高抵抗能力和维护速度。但无论哪种策略，都可能导致光伏发电系统的成本韧性降低。然而，作为国家基础设施的安全设施，在满足一定的成本要求的同时，最大限度地提高光伏发电系统的性能韧性、满足民众的用电需求是至关重要的。

第五节　本章小结

本章首先主要分析了各种灾害对城市基础设施系统的影响，提出了一种新的多状态系统在损伤和维护相互作用下的城市基础设施韧性模型。通过性能效率来研究多状态系统的性能变化，利用预算盈余率衡量多状态系统的瞬态成本（包括冲击损失、低性能运行成本和维护成本）变化。其次，使用一系列马尔可夫过程来描述系统在多灾害下遭受损伤退化和维护的状态转换过程。利用不同的退化率分析多灾害造成的连续损伤效应，这些退化率与多个因素有关，每个因素都是一个独特的马尔可夫过程。最后，准确地描述多灾害下城市基础设施韧性的变化过程。

第四章　考虑自然老化的多灾害下的基础设施韧性

基础设施不仅应该能够承受自然或人为灾害等外部压力源，还应该能够迅速恢复。面对日益严重的冲击带来的威胁，韧性已成为现代系统不可或缺的要求。韧性通常被定义为系统抵抗、减轻和快速从潜在中断中恢复的能力（Hosseini, et al., 2016）。基础设施系统的失效通常是由内部原因（老化、磨损）和外部原因（冲击）共同作用造成的。内部退化失效和外部冲击失效两种故障模式形成竞争失效过程（Zhang, et al., 2021；Wang, et al., 2021）。基础设施系统的多种失效方式使如何量化系统的韧性成为一个悬而未决的研究问题。

第一节　多灾害作用下多状态系统的韧性评估模型

一　考虑竞争失效和维护策略的系统性能多状态分析

将城市基础设施系统的性能状态划分为 5 个部分，分别是正常工作状态 S_0、轻微损伤状态 S_1、严重损伤状态 S_2、故障状态 S_3、完全老化状态 S_4（Xiahou, et al., 2021）。

城市基础设施系统受到灾害冲击后，当灾害强度 W_i 大于灾害阈值 D_i（D_1、D_2、D_3）时，会造成系统性能由高性能向低性能发生转移（如从 S_0 转移至 S_1）。灾害强度过大时，会使城市基础设施系统的性能状态发生跳跃性降低（如从 S_0 转移至 S_3）。根据灾害阈值的大小，将灾害强度划分为四级，$0 \leqslant W_i \leqslant D_1$ 为 Ⅰ 级，$D_1 \leqslant W_i \leqslant D_2$ 为 Ⅱ 级，$D_2 \leqslant W_i \leqslant D_3$ 为 Ⅲ 级，$W_i \geqslant D_3$ 为 Ⅳ 级。灾害强度等级越高，对系统自然退化影响越大，加剧系统退化的效果越明显。

城市基础设施系统由于自然老化导致的退化只会使系统性能状态向老化进行转移，不会造成状态发生转移。由灾害造成的退化只会使系统性能状态向低性能状态转移，不会向老化状态转移。

本节认为普通维护是不完美维护，不能把系统恢复到最佳工作状态。普通维护分为预防性维护 MS_1 和故障维护 MS_2。预防性维护是主动维护的一种，是系统仍处于正常工作状态时进行的一种维护。预防性维护可以延长设备的使用寿命，避免故障状态出现，导致更长时间的维护。当系统性能为 S_2（严重损伤状态）时，系统会进行预防性维护，维护后系统性能状态由 S_2（严重损伤状态）变换为 S_1（轻微损伤状态）。当系统性能状态为 S_3（故障状态）时，系统会进行故障维护，维护后系统性能状态由 S_3（故障状态）变换为 S_1（轻微损伤状态）。对于系统而言，当系统发生预防性维护和故障维护时，不会发生灾害，但老化仍会发生。特殊维护 MS_3 为部件完全老化需进行零件更换。特殊维护是直接将旧零件更换成新零件，因此，可以使系统由状态 S_4（完全老化状态）转移为 S_0（正常工作状态）。图 4-1 是退化失效和维护恢复的状态转移过程。

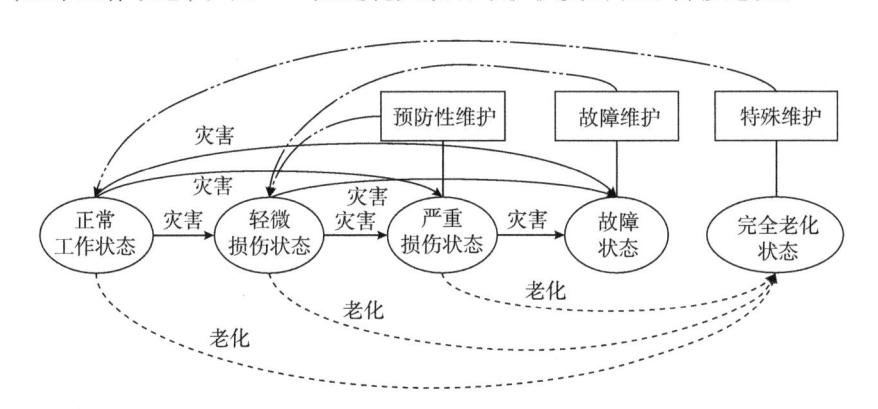

图 4-1 退化失效和维护恢复的状态转移过程

随机灾害冲击不仅会使系统状态发生转移，也会加剧系统发生老化。因此，系统在 $[0, t]$ 上的总退化量 $Z_Y(t)$ 为自然老化导致的性能退化量和随机灾害冲击退化量之和。当系统退化量大于退化阈值 M 时，系统状态变为 S_4，此时需要更换新系统。假设老化的系统进行更换时，由于需要到库房拿备件或重新购买，需要花费一定的时间。图 4-2 反映了一个系统由于受到多次不同强度的灾害而发生损伤的过程和相对应的状态转移过程。

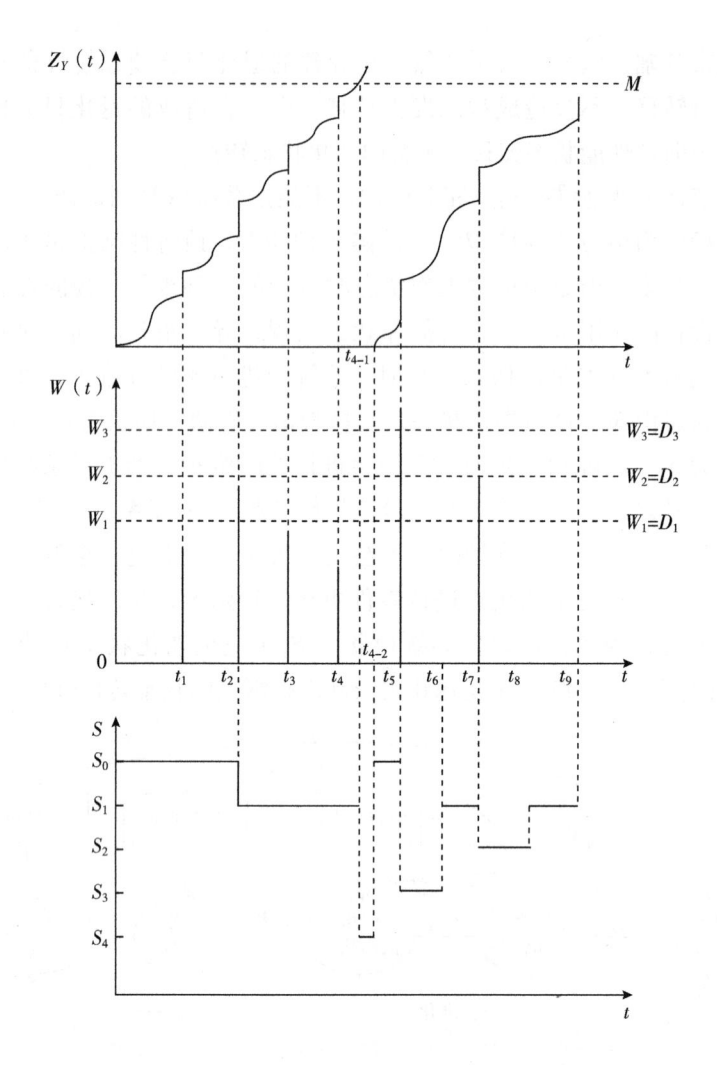

图 4-2 多次灾害下系统失效及状态转移过程

从图 4-2 可以看出，在 0—t_1 时，系统由于内部磨损发生退化。在 t_1 时，灾害强度为 I 级，会加速系统发生退化，但系统状态没有发生变化。在 t_1—t_2 时，系统由于内部磨损发生退化。在 t_2 时，灾害强度为 II 级，会加速系统发生退化，系统状态由 S_0 向 S_1 发生转移。在 t_{4-1} 时，系统退化达到退化阈值 M，此时需要换用新零件，即进行特殊维护 MS_3。$(t_{4-2}-t_{4-1})$ 为特殊维护所需要的时间。在 t_5 时，灾害强度为 IV 级，导致系统状态由 S_0 向 S_3 发生转移。(t_6-t_5) 为进行故障维护 MS_2 的时间，维护完成后，系统状态由 S_3 向 S_1 发生转移。在 t_7 时，灾害强度为 II 级，导致系统状态由 S_1 向 S_2 发生转移。当达到严重损伤状态时，会进行预防性维护 MS_1，使系统状态由 S_2 向 S_1 发生转移。(t_8-t_7) 为预防性维护所需要的时间。

为便于研究，假设内部自然退化为线性模型（Hao, et al., 2017）且同样适用于其他分布模型进行计算。此时，定义系统在 t 时刻性能的自然退化量为：

$$Z(t)=\alpha+\beta_i t \tag{4-1}$$

式（4-1）中，α 为系统初始时刻的性能退化量，β_i 为系统性能退化速率。由于灾害会加剧系统退化的速度，可定义为：

$$\beta_i = \left(1+\frac{W_i}{\frac{D_1+D_2+D_3}{3}}\right)^{N(t)} \tag{4-2}$$

式（4-2）中，$N(t)$ 为在 $[0, t]$ 内系统受到灾害的次数，W_i 为第 i 次灾害的灾害幅度。

随机灾害的退化量 $Y(t)=\sum_{j=1}^{N(t)} y_j$，其中，$y_j \sim N(\mu_y, \sigma_y^2)$ 表示第 j 次随机灾害的退化值。在 $[0, t]$ 内系统总的退化量为：

$$Z_Y(t)=Z(t)+Y(t) \tag{4-3}$$

式（4-3）中，$Z_Y(t)$ 为系统总的退化量，$Z(t)$ 为自然退化量，$Y(t)$ 为随机灾害带来的退化量。

二 多灾害下多状态系统的系列半马尔可夫模型

在本节中，系统的性能状态集合为 $S=\{S_0, S_1, S_2, S_3, S_4\}$，令 F_i 表示系统在性能状态 S_i 下对应的性能值，则对应的性能水平 $F=\{F_0, F_1, F_2, F_3, F_4\}$。系统在 S_0 时是正常工作状态，系统性能 F_0 最大。系统在 S_3 和 S_4 的性能值最小，可认为是零性能状态。系统在 S_1 和 S_2 的性能值介于 F_0 和 F_3 之间，且 $F_1>F_2$。定义系统的性能向量 $F=[F_0, F_1, F_2, F_3, F_4]$。

一个全新的系统在开始工作时，其初始状态 $S(t=0)$ 为 S_0，则 $P(X(0)=S_0)=1$，对应的系统性能为 F_0。用 P_i 表示系统处于状态 i 的概率，因此，可以定义系统的初始状态向量为 $P_0=[P_0, P_1, P_2, P_3, P_4]=[1, 0, 0, 0, 0]$。用 $Time_i(i=1, 2, 3, 4, 5)$ 表示状态转移时刻。$Time_0$ 表

示开始工作的时刻,即 $Time_0 = 0$。通过状态跳转的时刻将整个退化过程划分为几个时间区间,每个时间区间代表状态转移后的状态的停留时间。例如,($Time_1 - Time_0$)表示停留在 S_0 的时间,在 S_2 的停留时间($Time_3 - Time_2$)表示预防性维护的时间,在 S_3 的停留时间($Time_4 - Time_3$)表示故障维护的时间,在 S_4 的停留时间($Time_5 - Time_4$)表示替换新零件所需要的时间。

由于离散退化过程的随机特性,状态停留时间可能遵循任何分布。因此,本节采用半马尔可夫过程的框架,以一般的方式获得状态转移概率。因为每次灾害的幅度是随机的,所以,每次灾害所造成的损伤率是不同的。因此,多次外部灾害对系统的影响可以用一系列半马尔可夫来描述。基于半马尔可夫过程强调的马尔可夫特征,无论过去的状态或停留时间如何,未来的过境状态由当前状态和相应的停留时间共同决定,即:

$$P(X_{n+1} = S_j, T_{n+1} \leq t \mid X_n = S_i, \cdots, X_2, X_1; T_n, \cdots, T_2, T_1)$$
$$= P(X_{n+1} = S_j, T_{n+1} \leq t \mid X_n = S_i) \tag{4-4}$$

式(4-4)中,X_n 表示系统上一个状态,X_{n+1} 表示系统当前的状态。

状态转移概率 $p_{ij}(t)$ 表示系统在 t 时刻从始状态 S_i 转移到终状态 S_j 的概率,即 $p_{ij}(t) = P(X_{n+1}(t) = S_j \mid X_n(0) = S_i)$。

利用全概率公式和期望的定义,可以得出处于 t 时刻的系统性能 $\overline{F}(t)$,即:

$$\overline{F}(t) = \sum_{i=1}^{N} \Big(\sum_{j=1}^{N} P(X(0) = S_j) P(X(t) = S_i \mid X(0) = S_j) \Big) F_i$$
$$= P_0 P(t) F^T \tag{4-5}$$

式(4-5)中,$P(t)$ 是状态转移概率矩阵。

状态转移概率矩阵 $P(t)$ 是由核矩阵 $\Phi(t)$ 定义的,$\Phi_{ij}(t) = P(X_{n+1} = S_j, T_{n+1} \leq t \mid X_n = S_i)$。利用 Markov-Renew 方程对转移概率矩阵进行数学计算,可得:

$$P(t) = W(t) + \int_0^t \Phi'(\tau) P(t - \tau) \mathrm{d}t \tag{4-6}$$

式(4-6)中,$W_{i,j}(t) = \delta_{i,j} \Big(1 - \sum_{j=0}^{m} a_{i,j}(t) \Big)$,$\delta_{i,j}$ 是一个克罗内克函数。

在半马尔可夫过程中,核矩阵 $\Phi(t)$ 控制着进程的下一个目标状态以及在进行转换之前需要花费在当前状态的时间。核矩阵应满足的条件为:

$$\lim_{t \to \infty} \sum_{j=1}^{N} \Phi_{ij}(t) = 1 \tag{4-7}$$

在本节中，基于损伤退化与维护恢复的系统的多状态转移模型如图 4-3 所示。

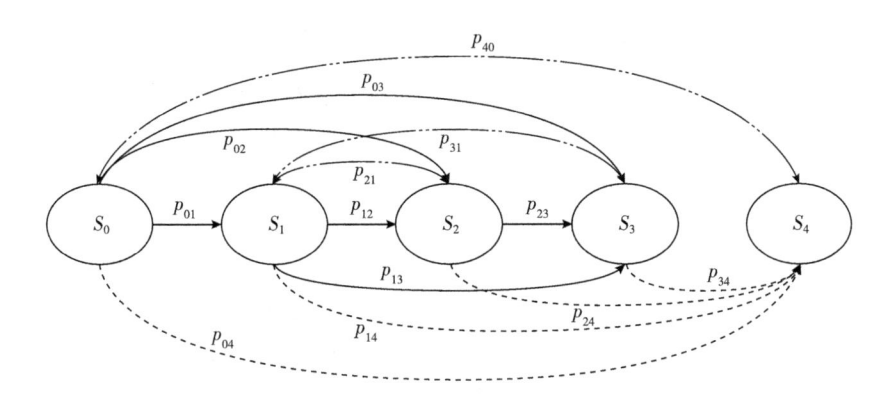

图 4-3 系统退化与恢复的多状态转移模型

图 4-3 中，$p_{ij}(i=0, 1, 2; j=1, 2, 3; i<j)$ 表示冲击导致的状态转移概率，不同的冲击强度等级带来不同的状态转移结果。$p_{i4}(i=0, 1, 2, 3)$ 表示老化导致的状态转移概率，p_{21} 表示预防性维护导致的状态转移概率，p_{31} 表示故障维护导致的状态转移概率，p_{40} 表示部件完全老化进行更换的概率。

系统的性能状态转移过程满足 Semi-Markov 过程。通常认为系统在初始状态为最佳状态，因此，状态概率的行向量 $P_0 = [P_0, P_1, P_2, P_3, P_4] = [1, 0, 0, 0, 0]$。任意时刻处于各个状态的概率为 ($i = 0, 1, 2, 3, 4$)。

$$P_i(t) = \sum_{j=0}^{i} p_{ji}(t) - \sum_{j=i+1}^{5} p_{ij}(t) \tag{4-8}$$

系统的各状态概率和满足：

$$\sum_{i=0}^{5} P_i(t) = 1 \tag{4-9}$$

由此可以求得系统在任意时刻处在各个状态 S_i 的概率 p_i。

三 损伤与恢复交叉进行的多状态系统韧性评估

韧性是系统为应对各种扰动和变化而呈现的一种能力或品质特性，即系统对来自自然或人为事件的干扰进行预测、抵抗、吸收、反应、适应并恢复的能力（Goerger, et al., 2014）。本节将从抵抗韧性指标、吸收韧性指标、恢复韧性指标三个方面建立综合韧性系统来衡量系统的韧性。图 4-4 是三种韧性指标与图 4-2 中多次灾害后系统状态的对应关系。

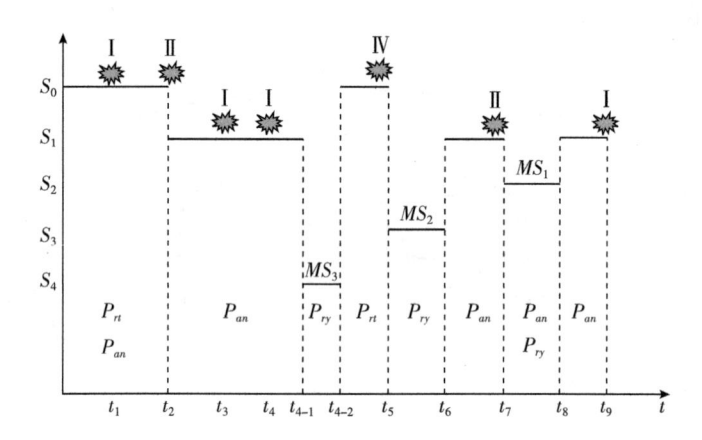

图 4-4　韧性指标与系统状态的对应关系

（一）抵抗韧性指标（Resistant Resilience）

抵抗韧性是系统抵抗极端事件影响而不降低其性能的能力。系统在受到随机的外部灾害时，始终保持正常工作状态的概率，即系统的抵抗韧性。换句话说，具有高抵抗韧性的系统能够在极端事件发生后满负荷运行，不需要进行修复。在本节中，系统的抵抗韧性是系统在 $[0, t]$ 上保持状态 S_0 的概率，记作 P_{rt}。

$$P_{rt} = P\{X(\varphi) = S_0, \ \forall \varphi \in (0, t)\} \tag{4-10}$$

式（4-10）中，$X(\varphi)$ 表示系统在 φ 时刻的性能状态。

不难看出，$0 \leq P_{rt} \leq 1$，当 $P_{rt} = 0$ 时，表明系统没有任何抵抗韧性，处于临界崩溃状态；当 $P_{rt} = 1$ 时，表明系统能够抵抗所有外部冲击，处于最佳状态。P_{rt} 的值越大，表明系统具有越好的抵抗韧性。

（二）吸收韧性指标（Absorption Resilience）

吸收韧性是指系统对极端事件影响的吸收能力，在极端事件消失后，系统可以恢复到正常的运行状态，不会对系统造成永久性的损害。在本节中，当系统受到冲击时，使系统状态变为 S_3，或冲击带来的退化使系统完全老化，认为极端事件对系统造成了永久性损害。系统的吸收韧性应体现为系统在受到冲击后，仍处于 S_0、S_1、S_2 三个可以维持系统进行工作的性能状态，吸收韧性记作 P_{an}。

$$P_{an}=P\{X(\varphi)=S^a, \ \forall \varphi \in (0, t), \ S^a=\{S_0, S_1, S_2\}\} \tag{4-11}$$

不难看出，$0 \leqslant P_{an} \leqslant 1$，当 $P_{an}=0$ 时，表明系统没有任何吸收韧性，受到冲击就会使系统停止工作；当 $P_{an}=1$ 时，表明系统能够吸收所有外部冲击，保护持续工作。P_{an} 的值越大，表明系统具有越好的吸收韧性。

（三）恢复韧性指标（Recovery Resilience）

恢复韧性是指系统在遭受极端事件破坏后，在规定的时间内恢复到高性能运行状态的能力。在本节中，高性能运行状态是指 S_0 和 S_1。系统的恢复时间则是处于 S_2 的预防性维护时间、S_3 的故障维护时间、S_4 的特殊维护时间。因此，恢复高性能的时间为：

$$T_{ry}=T_2+T_3+T_4, \ \forall \varphi \in (0, t) \tag{4-12}$$

式（4-2）中，T_2、T_3、T_4 分别表示三种维护持续的总时间，根据式（4-13）和式（4-14）计算得到。规定的最长维护时间为 T_{sd}，T_{sd} 是关于冲击次数、冲击强度、损伤速率有关的函数，可表示为：

$$T_{sd}=f(N(t), W, \beta) \tag{4-13}$$

式（4-13）中，$N(t)$ 是 $[0, t]$ 内冲击的次数，W 是冲击强度矩阵，β 是损伤速率矩阵，三者是相对应的。恢复韧性可被定义为：

$$P_{ry}=\frac{T_{sd}-T_{ry}}{T_{sd}} \tag{4-14}$$

不难看出，$0 \leqslant P_{ry} \leqslant 1$，当 $P_{ry}=0$ 时，表明系统没有任何恢复韧性，受到冲击后，系统维护时间较长；当 $P_{ry}=1$ 时，表明系统一直处于高性能运行状态，不需要进行维护。P_{ry} 的值越大，表明系统具有越好的吸收韧性。

（四）综合韧性（Overall Resilience）

为了能够更好地衡量系统的整体韧性，本节根据已建立的抵抗韧性指标、吸收韧性指标、恢复韧性指标建立综合韧性评价系统。综合韧性 P_{ol} 为：

$$P_{ol}=\sqrt[3]{P_{rt} \times P_{an} \times P_{ry}} \tag{4-15}$$

式（4-15）中，P_{rt}、P_{an}、P_{ry}、P_{ol} 分别表示抵抗韧性、吸收韧性、恢复韧性、综合韧性。

不难看出，$0 \leqslant P_{ol} \leqslant 1$，当 $P_{ol}=0$ 时，表明系统没有韧性；当 $P_{ol}=1$ 时，表明系统的整体韧性非常好，各项韧性指标均是最佳状态。P_{ol} 的值越大，表明系统具有越好的综合韧性。

第二节 多灾害作用下多状态系统的韧性优化模型

一 多状态系统的可靠性和成本约束

(一) 多状态系统的可靠性

基础设施系统可靠性是衡量系统在一定时间内、规定条件下完成特定功能的能力。在本节中,系统的可靠性是系统保持工作状态。系统保持工作状态需要满足两个条件。

第一,系统没有完全老化,即 $Z(t) \leq M$。在 $[0, t]$ 上系统没有完全老化的概率为 $P(Z(t) \leq M)$,可以用没有完全老化的时间与总时间 t 的比值表示,如式 (4-16) 至式 (4-18) 所示。

$$T_{\{Z(t) \leq M\}} = \int_0^t \beth\{Z(t) \leq M\} \mathrm{d}u \tag{4-16}$$

$$\beth\{Z(t) \leq M\} = \begin{cases} 1, & if\ Z(t) \leq M \\ 0, & otherwise \end{cases} \tag{4-17}$$

$$P(Z(t) \leq M) = \frac{T_{\{Z(t) \leq M\}}}{t} \tag{4-18}$$

式 (4-16) 中,$T_{\{Z(t) \leq M\}}$ 表示系统没有完全老化的时间。

第二,冲击没有造成系统发生故障。对于第二个条件,利用处于 S_0、S_1、S_2 的概率来衡量。系统虽然在 S_1 和 S_2 受到了损伤,但仍以低性能进行工作。所以,多状态系统的可靠性为:

$$R(t) = P(Z(t) \leq M) \{P(X(t) = S_0) \cup P(X(t) = S_1) \cup P(X(t) = S_2)\}$$
$$\tag{4-19}$$

式 (4-19) 中,$R(t)$ 表示系统在 t 时刻的可靠性。为保障系统能够维持基本的工作需要,系统的可靠性需要满足:

$$R(t) \geq R_0 \tag{4-20}$$

式 (4-20) 中,R_0 表示系统满足基本工作需求时可靠性至少需要达到的值。

(二) 多状态系统全生命周期成本

基础设施系统的生命周期可以分为四个阶段:生产阶段、运行阶段、维护阶段和报废阶段,从系统的全生命周期考虑系统成本,则系统成本可以分为生产成本、运行成本、维护成本、更换成本。本节以灾害等级Ⅱ级为例,给出系统的全生命周期过程,如图4-5所示。

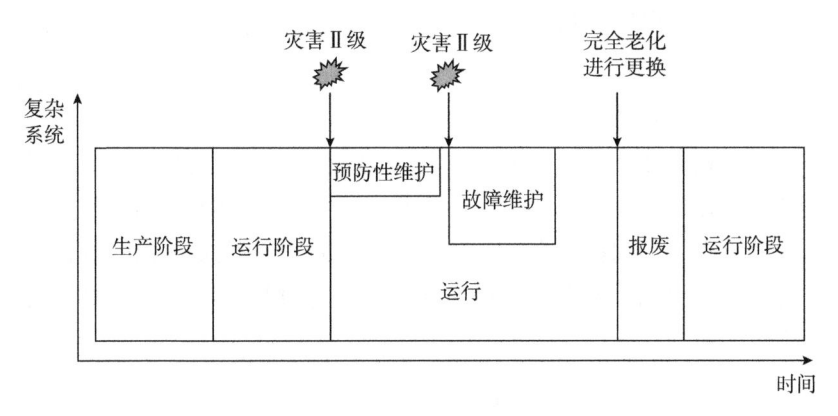

图 4-5 城市基础设施系统的全生命周期过程

1. 生产成本

生产阶段就是产品的生产安装过程,不同类型的部件生产成本不同。设计更复杂、技术要求更高的部件,生产成本会更高。同时,如果要在生产阶段生产出来具有更低失效率的部件,就需要突破技术和资源的限制,增加设计成本。部件的成本和可靠性之间的关系可以根据过去的经验或类似部件的数据来获得。然而,在许多情况下,这种数据是不可靠的。本节引用 Si 等(2019)关于可靠性的分布函数,可以给出满足基本可靠性需要所花费的成本,即:

$$C_R(t) = c_R e^{\left[(1-f)\frac{R(t)-R_{\min}}{R_{\max}-R(t)}\right]} \qquad (4-21)$$

式(4-21)中,c_R 是当 $R(t)=R_{\min}$ 时的基本成本,f 表示可靠性可提高的可行性,$f=[0,1]$,在本节中,f 取 0.5。$R_{\min}$ 是可接受的最小可靠性,$R_{\max}$ 是可接受的最大可靠性。

2. 运行成本

运行成本是保持系统处于工作状态所产生的成本。由于灾害会导致系统状态发生变化,甚至决定系统所处的状态,可以用灾害导致的成本代表系统在低性能状态时的运行成本。灾害造成的损失包括直接损失和间接损失。灾害造成的直接损失与灾害幅度有关,灾害造成的间接损失与系统在低性能状态持续的时间有关。系统在低性能状态运行的时间越长，所产生的间接成本越高。

系统在灾害损伤阶段会发生从 S_i 到 $S_j(0 \leq i<j \leq 3)$ 的转移，该过程伴随着 $m_{i,j}$ 的直接损失，其中：

$$\begin{cases} m_{i,j}>0, & if\ i<j \\ m_{i,j}=0, & if\ i \geq j \end{cases} \tag{4-22}$$

此外，系统在灾害损伤和维护恢复过程中，会出现以低性能状态运行的时段。在这期间，系统在低性能状态 S_i 下运行相较于在最佳状态运行减少的收入，即间接损失，由单位时间损失 n_i 和恢复过程的时长 T_i 决定。可维护多状态系统在灾害损伤和维护恢复过程中产生的成本如图 4-6 所示。

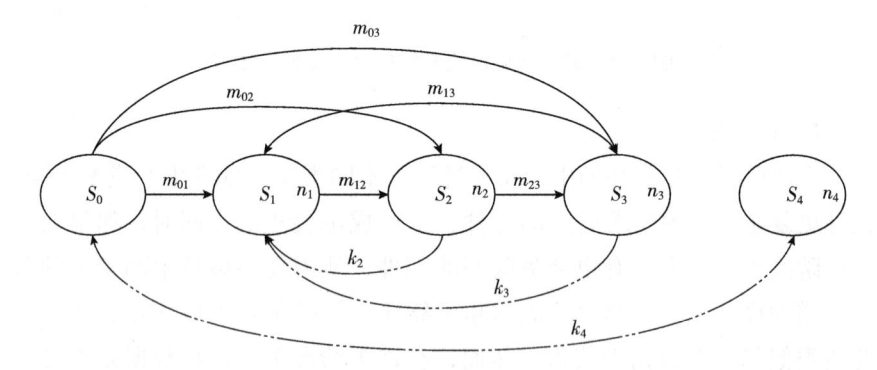

图 4-6 多状态系统的成本分析

因此，系统的运行成本 $C_o(t)$ 为：

$$\begin{aligned} C_o(t) &= C_m(t)+C_n(t) \\ &= \sum_{i=0}^{3}\sum_{j=0}^{3} m_{i,j} \cdot N_{i,j}(t) + \sum_{i=1}^{4} n_i \cdot T_i \end{aligned} \tag{4-23}$$

式（4-23）中，$N_{i,j}(t)$ 表示系统在 0 时刻到 t 时刻从状态 i 转移到状态 j 的次数。T_i 表示系统从 0 时刻到 t 时刻停留在 S_i 的累积时间，可表示为：

$$T_i = \int_0^t \zeta\{F(u)=F_i\} \mathrm{d}u \tag{4-24}$$

$$\zeta\{F(u)=F_i\} = \begin{cases} 1, & if\ F(u)=F_i \\ 0, & otherwise \end{cases} \tag{4-25}$$

式 (4-25) 中，$F(u)$ 表示系统在 u 时刻所具有的性能值，F_i 表示系统在状态 S_i 所具有的性能值。

3. 维护成本

维护成本是系统进行维护所产生的成本，包括预防性维护成本、故障维护成本以及特殊维护成本。系统在维护恢复阶段会产生维护费用，维护费用与维护时间成反比，系数为 $k_i(i=2,3,4)$。因此，系统的维护成本 $C_k(t)$ 为：

$$C_k(t) = \sum_{i=2}^{4} k_i \cdot \frac{1}{T_i} \tag{4-26}$$

4. 更换成本

更换成本是指系统达到完全老化状态时需要进行更换新部件所产生的成本。更换成本只与购买系统新部件的成本有关，更换成本 $C_{ex}(t)$ 为：

$$C_{ex}(t) = ex \cdot N_4(t) \tag{4-27}$$

式 (4-27) 中，ex 表示新部件的成本，$N_4(t)$ 表示在 $[0,t]$ 上完全老化状态 S_4 出现的次数。

用 $C(t)$ 表示系统在时间段 $[0,t]$ 产生的总费用，可表示为：

$$\begin{aligned}C(t) &= C_R(t) + C_o(t) + C_k(t) + C_{ex}(t) \\ &= c_R e^{\left[(1-f)\frac{R(t)-R_{\min}}{R_{\max}-R(t)}\right]} + \sum_{i=0}^{3}\sum_{j=0}^{3} m_{i,j} \cdot N_{i,j}(t) + \sum_{i=1}^{4} n_i \cdot T_i + \\ &\quad \sum_{i=2}^{4} k_i \cdot \frac{1}{T_i} + ex \cdot N_4(t)\end{aligned} \tag{4-28}$$

式 (4-28) 中，$C_R(t)$、$C_o(t)$、$C_k(t)$、$C_{ex}(t)$ 分别表示系统的生产成本、运行成本、维护成本、更换成本。

在系统 $[0,t]$ 运行过程中所产生的总费用不能超过最大预算值 C_{bd}，即存在：

$$C(t) \leqslant C_{bd} \tag{4-29}$$

二 多状态系统韧性优化

基础设施系统在一定工作能力和有限成本约束下的韧性优化模型为：

$$\begin{cases} \max: P_{ol} = \sqrt[3]{P_{rt} \times P_{an} \times P_{ry}} \\ \qquad R(t) \geqslant R_0 \\ \qquad C(t) \leqslant C_{bd} \end{cases} \tag{4-30}$$

式（4-30）中，城市基础设施系统的综合韧性 P_{ol} 是最大化目标，T_0、T_1、T_2、T_3、T_4 为系统韧性优化的自变量，约束条件是可靠性与成本约束。

图 4-7 是基于竞争失效和视情维护的基础设施系统韧性优化模型。

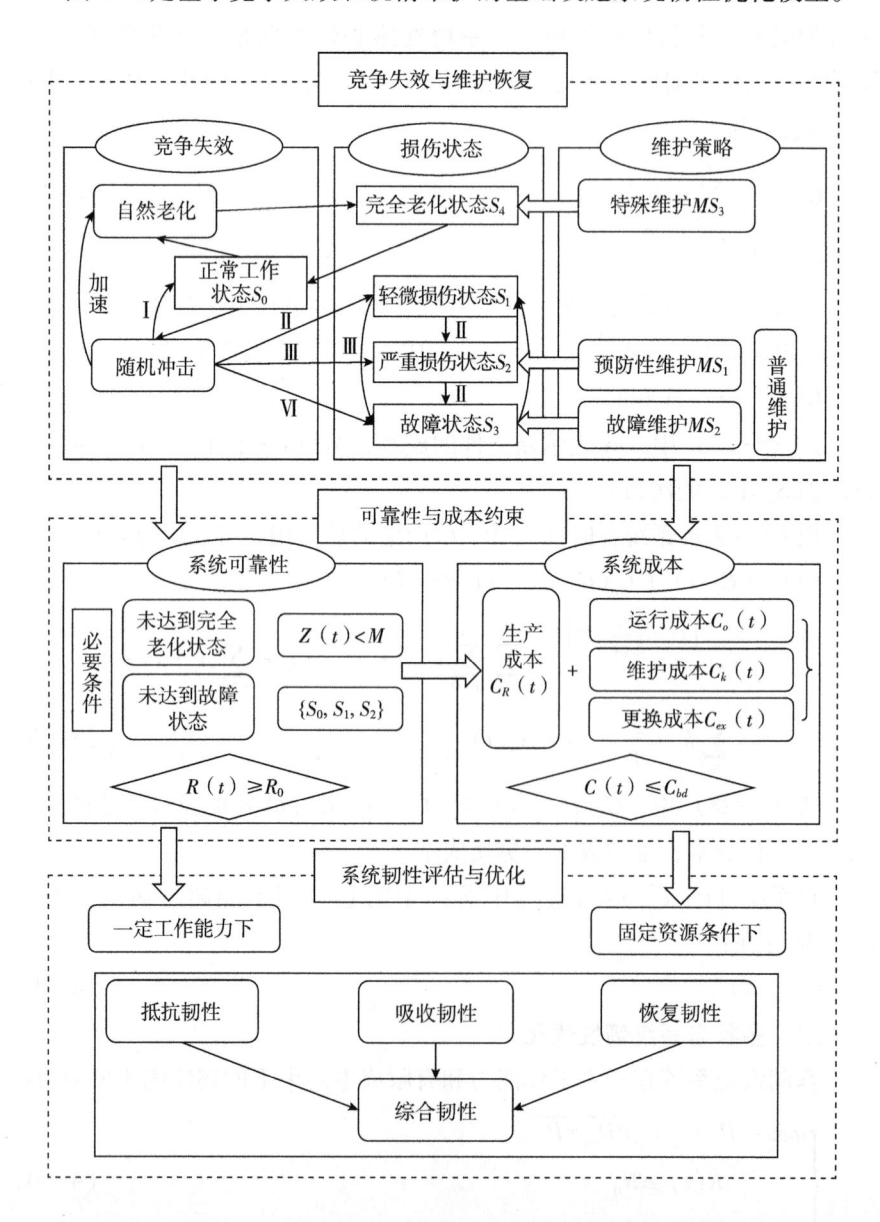

图 4-7 基于竞争失效和视情维护的基础设施系统韧性优化模型

从图 4-7 可知，本节用竞争失效模型描述基础设施系统由多灾害损伤和使用退化所导致的多种失效方式。基础设施系统为了完成特定的工作，自身可靠性需要达到特定的水平。基础设施系统的全生命周期成本可以划分为生产成本、运行成本、维护成本、更换成本。现实中，系统的各项成本支出上限是固定的。因此，系统的各项成本支出要小于预算。根据系统划分的多状态，从系统的抵抗、吸收与恢复能力建立抵抗韧性指标、吸收韧性指标、恢复韧性指标，从而获得系统的综合韧性，在可靠性与成本的约束下，优化系统韧性，从而获得最优韧性。

第三节 智能充电站的韧性仿真

智能充电站的各项参数设置为：智能充电站的性能状态及对应的性能值如表 4-1 所示。冲击强度的阈值 $D_1 = 5$，$D_2 = 15$，$D_3 = 30$。本节认为，初始时刻智能充电站是完好无损的，因此，内部自然退化的初始性能退化量 $\alpha = 0$。假设智能充电站未遭受冲击的情况下完全老化的时间是 6 年，此时，退化阈值 $M = 365 \times 6 = 2190$。假设智能充电站系统受到灾害的频数服从参数为 $\lambda = 8.22 \times 10^{-3}$ 的泊松分布，说明智能充电站系统一年内遭受灾害的平均次数为 3 次。若第 j 次随机灾害类型为 I 级，则退化量为 $y_j \sim N(50, 10^2)$。若第 j 次随机灾害类型为 II 级，则退化量为 $y_j \sim N(100, 20^2)$。若第 j 次随机灾害类型为 III 级，则退化量为 $y_j \sim N(150, 30^2)$。若第 j 次随机灾害类型为 IV 级，则退化量为 $y_j \sim N(200, 40^2)$。满足基本工作能力的可靠性 $R_0 = 0.75$。满足最低可靠性的成本 $c_R = 500$。灾害带来的直接成本 $m_{0,1} = 100$，$m_{0,2} = 250$，$m_{0,3} = 450$，$m_{1,2} = 150$，$m_{1,3} = 350$，$m_{2,3} = 200$。$k_2 = 1000$，$k_3 = 2000$，$k_4 = 3000$。低性能造成的单位时间内的间接损失 $n_1 = 3$，$n_2 = 4$，$n_3 = 5$，$n_4 = 5$。$ex = 500$。一年的预算值 $C_{bd} = 4000$。因此可以认为，灾害之间的时间间隔满足 $\Delta T \sim Exp(0.01)$。各个状态之间的过渡时间呈威布尔分布。灾害类型为 II 级时，$S_0 \rightarrow S_1$ 的分布函数为 $F_{0,1}^{II}(t) = 1 - e^{-(0.018t)^2}$，$S_1 \rightarrow S_2$ 的分布函数为 $F_{1,2}^{II}(t) = 1 - e^{-(0.015t)^3}$，$S_2 \rightarrow S_3$ 的分布函数为 $F_{2,3}^{II}(t) = 1 - e^{-(0.01t)^{3.5}}$；灾害类型为 III 级时，$S_0 \rightarrow S_2$ 的分布函数为 $F_{0,2}^{III}(t) = 1 - e^{-(0.021t)^{2.3}}$，$S_1 \rightarrow S_3$ 的分布函数为 $F_{1,3}^{III}(t) = 1 - e^{-(0.02t)^{2.5}}$，$S_2 \rightarrow S_3$ 的

分布函数为 $F_{2,3}^{\text{III}}(t)=1-e^{-(0.02t)^{3.5}}$；灾害类型为Ⅳ级时，$S_0 \to S_3$ 的分布函数为 $F_{0,3}^{\text{IV}}(t)=1-e^{-(0.03t)^{2.5}}$，$S_1 \to S_3$ 的分布函数为 $F_{1,3}^{\text{IV}}(t)=1-e^{-(0.03t)^{3}}$，$S_2 \to S_3$ 的分布函数为 $F_{2,3}^{\text{IV}}(t)=1-e^{-(0.03t)^{3.5}}$。进行预防性维护时，$S_2 \to S_1$ 的分布函数为 $F_{2,1}^{MS_1}(t)=1-e^{-(0.05t)^{2}}$；进行故障维护时，$S_3 \to S_1$ 的分布函数为 $F_{3,1}^{MS_2}(t)=1-e^{-(0.031t)^{2}}$；进行特殊维护时，$S_4 \to S_0$ 的分布函数为 $F_{4,0}^{MS_3}(t)=1-e^{-(0.05t)^{3}}$。初始状态向量为 $P_0=[P_0, P_1, P_2, P_3, P_4]=[1, 0, 0, 0, 0]$。为简化计算，假设 $T_{sd}=70 \times n_{MS_1}+50 \times n_{MS_2}+30 \times n_{MS_3}$。$n_{MS_1}$、$n_{MS_2}$、$n_{MS_3}$ 分别是预防性维护、故障维护、特殊维护的发生次数。

表 4-1　　　　　　　　智能充电站系统各状态的性能值

性能状态	状态含义	性能值
S_0	正常工作状态	$F_0=1$
S_1	轻微损伤状态	$F_1=0.7$
S_2	严重损伤状态	$F_2=0.3$
S_3	故障状态	$F_3=0$
S_4	完全老化状态	$F_4=0$

一　单一类型灾害强度条件下

当只存在单一类型的冲击时，假设冲击强度等级为Ⅱ级，冲击强度 $D=10$。假设系统在第 30 天遭到第一次冲击，则系统在第 0—30 天内各状态的概率为 $P_0(30)=[P_0, P_1, P_2, P_3, P_4]=[1, 0, 0, 0, 0]$。对智能充电站系统在 1 年内遭受多次灾害与维护的情况下的退化量进行仿真，可以得到智能充电站系统退化量的变化情况，如图 4-8 所示。对智能充电站系统的韧性进行仿真，将多阶段的韧性曲线拼接在一起，可以得到智能充电站系统 1 年内在单一类型冲击与可靠性与成本约束条件下的韧性变化情况，如图 4-9 所示。

根据图 4-8 可知，智能充电站系统在 1 年内遭受了 3 次灾害冲击，在 1 年内系统的总退化量没有超过退化阈值 M，即智能充电站系统没有发生完全老化。结合图 4-8 和图 4-9 可知，智能充电站系统在第 30—182.632 天遭受了 2 次灾害冲击，且在第 182.632 天时，系统的韧性达到最小值，为 0.285。智能充电站系统在第 182.632 天时，系统处于严重损

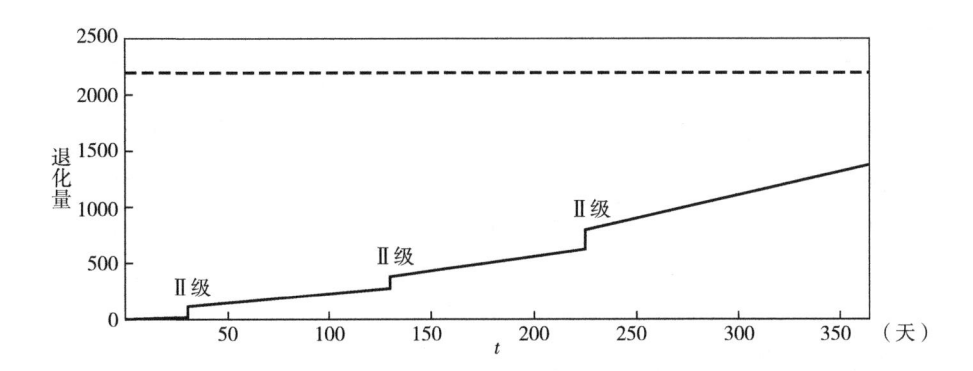

图 4-8　单一类型灾害条件下智能充电站系统的退化量

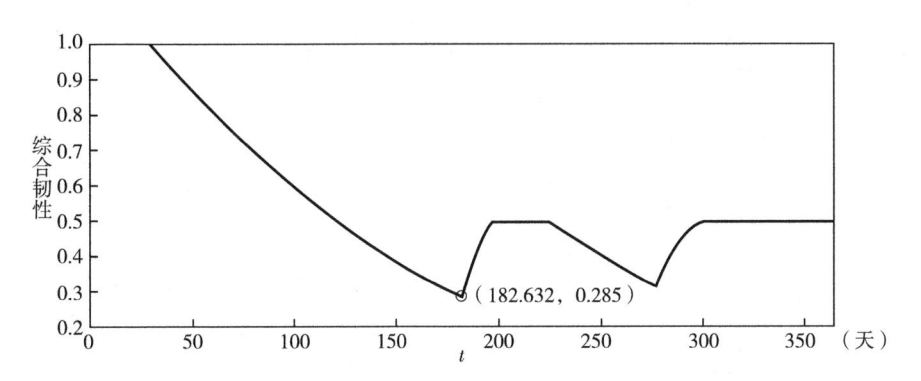

图 4-9　单一灾害类型条件下智能充电站系统的韧性

伤状态 S_2，此时进行预防性维修，系统韧性提高。在第 197.557—224.648 天，系统没有遭到灾害冲击，韧性保持不变。在第 224.648 天，系统受到第 3 次灾害冲击，系统韧性下降，系统性能状态由 S_1 转变为 S_2。随后系统再次进行预防性维护，系统韧性提高，系统性能状态提高至 S_1。在第 302.556 天后，系统没有受到冲击，系统韧性保持不变。

在单一类型灾害下，本节对系统最优韧性在灾害发生、维护开始、维护结束等特殊点的成本与可靠性进行分析，如表 4-2 所示。

表 4-2　　　　单一类型灾害下特殊点的成本与可靠性

时间点（天）	事件	可靠性	成本	韧性
30	第一次灾害Ⅱ级发生	1	100	1.000
128.435	第二次灾害Ⅱ级发生	0.896	495.305	0.463

续表

时间点（天）	事件	可靠性	成本	韧性
182.632	第二次灾害Ⅱ级结束	0.750	1512.093	0.285
182.632	第一次 MS_1 发生	0.750	1512.093	0.285
197.557	第一次 MS_1 结束	0.873	1623.870	0.498
224.648	第三次灾害Ⅱ级发生	0.873	1855.143	0.498
277.631	第三次灾害Ⅱ级结束	0.754	2066.115	0.314
277.631	第二次 MS_1 发生	0.754	2066.115	0.314
302.556	第二次 MS_1 结束	0.906	2205.935	0.497
365	仿真结束	0.906	2393.267	0.497

二 多种类型灾害强度条件下

当存在多种类型的灾害冲击时，假设Ⅱ级、Ⅲ级、Ⅵ级三种灾害类型出现的概率相同，对应的冲击强度分别是 10、25、35。假设系统首次遭受灾害的时间 $t=30$。对智能充电站系统在 1 年内遭受多次灾害与维护的情况下的退化量进行仿真，可以得到智能充电站系统退化量的变化情况，如图 4-10 所示。对智能充电站系统的韧性进行仿真，将多阶段的韧性曲线拼接在一起，可以得到智能充电站系统 1 年内在多类型灾害冲击与可靠性和成本的约束条件下智能充电站系统的韧性变化情况，如图 4-11 所示。

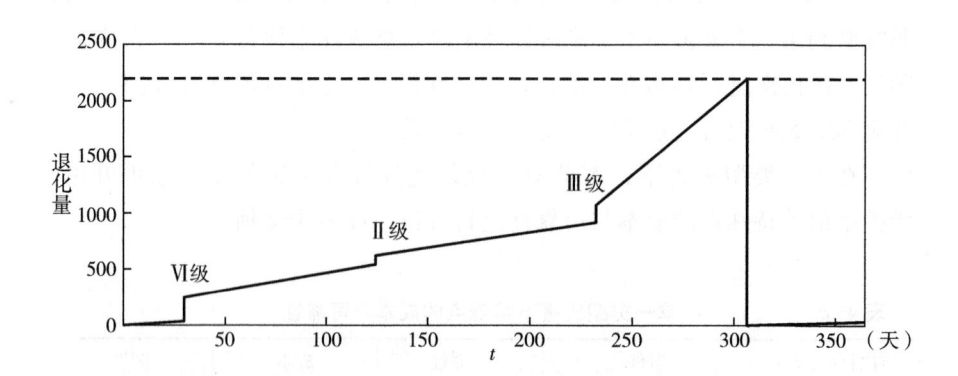

图 4-10 多类型灾害条件下智能充电站系统的退化量

图 4-11　多类型灾害条件下智能充电站系统的韧性

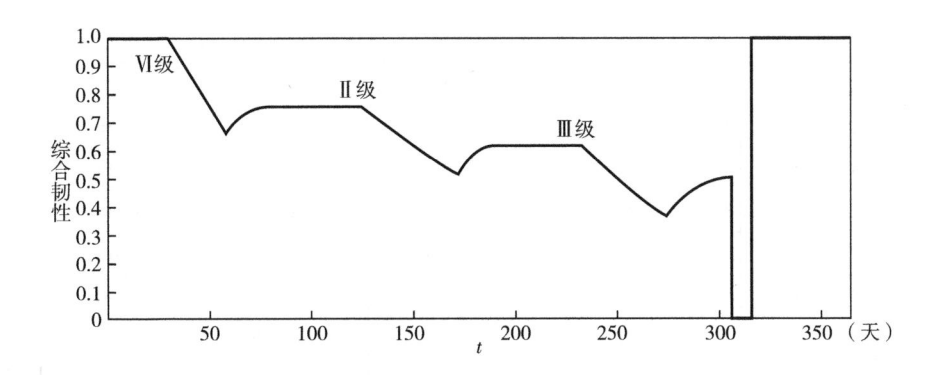

根据图 4-10 可知，智能充电站系统遭到 3 次灾害冲击，且 3 次冲击的级别分别是Ⅵ级、Ⅱ级、Ⅲ级。智能充电站系统在第 306.58 天退化达到了退化阈值，此时会进行特殊维护。从图 4-11 可知，智能充电站系统在遭受Ⅵ级的灾害冲击后，系统状态由 S_0 转变为 S_3。随后进行故障维护 MS_2，在第 78.980 天系统状态转变为 S_1。在第 78.980—126.833 天智能充电站系统没有受到任何灾害，系统的韧性没有发生变化。在第 126.833 天，智能充电站系统遭到Ⅱ级的灾害冲击，系统韧性下降，性能状态变为 S_2，随后发生预防性维护 MS_1，系统状态恢复为 S_1。在第 232.546 天，系统遭到Ⅲ级的灾害冲击，系统性能下降，性能状态变为 S_3，随后进行故障维护 MS_2，系统韧性提高。在第 306.576 天，系统退化至退化阈值，性能状态变为 S_4，随后进行特殊维护，系统性能状态转变为 S_0，系统韧性恢复为 1。

在多类型灾害冲击下，本节对系统最优韧性在灾害发生、维护开始、维护结束等特殊点的成本与可靠性进行分析，如表 4-3 所示。

表 4-3　多类型灾害下特殊点的成本与可靠性

时间点（天）	事件	可靠性	成本	韧性
30	第一次灾害Ⅳ级发生	1	450	1
58.571	第一次灾害Ⅳ级结束	0.847	592.855	0.661
58.571	第一次 MS_2 开始	0.847	592.855	0.661
78.980	第一次 MS_2 结束	0.926	792.896	0.756

续表

时间点（天）	事件	可靠性	成本	韧性
126.833	第二次灾害Ⅱ级发生	0.926	942.896	0.756
172.619	第二次灾害Ⅱ级结束	0.793	1126.040	0.514
172.619	MS_1 开始	0.793	1126.040	0.514
189.286	MS_1 结束	0.885	1252.707	0.618
232.546	第三次灾害Ⅲ级发生	0.885	1602.708	0.618
274.667	第三次灾害Ⅲ级结束	0.75	2547.819	0.365
274.667	第二次 MS_2 开始	0.75	2547.819	0.365
303.238	第二次 MS_2 结束	0.871	2760.675	0.503
306.576	MS_3 开始	0.871	3560.675	0
315.575	MS_3 结束	0.856	3939.040	1
365	仿真结束	0.856	3939.040	1

第四节　本章小结

本章在考虑自然老化的前提下，针对基础设施失效方式的多样性，引入竞争失效模型，将失效方式归纳为外部原因失效（灾害、冲击）和内部原因失效（老化）。考虑到不同强度的灾害会不同程度地加剧基础设施的老化，将灾害划分为四种类型。针对灾害带来的直接影响，将基础设施的全生命周期划分为多个状态，即多状态系统。为了描述灾害与维护给基础设施带来的影响，引入一系列半马尔可夫过程描述系统在遭受多次打击与进行维护恢复的状态转移过程。根据系统划分的多状态，从系统的抵抗、吸收与恢复能力建立抵抗韧性指标、吸收韧性指标、恢复韧性指标，从而获得系统的综合韧性。考虑到系统需要满足正常工作所需要的可靠性以及成本限制，本章提出基于可靠性与成本的韧性优化模型，为基础设施在现有资源条件下提高韧性提供了一个解决方案。同时，针对韧性与成本的权衡，利用帕累托最优理论进行讨论并给出解决韧性最大化与成本最小化双目标优化问题的方法。

第五章 基于冗余设计的基础设施韧性

城市基础设施的韧性指的是城市基础设施系统在面对各种内外部冲击和压力时，能够迅速适应、恢复和维持正常运行的能力。城市基础设施包括供水、电力、交通、通信、排水系统等，它们对于城市的正常运行和人民的生活至关重要。然而，现代城市面临着日益复杂和多样化的威胁，如自然灾害（如地震、洪水、风暴等）、恶劣气候条件、网络攻击等。这些威胁可能导致基础设施系统的瘫痪、服务中断和损伤，对城市的居民和经济造成严重影响。所以，提升城市基础设施韧性、最大限度减少灾害影响、提升城市安全性是目前亟待解决的问题。本章将对城市基础设施的预防性维护以及冗余设计结合起来，最大限度提升基础设施系统韧性。

第一节 基础设施系统维护优先级重要度

根据设施运行数据可以分析出性能设施下降到某个确切的值时需要进行维护，这个确定的值为阈值，系统阈值可以由各设施阈值给定。假设状态 K 是系统阈值状态，如果系统状态低于状态 K，则系统处于需要维护的状态，以保持系统的性能水平。类似地，假设 K_i^* 和 K_i^M 是设施 x_i 的两个阈值状态。只要设施的状态在 K_i^* 以下，用冗余设施替换并对替换下来的设施进行修理。如果状态低于 K_i^M 但超过 K_i^*，则对该设施进行预防性维护。当状态超过 K_i^M 时，该设施的运行状态不会受到影响，不需要进行维护。

假设城市基础设施系统运行时间为 T，在 $(0, T)$ 内总共进行了 l 次维护。因此，整个运行期内系统的期望维护成本为：

$$C^T(t) = C^S + C^M + C^D = \sum_{f=1}^{l} \sum_{i=1}^{n} \left[(c_f^s t_k^{c^*} \Pr(\Phi(K_i, X(t)) < K) + c_{f,i}^M + c_{f,i}^D + c_{f,i}^R) \Pr(K_i \leq K_i^*) \right] \quad (5-1)$$

在系统维护过程中，系统维护成本主要是由系统停机损失、故障设施的维护成本以及设施的预防性维护成本组成，其中，故障设施的维护成本包括设施的维护成本以及更换冗余设施的成本。在式（5-1）中，C^S 是系统故障时的损失，C^M 是预防性维护的成本，C^D 是维护成本，c_f^s 是每单位时间的系统故障损失，$c_{f,i}^D$ 是对设施 x_i 进行维护的成本，$c_{f,i}^R$ 是更换冗余设施的成本，$c_{f,i}^M$ 是更换设施并对设施 x_i 进行维护时其他设施的预防性维护成本，$\Phi(\cdot)$ 是系统结构函数，表示系统的状态，T_f 表示设施预防性维护的时间矩阵，$t_f^{c^*} = \max T_f^c$，其中 $t_f^{c^*}$ 是给定设施预防性维护的最长时间，并且：

$$T_f^c = (t_{f,1}^c \gamma_{f,1}, t_{f,2}^c \gamma_{f,2}, \cdots, t_{f,n}^c \gamma_{f,n}), \quad \gamma_{f,i} = \begin{cases} 1 & \text{if } \Phi((K_0)_i, X(t)) < K \\ 0 & \text{if } \Phi((K_0)_i, X(t)) \geq K \end{cases}$$

在城市基础设施系统中，设施状态变化会导致系统状态变化，从而导致维护成本变化。维护成本和可靠性之间的关系可以从实际成本数据中获得，但这种数据往往很难获得。为了克服这个缺点，本节给出一个成本函数，即：

$$C_i(t) = a_i e^{\left[(1-f_i) \frac{R_i(t) - R_{i,\min}}{R_{i,\max} - R_i(t)}\right]}$$

其中，f_i 是增加 x_i 的可靠性的可行性，在 0 和 1 之间取值；$R_{i,\min}$ 代表 x_i 的最小可靠性，这可由故障分布函数和指定时间得到；$R_{i,\max}$ 表示设施最大可达到的可靠性；a_i 是对应设施的成本系数。

根据提出的成本函数，设施 x_i 的预防性维护成本可表示为：

$$c_i^M(t) = a_i e^{\left[(1-f_i) \frac{R_i^{am}(t) - R_{i,\min}}{R_{i,\max} - R_i^{am}(t)}\right]} - a_i e^{\left[(1-f_i) \frac{R_i^{bm}(t) - R_{i,\min}}{R_{i,\max} - R_i^{bm}(t)}\right]} \quad (5-2)$$

其中，$R_i^{am}(t)$ 代表预防性维护后设施的可靠性，$R_i^{bm}(t)$ 代表预防性维护前设施的可靠性。

因此，如果设施 x_i 的状态降至阈值状态 K_i^* 以下时，设施 x_i 的 CFMP 可定义为：

$$I_{j|i}^c(t) = -H_{j|i} I_{j|i}(t) \quad (5-3)$$

假设 $\Lambda_i(t) = \int_0^t \lambda_i(t) \, dt$,$\lambda_i(t)$ 是设施的失效率函数,故 $\Lambda_i(t) = -\ln(R_i(t))$。因此:

$$I^c_{j|i}(t) = -H_{j|i} \frac{\partial C^T(t)}{\partial R_i(t)} = -H_{j|i} \frac{\partial C^T(t)}{\partial \Lambda_i(t)} \frac{\partial \Lambda_i(t)}{\partial R_i(t)} = H_{j|i} \frac{1}{R_i(t)} \frac{\partial C^T(t)}{\partial \lambda_i(t)}$$

其中,$H_{j|i} = \begin{cases} 1 & \text{如果 } \Phi((<K^*)_i, X(t)) < K \\ 0 & \text{如果 } \Phi((<K^*)_i, X(t)) \geq K \end{cases}$。$(<K^*)_i$ 表示设施 x_i 的状态退化为低于阈值状态 K_i^* 的状态,$I_{j|i}$ 是当设施 x_i 的状态低于 K_i^* 时,基于成本的设施 x_j 的重要度。

本节假设三种情况来分析更换故障设施并进行维护对期望维护成本的影响。

当设施配备传感器时,可以监控设施的实时运行数据,通过对这些数据的分析,可以确定设施的实时状态。在这种情况下,城市基础设施系统处于情况 1。

当各设施未配备传感器且无法以其他任何方式获得设施的实时运行数据时,则无法确定设施的实时状态。在这种情况下,城市基础设施系统处于情况 2。

由于多种原因(如传感器故障),也可能是无法通过监控获得所有设施的实时运行数据。若发生这种情况,则可以确定某些设施的实时状态,无法确定其他设施的状态。在这种情况下,城市基础设施系统处于情况 3。

情况 1:当检测到设施 x_i 的状态为 $(K_0)_i$ 且可以识别其他设施的状态时,预防性维护成本因各设施状态而异。更准确地说,设施 x_j 的预防性维护成本是设施 x_j 从状态 $(K_0)_j$ 到状态 M_j 的维护成本,即:

$$c^M_{f,i} = \gamma_{f,i} \sum_{i'=1}^n c^M_{f,j_{K_0-M}} \Pr(K_j^* \leq K_j < K_j^M) + (1 - \gamma_{f,i}) \sum_{z=1}^v c^M_{f,j_z_{K_0-M}}$$
$$\Pr(K_{j_z}^* \leq K_{j_z} < K_{j_z}^M) \Pr\{\Phi[(K_0)_i, K_{j_1}, K_{j_2}, \cdots, K_{j_v}, X(t)] \geq K\}$$

(5-4)

其中,$\gamma_{f,i} = \begin{cases} 1 & \text{if } \Phi((K_0)_i, X(t)) < K \\ 0 & \text{if } \Phi((K_0)_i, X(t)) \geq K \end{cases}$,说明当设施 x_i 为关键设施时,可以对所有设施进行预防性维护,否则当其为非关键设施时,可以

进行预防性维护设施的数量就会有一定的限制,最大限制数量为 v。

$c_{f,j}^{M}{}_{K_0\text{-}M}$ 是第 f 次维护时设施 x_j 从状态 $(K_0)_j$ 到状态 M_j 的预防性维护成本。$c_{f,j_z}^{M}{}_{K_0\text{-}M}$ 是第 f 次维护时对 z 个设施进行预防性维护的总预防性维护成本。$\Pr(K_j^* \leqslant K_j < K_j^M)$ 是设施 x_j 的状态 K_j 在状态 K_j^* 和状态 K_j^M 之间的概率。

$$c_{f,ij}^M = \gamma_{f,i}\sum_{i'=1}^{n}c_{f,i'}^M \Pr(K_{i'}^* \leqslant K_{i'} < K_{i'}^M) + (1-\gamma_{f,i})\sum_{z=1}^{v}c_{f,(i'j')_z}^M \Pr(K_{(i'j')_z}^* \leqslant K_{(i'j')_z} < K_{(i'j')_z}^M)\Pr\{\Phi[(K_0)_{ij}, K_{(i'j')_1}, K_{(i'j')_2}, \cdots, K_{(i'j')_z}, X(t)] \geqslant K\}$$

是指对 z 个设施进行预防性维护时,系统状态大于阈值状态的概率,也就是说,当对设施进行预防性维护时,系统需要继续运行,不能停机,否则将会造成较大停机损失。

故当维护设施 x_i 时,设施 $x_{i'}$ 的预防性维护对于系统总成本的影响为:

$$I_{i'|i} = -\frac{\partial C^T((K_0)_i, X(t))}{\partial \rho_{i'(K_0)_i}(t)} \tag{5-5}$$

其中,$\rho_{i'(K_0)_i} = \Pr\{K_{i'} \geqslant (K_0)_{i'}\}$。

情况 2:当检测到设施 x_i 的状态为 $(K_0)_i$ 且不能识别其他设施的状态时,使用阈值状态 K_i^* 来表示设施 $x_{i'}(i \neq i')$ 的退化,可得到:

$$C^T(t) = \sum_{f=1}^{l}\sum_{i=1}^{n}\{\{c_{f,i}^s t_k^{c^*}\Pr[\Phi((K_0)_i, X(t)) < K] + c_{f,i}^M + c_{f,i}^D\}\Pr[(K_0)_i < K_i^*]\}$$

因此,其他设施的预防性维护成本为:

$$c_{f,ij}^M = \gamma_{f,ij}\sum_{i'=1}^{n}\sum_{j'=1}^{m_n}c_{f,i'j'}^M \Pr(K_{i'j'}^* \leqslant K_{i'j'} < K_{i'j'}^M) + (1-\gamma_{f,ij})\sum_{z=1}^{v}c_{f,(i'j')_z}^M$$
$$\Pr(K_{(i'j')_z}^* \leqslant K_{(i'j')_z} < K_{(i'j')_z}^M)\Pr\{\Phi[(K_0)_{ij}, K_{(i'j')_1}, K_{(i'j')_2}, \cdots, K_{(i'j')_z}, X(t)] \geqslant K\} \tag{5-6}$$

其中,$c_{f,i'}^M$ 是第 f 次维护时维护设施 $x_{i'}$ 至最佳状态的预防性维护成本。

由于 $\rho_{iK^*} = \Pr\{X_i(t) \geqslant K^*\}$,利用式(5-7)分析设施 x_i 故障时,预防性维护设施 $x_{i'}$ 对系统期望成本的影响为:

$$I_{i'|i} = -\frac{\partial C^T[(K_0)_i, X(t)]}{\partial \rho_{i'K_i^*}(t)} \tag{5-7}$$

情况 3:当检测到设施 x_i 的状态为 $(K_0)_i$ 且仅能识别其他一部分设施

的状态时，其组成集合为$\{i_1, i_2, \cdots, i_u\}$。对于集合中的设施，使用阈值状态$K_j^*$来表示设施$x_j(i \neq j)$的退化。类似地，对于不能够被识别状态的设施，将其组成集合$\{i_{u+1}, i_{u+2}, \cdots, i_v\}$，最终可得：

$$c_{f,i}^M = \gamma_{f,i} \sum_{i'=1}^{n} c_{f,j}^M{}_{K_0-M} \Pr(K_j^* \leq K_j < K_j^M) + (1 - \gamma_{f,i})$$
$$\left(\sum_{z=1}^{u} c_{f,j_z}^M{}_{K_0-M} + \sum_{z=u+1}^{v} c_{f,j_z}^M \right) \Pr(K_{j_z}^* \leq K_{j_z} < K_{j_z}^M)$$
$$\Pr\{\Phi[(K_0)_i, K_{j_1}, K_{j_2}, \cdots, K_{j_z}, X(t)] \geq K\} \tag{5-8}$$

对于集合$\{i_1, i_2, \cdots, i_u\}$和$\{i_{u+1}, i_2, \cdots, i_v\}$中的设施，式（5-4）和式（5-6）分别显示了在维护设施x_i时对设施x_j进行预防性维护对系统期望维护成本的影响。

第二节 基于重要度的基础设施系统的维护决策分析

一 预防性维护策略

基于上文提出的设施维护优先级重要度，本章提出了三种预防性维护策略并基于预防性维护时间以及维护成本限制进行了优化，得到基于不同约束条件的预防性维护的设施集。

维护策略 A：当设施状态退化到阈值下时，会立即识别并对其进行维护。如果故障设施x_i是关键设施，此时，可对所有设施进行预防性维护。

在维护策略 A 下，如果设施x_i的状态退化到阈值之下，此时设施x_j的 CFMP 为：

$$I_{j|i}^c(t) = -H_{j|i} I_{j|i}(t) \tag{5-9}$$

其中，$H_{j|i} = \begin{cases} 1 & 如果 j \in \{j \mid \Phi((<K^*)_i, X(t)) < K\} \\ 0 & 其他 \end{cases}$，$(<K^*)_i$表示设施$x_i$的状态已退化至阈值$K_i^*$以下，$\Phi((<K^*)_i, X(t)) < K$表示因设施$x_i$的状态已退化至阈值$K_i^*$以下导致系统状态低于阈值状态$K$，此时，设施为关键设施，系统停机，造成停机损失，可以对所有设施进行预防性维护，会产生预防性维护费用。

当对设施x_i进行维护时，选择$I_{j|i}^c(t)$值最大的设施进行预防性维护。

然后，根据 $I^c_{j|i}(t)$ 的排名依次选择设施进行预防性维护。

维护政策 B：如果故障设施是非关键设施，系统不会完全发生故障。因此，对非关键设施进行预防性维护，不会造成停机损失。

在维护策略 B 下，如果设施 x_i 的状态退化到阈值之下，设施 x_j 的 CFMP 为：

$$I^c_{j|i}(t) = -H_{j|i} I_{j|i}(t),$$

$$H_{j|i} = \begin{cases} 1 & \text{如果 } \Phi((<K^*)_i, X(t)) \geq K，\text{且 } j \in \{j \mid \Phi((<K^*)_i, (<K^*)_j, X(t)) \geq K\} \\ 0 & \text{其他} \end{cases}$$

(5-10)

如果 $\Phi((<K^*)_i, X(t)) \geq K$，则当设施 x_i 的状态已退化至阈值 K_i^* 以下时，不会导致系统状态低于阈值状态 K，此时设施 x_i 是非关键设施。$\Phi((<K^*)_i, (<K^*)_j, X(t)) \geq K$ 是指当故障设施为非关键设施时，对非关键设施 x_j 进行预防性维护不会导致系统状态低于阈值状态 K。因此，可以对非关键设施 x_j 进行预防性维护。

维护策略 C：当某些设施状态退化导致系统状态低于阈值时，可以识别并维护这些设施。这些设施可能同时包括关键设施和非关键设施。假设这些设施的集合 $\{i_1, i_2, \cdots, i_m\}$ 是系统割集，意味着当集合中各设施的状态低于各自的阈值状态时，会导致系统状态低于阈值 K。根据维护策略 C，当这些设施状态低于各自的阈值状态时，系统会停机，此时除了对这些设施进行维护，也可以对所有其他设施进行预防性维护。

在第一种情况下，设施 $i_1, i_2, \cdots, i_m$ 的状态可以分别被识别，即 $(K_0)_{i_1}, (K_0)_{i_2}, \cdots, (K_0)_{i_m}$，也可以识别出其他设施的状态，从而可以得到：

$$I^c_{j|i_1,i_2,\cdots,i_m}(t) = I_{j|i_1,i_2,\cdots,i_m}(t) = \frac{\partial C^T((K_0)_{i_1}, (K_0)_{i_2}, \cdots, (K_0)_{i_m}, X(t))}{\partial \rho_{j(K_0)_j}(t)}$$

(5-11)

在第二种情况下，设施 $i_1, i_2, \cdots, i_m$ 的状态可以被识别，即 $(K_0)_{i_1}, (K_0)_{i_2}, \cdots, (K_0)_{i_m}$。但是其他设施的状态不能被识别，可以得到：

$$I^c_{j|i_1,i_2,\cdots,i_m}(t) = I_{j|i_1,i_2,\cdots,i_m}(t) = \frac{\partial C^T((K_0)_{i_1}, (K_0)_{i_2}, \cdots, (K_0)_{i_m}, X(t))}{\partial \rho_{jK_j^*}(t)}$$

(5-12)

在第三种情况下，设施 i_1, i_2, $\cdots$, i_m 的状态可以分别被识别，即 $(K_0)_{i_1}$, $(K_0)_{i_2}$, $\cdots$, $(K_0)_{i_m}$。当一部分的其他设施的状态能被识别，维护优先级由式（5-11）表示，另一部分的其他设施的状态不能被识别，维护优先级由式（5-12）表示。

当对系统割集 i_1, i_2, $\cdots$, i_m 里的设施进行预防性维护时，选择 $I^c_{j|i_1,i_2,\cdots,i_m}(t)$ 值最大的设施进行预防性维护。然后，根据 $I^c_{j|i_1,i_2,\cdots,i_m}(t)$ 的排名依次选择设施进行预防性维护。

此外，受到维护成本、运行时间等因素的制约。在维护决策过程中，需要合理安排设施进行预防性维护，以同时满足上述三个约束条件。当执行维护策略 A 和维护策略 B 维护设施 x_i 时，需要解决的整数规划问题为：

$$\max \sum_{f=1}^{l} \sum_{i'=1}^{n} I^c_{j|i} \times \beta_{f,j} (j \neq i)$$

$$\text{s.t.} \begin{cases} \sum_{f=1}^{l} \left(c^D_{f,i} + \sum_{j=1}^{n} \beta_{f,j} c^M_{f,j} \right) \leq C, \beta_{f,j} \in (0, 1) \\ \sum_{f=1}^{l} t^c_f \leq T \\ j \neq i \end{cases} \quad (5\text{-}13)$$

其中，$\beta_{f,j}$ 表示是否对设施进行预防性维护的决策变量，值域为 $\{0, 1\}$；T 是运行时间。

当执行维护策略 C 维护设施 i_1, i_2, $\cdots$, i_m 时，需要解决的整体规划问题为：

$$\max \sum_{f=1}^{l} \sum_{i'=1}^{n} I^c_{j|i_1,i_2,\cdots,i_m} \times \beta_{f,j} \ (j \neq i_1, i_2, \cdots, i_m)$$

$$\text{s.t.} \begin{cases} \sum_{f=1}^{l} \left(c^D_{f,(ij)_1,(ij)_2,\cdots,(ij)_m} + \sum_{j=1}^{n} \beta_{f,j} c^M_{f,j} \right) \leq C, \beta_{f,j} \in (0, 1) \\ \sum_{f=1}^{l} t^c_f \leq T \\ j \neq i_1, i_2, \cdots, i_m \end{cases}$$

$$(5\text{-}14)$$

对于上述数学规划模型，假设最优维护策略是 $\{\beta^*_{f,j}, j \neq i\}$ 和 $\{\beta^*_{f,j}, j \neq i_1, i_2, \cdots, i_m\}$，则预防性维护的最佳设施集合是 $\{j | \beta^*_{f,j} = 1\}$。

二 维护设施的冗余配置

当城市基础设施系统中设施发生故障时，往往短暂的停机就会引起较大的损失，通过用冗余设施进行替换代替维护减少停机时间，将更换下来的设施进行集中维护，或者由于运行时间超过预期寿命，通过预防性维护无法提升系统性能，此时也需要通过冗余设施替换以提高系统性能和可靠性。实现这一目标的一个有效方法是在城市基础设施系统的每个设施位置提供足够的冗余设施。然而，过多的冗余设施将占用较高的成本。因此，需要一种合理的方法来确定各种设施的冗余设施数量。

然而实际上，为城市基础设施系统配置适当的冗余设施并不是一项简单的任务，因为不同的设施在系统中的重要性是不同的。关键设施的失效会对整个系统的性能和安全性产生严重影响，而非关键设施的失效只会对系统的性能产生轻微影响。

因此，为了实现最佳的冗余设计，必须考虑每个设施在系统中的重要性并基于其重要性来确定所需的冗余设施数量。

（一）基于冗余设施保障率的冗余设施数目确定

本节提出了冗余设施保障率的计算方法。此外，还提出了一种基于重要度的系统级综合保障率。

在城市基础设施系统中，虽然各设施根据自身性能可分为多种状态，但是在运行过程中，考虑冗余设施更换时，仅存在两种情况，即故障和正常运行。发生故障之后，选择用冗余设施进行替换并对其进行维护。由于维护部门和设施工厂的维护水平有差距，如果设施故障程度较大，维护部门无法对其进行维护时，则需要返厂维护。针对设施 C_i，假设城市基础设施系统在任意时刻 t，正常工作状态数量为 $S_{wi}(t)$，维护数量为 $S_{mi}(t)$，可直接使用的冗余设施数量为 $S_{ri}(t)$；在初始状态下，$S_{wi}(t_0) = x_{1i}$，$S_{mi}(t_0) = x_{2i} = 0$，$S_{ri}(t_0) = x_{3i}$。特别地，处于维护状态的不可维修设施在整个过程中的数量 $S_{mi}(t_0) = x_{2i} = 0$ 恒成立。城市基础设施系统从 t_0 时刻开始运行，系统的设施总数量在整个过程中满足：

$$S_{wi}(t) + S_{mi}(t) + S_{ri}(t) = S_{wi}(t_0) + S_{mi}(t_0) + S_{ri}(t_0) = x_{1i} + x_{2i} + x_{3i} = Q(C_i)$$

(5-15)

在运行过程中，设施不仅可能会出现故障，故障率为 λ_i，而且出现故障之后可被修复，同时具备修复率 μ_i。在城市基础设施系统中，当设施出现故障后，立即用冗余设施进行更换并立即对其进行维护，维护成功的设施储存起来做冗余设施，等待有新的需求产生时用于替换故障设施；如果没有冗余设施，系统将等待故障设施修复，若是关键设施，系统停机等待，若是非关键设施，系统只能运行部分系统，其余等待故障设施修复后再运行。因此，设施总是在三种状态下相互切换：故障、正常运行和冗余设施。经研究表明，对大多数设施而言，故障维护时间分布可以用正态分布来表示（Arif, et al., 2018）。但是本节为了更清晰地显示故障设施的维护过程，在计算平均修复时间时将故障设施运输至工厂的时间考虑在内。

若设施 C_i 的正常维护时间服从均值为 μ、标准差为 σ_{2i} 的正态分布 $m_{C_i}(t)$，当将故障设施 C_i 运输时间 t_i 考虑在内时，该设施的维护时间服从均值为 $\mu_{2i}=\mu+t_i$、标准差为 σ_{2i} 的正态分布 $m_{C_i}'(t)$，其中，$m_{C_i}'(t)=m_{C_i}(t+t_i)$。在城市基础设施系统中处于正常运行的设施 C_i 数量为 h_i，所以，从整个城市基础设施系统来看，设施 C_i 的维护时间服从均值为 μ_{2i}、标准差为 σ_{2i} 的正态分布。

对某设施而言，维护部门能够成功修复设施 C_i 的概率为 p_{sc_i}。若该设施在维护部门的维护时间服从均值为 μ_{1i}、标准差为 σ_{1i} 的正态分布，则对于任意设施，其维修时间可用双峰正态分布来描述。在正常情况下，工厂的维护时间远大于维护部门的维护时间，所以，设 $\mu_{2i} \geq \mu_{1i}$，其概率密度函数为：

$$M_{C_i}(t) = p_{sc_i} \frac{1}{\sqrt{2\pi}\sigma_{1i}} e^{-\frac{(t-\mu_{1i})^2}{2\sigma_{1i}^2}} + (1-p_{sc_i}) \frac{1}{\sqrt{2\pi}\sigma_{2i}} e^{-\frac{(t-\mu_{2i})^2}{2\sigma_{2i}^2}}$$

根据概率密度函数可得到平均维护时间为：

$$MTTR(C_i) = \int_0^\infty \left[p_{sc_i} \frac{1}{\sqrt{2\pi}\sigma_1} e^{-\frac{(t-\mu_1)^2}{2\sigma_1^2}} + (1-p_{sc_i}) \frac{1}{\sqrt{2\pi}\sigma_2} e^{-\frac{(t-\mu_2)^2}{2\sigma_2^2}} \right] t dt$$

$$= p_{sc_i}\mu_1 + (1-p_{sc_i})\mu_2 = p_{sc_i}(\mu_1-\mu_2) + \mu_2$$

因此，可得到修复率为：

$$\mu_i = \frac{1}{MTTR(C_i)} = \frac{1}{p_{sc_i}(\mu_{1i}-\mu_{2i}) + \mu_{2i}} \tag{5-16}$$

由于设施的冗余设施保障方式较为复杂且状态在持续改变，可分别对任意时刻下处于正常运行、冗余设施替代以及维护状态的设施数目进行分析，综合考虑系统每一时刻的运行状态，最终借助冗余设施保障率体现系统的保障效能。因此，本节对处于不同状态下的设施数量进行分析。

假设设施 C_i 在初始状态下 $S_{wi}(t_0)=x_{1i}$，$S_{mi}(t_0)=x_{2i}=0$，$S_{ri}(t_0)=x_{3i}$。系统的设施 C_i 总数量在整个过程中满足：

$$S_{wi}(t)+S_{mi}(t)+S_{ri}(t)=S_{wi}(t_0)+S_{mi}(t_0)+S_{ri}(t_0)=x_{1i}+x_{2i}+x_{3i}=Q(C_i)$$

当 $S_{ri}(t)>0$ 时，因为有冗余设施的存在，所以，此时发生故障的设施均可以利用冗余设施进行替换，使系统中的设施始终正常运行。若单个设施的故障率为 λ_i，则对整个系统而言，从正常运行状态下的设施 C_i 数量到维护状态下设施 C_i 数量的转移速率为 $\lambda_i S_{wi}(t)$；同样地，若单个设施的维护率为 μ_i，从维护状态下的设施 C_i 数量到冗余设施状态下设施 C_i 数量的转移速率为 $\mu_i S_{mi}(t)$；在这种情况下，所有工作设施 C_i 的故障发生速度决定着冗余设施的供应保障速度，所以，设施 C_i 从冗余设施状态下到正常运行状态下的转移速率等同于系统中从正常运行状态的设施数量到维护状态下设施数量的转移速率 $\lambda_i S_{wi}(t)$。设施 C_i 在不同状态下的数量转换速率及方向如图 5-1 所示。

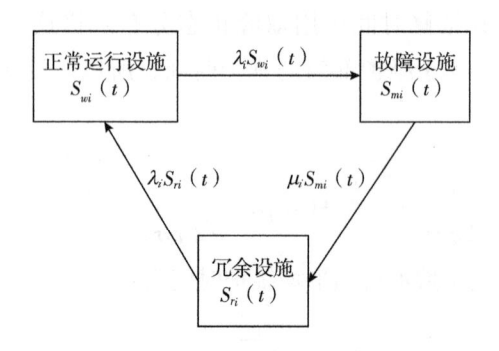

图 5-1　存在冗余设施时，不同状态下设施 C_i 数量转换速率

借助图 5-1 所示的不同状态下的设施 C_i 数量转换速率，可以利用微分方程得到当系统中存在冗余设施，即当 $S_{ri}(t)>0$ 时，设施 C_i 在不同状态下的数量转换关系，即：

$$S_{wi}(t)=x_{1i}-\int \lambda_i S_{wi}(t)\mathrm{d}t+\int \lambda_i S_{wi}(t)=x_{1i}$$

$$S_{mi}(t) = S_{mi}(t_0) + \lambda_i S_{wi}(t)t - \int \mu_i S_{mi}(t)\mathrm{d}t = x_{1i} - \int \mu_i S_{mi}(t)\mathrm{d}t$$

$$S_{ri}(t) = S_{ri}(t_0) - \lambda_i S_{wi}(t)t + \int \mu_i S_{mi}(t)\mathrm{d}t$$

$$= x_{3i} - \lambda_i S_{wi}(t)t + \int \mu_i S_{mi}(t)\mathrm{d}t = x_{3i} + \frac{\lambda_i x_{1i}}{\mu_i}(1 - e^{-\mu_i t}) \quad (5\text{-}17)$$

因此，通过解方程可以得到：

$$S_{mi}(t) = \frac{\lambda_i x_{1i}}{\mu_i}(1 - e^{-\mu_i t})$$

$$t = -\frac{1}{\mu_i}\ln\left(1 - \frac{\mu_i}{\lambda_i x_{1i}}\right)$$

$$S_{ri}(t) = x_{3i} + \frac{\lambda_i x_{1i}}{\mu_i}(e^{-\mu_i t} - 1)$$

令 $S_{ri}(t) = 0$，可得到：

$$t = -\frac{1}{\mu_i}\ln\left(1 - \frac{\mu_i x_{3i}}{\lambda_i x_{1i}}\right) = t_1$$

从上述分析可以得到，仅当 $\lambda_i x_{1i} - \mu_i x_{3i} > 0$ 且 $x_{1i} \times x_{3i} \neq 0$ 时，t_1 才为有意义的正实数。此外，一方面，在系统中设施 C_i 的冗余设施数量与处于正常运行状态的设施数量均不等于零的条件下，如果修复率远大于故障率时，则从理论上来说系统将不会产生缺货；另一方面，当设施 C_i 的故障率和修复率一定时，如果冗余设施数量相对于正常运行数量而言较大，则系统也很难产生缺货。此时可得到：$S_{mi}(t_1) = x_{3i}$，$S_{wi}(t_1) = x_{1i}$。

在 t_1 之后备件数目 $S_{ri}(t) = 0$，系统将开始不存在冗余设施。由于没有冗余设施的存在，此时故障设施只能现场维护，维护完成后直接投入使用，因此，当系统中不存在冗余设施时，设施 C_i 在不同状态下的数量转换速率如图 5-2 所示。

此时可得到：

$$S_{wi}(t) = S_{wi}(t_1) - \int \lambda_i S_{wi}(t)\mathrm{d}t + \int \mu_i S_{mi}(t)\mathrm{d}t$$

$$= x_{1i} - \int \lambda_i S_{wi}(t)\mathrm{d}t + \int \mu_i [Q(C_i) - S_{wi}(t)]\mathrm{d}t$$

解方程得到：

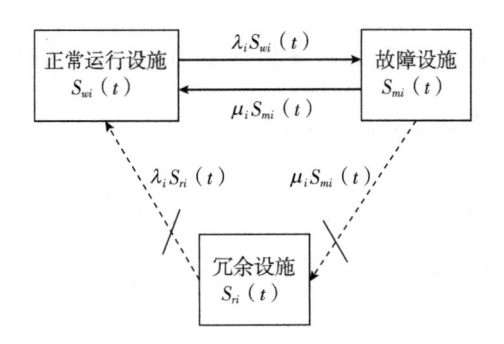

图5-2 当系统中不存在冗余设施时,设施 C_i 在不同状态下的数量转换速率

$$S_{wi}(t) = \frac{Q(C_i)\mu_i}{\lambda_i+\mu_i} + \left(x_{1i} - \frac{Q(C_i)\mu_i}{\lambda_i+\mu_i}\right) e^{-(\lambda_i+\mu_i)t} \tag{5-18}$$

因为 $S'_{wi}(t) = (\mu_i x_{3i} - \lambda_i x_{1i}) e^{-(\lambda_i+\mu_i)t} < 0$ 恒成立,所以,$S_{wi}(t)$ 单调递减。由于 $S_{wi}(0) = x_{1i}$,从理论上来讲,在设施的初始状态一定时,系统一旦不存在冗余设施,将一直不存在,直至补充。在系统实际运行过程中,在不借助补充调整的条件下,如果系统中冗余设施数量为 0,设施的状态几乎不可能回到如图 4-1 所示的情况。

故在整个运行时间内任意时刻处于正常运行状态的设施 C_i 数量为:

$$S_{wi}(t) = \begin{cases} x_{1i}, & 0<t<t_1 \\ \frac{Q(C_i)\mu_i}{\lambda_i+\mu_i} + \left(x_{1i} - \frac{Q(C_i)\mu_i}{\lambda_i+\mu_i}\right) e^{-(\lambda_i+\mu_i)(t-t_1)}, & t_1<t<T \end{cases} \tag{5-19}$$

其中:

$$t_{1i} = \frac{1}{\mu_i} \ln\left(1 - \frac{\mu_i x_{3i}}{\lambda_i x_{1i}}\right)$$

如果系统的运行状态用处于正常运行状态下的设施数量来表示,那么,在整个运行时间内系统运行状态变化如图 5-3 所示。

针对本章城市基础设施系统而言,由于系统的状态随设施状态不断改变,则系统的运行性能可由处于正常运行状态下的设施数量表示。因此,设施 C_i 的冗余设施保障率可表示为:

$$SR(C_i) = \frac{\int_0^T S_{wi}(t)dt}{T \times x_{1i}} = \frac{\int_0^{t_1} x_{1i}dt + \int_{t_1}^T \left[\frac{Q(C_i)\mu_i}{\lambda_i+\mu_i} + \left(x_{1i} - \frac{Q(C_i)\mu_i}{\lambda_i+\mu_i}\right) e^{-(\lambda_i+\mu_i)(t-t_1)}\right]dt}{T \times x_{1i}}$$

$$\tag{5-20}$$

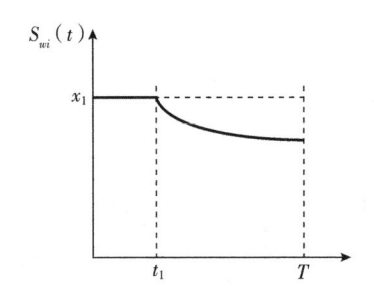

图 5-3　运行时间 T 内系统工作状态

式（5-20）反映着系统持续运行的情况下需要满足的冗余设施保障率，体现了在一定运行时间内冗余设施对系统正常运行的保障程度，具有很强的现实意义。

（二）系统级冗余设施数量的确定

根据 Si（2010）提出的综合重要度，该重要度可以表示带有状态转移特征的设施可靠性变化对系统性能的影响程度。而在城市基础设施系统中，虽然各设施根据自身性能可分为多种状态，但是，在考虑冗余设施更换的时候，仅存在两种状态，即故障和正常运行。此时，系统会因设施状态的变化而变化，系统会存在多种状态，可以计算出每个设施的综合重要度。

本章由于设施性能降低会引起系统的性能降低，使系统具备多态性，故基于本章城市基础设施系统，假设城市基础设施系统中包括 n 个设施 $\{C_1, C_2, \cdots, C_i, \cdots, C_n\}$，并且这些设施之间可靠性相互独立。将设施的两种状态，即故障和正常运行，分别用 0 和 1 来表示。此时系统具备多种状态，使用 $a_0 \leqslant a_1 \leqslant \cdots \leqslant a_M$ 来表示与系统的状态空间 $\{0, 1, 2, \cdots, M\}$ 相对应的系统性能水平。设施 C_i 的状态用 $X_i(t)$ 来表示，系统状态用 $\Phi(X(t))$ 来表示，当系统处于状态 0（完全故障）时，$a_0 = 0$。因此，系统的性能可以通过不同系统状态的系统效用预期来衡量，可表示为：

$$\begin{aligned}U(X(t)) &= \sum_{j=0}^{M} a_j \Pr[\Phi(X(t)) = j] \\ &= \sum_{j=1}^{M} a_j \Pr[\Phi(X(t)) = j] = \sum_{j=1}^{M} a_j \Pr[\Phi(X_1(t), X_2(t), \cdots, X_n(t)) = j]\end{aligned} \quad (5-21)$$

故在考虑冗余设施更换故障设施的情况下，可视为对故障设施进行完美维护，则设施 C_i 的综合重要度为：

$$I_i(t) = \sum_{j=1}^{M} a_j R_i(t) \lambda_i(t) \{ \Pr[\Phi(1_i, X(t)) = j] - \Pr[\Phi(0_i, X(t)) = j] \}$$

(5-22)

其中，$R_i(t)$ 分别代表设施 C_i 的可靠性，$\Pr[\Phi(X(t)) = j]$ 是指系统状态为 j 的概率，$\Pr[\Phi(1_i, X(t)) = j]$ 是指当设施状态为 1 时，系统状态为 j 的概率，$\Pr[\Phi(0_i, X(t)) = j]$ 是指当设施状态为 0 时，系统状态为 j 的概率。

虽然上述分析提出了冗余设施保障率计算公式，但是由于资源的限制，并不会满足所有设施对冗余设施的需求。所以，为了提升系统冗余设施在设施维护中起到的提升系统性能的作用，还需要对系统级的保障率进行更深层次的研究。

根据综合重要度的定义和性质可以得知，对综合重要度较大的设施进行维护，可以更大限度地提升系统性能。而且设施发生故障后替换冗余设施可视为一种完美维护，此时对综合重要度较大的设施增加冗余设施，同样可以更大限度地提升系统性能。

所以，通过借助设施 C_i 的综合重要度与所有设施综合重要度的比值来衡量该设施在所有设施中产生影响的大小，得到权重 α_{C_i}。

$$\alpha_{C_i} = \frac{I_i(t)}{\sum_{i=1}^{n} I_i(t)}$$

故系统级综合保障率可定义为：

$$IRS = \sum_{i=1}^{n} \alpha_{C_i} SR(C_i) \tag{5-23}$$

式（5-23）表示了整个系统的保障效能，综合考虑了设施状态变化规律和维护水平并借助综合重要度来衡量各设施之间的相对影响大小。

在实际情况下，管理者在确定系统的各设施的冗余设施数目时，无疑想要系统综合保障率达到最大，但是从另一个角度来说这是没有必要的，而且会花费巨大代价。故为了帮助管理者合理地确定配置设施的种类及数量，本节在考虑储存容量和成本限制的条件情况下建立优化模型，即：

$$\max IRS = \max \sum_{i=1}^{n} \alpha_{C_i} SR(C_i)$$

$$\begin{cases} \sum_{i=1}^{n} v_i \times Q(C_i) \leqslant V & (1) \\ SR(C_i) \geqslant R_t & (2) \\ Q(C_i) \geqslant D_i & (3) \\ Q(C_i) \geqslant 0 \text{ 且为整数} & (4) \end{cases} \quad (5-24)$$

其中，v_i是设施C_i的单价，V表示系统购置备件可花费的成本，R_t代表单设施最低冗余设施保障率，D_i表示最多存放冗余设施C_i的个数。

针对以上优化模型，采取边际优化算法进行求解。边际优化算法可以在保证多个变量的限制条件下，找到能够最大化或最小化目标函数的变量组合，求解效果准确，并且收敛速度比较快。虽然边际优化算法找到的解通常是局部最优解，但是对于上文建立的优化模型而言，由于目标函数与约束条件都是单调递增的凸函数，且求解的变量均为整数，则根据凸函数的最优化理论，该模型的局部最优解即全局最优解。郭峰等（2010）和宋文静等（2015）已通过边际优化算法较完美地解决了此类保障优化模型。所以，首先在满足所有约束条件下得到一个初始可行解；其次，若将系统冗余设施保障率的增加看作投入成本得到的一种收益，此时可以借用边际分析法，计算为设施C_i增加冗余设施时的效益成本比，可表示为：

$$CER_i = \frac{IRS_{future} - IRS_{now}}{Cost_{future} - Cost_{now}} \quad (5-25)$$

通过边际分析法，在每一次边际分析过程中选择增加一个CER_i值最大的冗余设施，可以使用最小的成本带来最大收益，所以，借助边际分析法结合式（5-24）中的（1）、（3）约束，通过不断计算所有设施的CER_i值对可行解不断修正迭代以最终求得优化模型的最优解。

第三节 基于重要度的基础设施系统韧性评估与优化

影响城市基础设施系统韧性的因素主要有两个，分为内因和外因。内因主要是系统设施的预防性维护，通过对设施进行预防性维护提升系统整体性能，提高系统韧性。外因主要是冗余设施的配置，通过对故障设施或者达到预期使用寿命的设施进行更换，提升系统性能，提高系统韧性。本节主要从这两个方面对城市基础设施系统韧性进行评估和优化。

一般来说，系统韧性包括两个阶段：干扰阶段和恢复阶段。然而，干扰往往是随机的。在一定的系统结构和性能条件下，确定系统的抗干扰能力。本节假设系统受到干扰的时间是固定的，此时系统各设施由于受到干扰降低的性能是固定的，系统的韧性优化可以更多地关注恢复过程。同时，许多系统的恢复过程是逐步进行的。在城市基础设施系统中，设施发生故障后会失去功能，此时需要对其进行维护，同时对系统中其他某些设施进行预防性维护。当经过多次预防性维护后不能再次提升系统性能或者达到预期寿命，此时需要进行冗余设施的更换，提升系统韧性。

一 考虑预防性维护时的韧性重要度

（一）设施性能损失重要度

本节首先考虑使用系统性能来定量地表示由设施发生故障引起的系统性能损失。假设城市基础设施系统中包括 n 个设施，即 $\{C_1, C_2, \cdots, C_i, \cdots, C_n\}$，并且这些设施之间相互独立。设施只有两种状态，即故障和正常运行，分别用 0 和 1 来表示。此时系统具备多种状态，使用 $a_0 \leq a_1 \leq \cdots \leq a_M$ 来表示与系统的状态空间 $\{0, 1, 2, \cdots, M\}$ 相对应的系统性能水平。设施 C_i 的状态用 $X_i(t)$ 来表示，系统状态用 $\Phi(X(t))$ 来表示，当系统处于状态 0（完全故障）时，$a_0 = 0$。因此，系统的性能可以通过不同系统状态的系统效用预期来衡量，可表示为：

$$\begin{aligned} U(X(t)) &= \sum_{j=0}^{M} a_j \Pr[S(X(t)) = j] \\ &= \sum_{j=1}^{M} a_j \Pr[S(X(t)) = j] \\ &= \sum_{j=1}^{M} a_j \Pr[S(X_1(t), X_2(t), \cdots, X_n(t)) = j] \end{aligned} \quad (5-26)$$

其中，a_j 表示系统状态为 j 时的系统性能水平。

故当只存在故障和正常运行两种状态时，对故障设施进行维护，设施 C_i 的综合重要度为：

$$I_i(t) = \sum_{j=1}^{M} a_j R_i(t) \lambda_i(t) \{\Pr[\Phi(1_i, X(t)) = j] - \Pr[\Phi(0_i, X(t)) = j]\}$$

$$(5-27)$$

其中，$R_i(t)$ 代表设施 C_i 的可靠性，$\Pr[\Phi(X(t))=j]$ 是指系统状态为 j 的概率，$\Pr[\Phi(1_i, X(t))=j]$ 是指当设施 C_i 状态为 1 时，系统状态为 j 的概率，$\Pr[\Phi(0_i, X(t))=j]$ 是指当设施 C_i 状态为 0 时，系统状态为 j 的概率。

本节将设施的性能损失重要度 I_i^l 定义为当设施发生故障时单位时间内系统的性能损失。则设施 C_i 的性能损失重要度 I_i^l 越大，系统中设施 C_i 发生故障对系统性能的损失越大。

基于式（5-26）可以得到：

$$\frac{\mathrm{d}U(X(t))}{\mathrm{d}t} = \frac{\mathrm{d}(\sum_{j=1}^{M} a_j \Pr[S(X(t))=j])}{\mathrm{d}t}$$

$$= \sum_{j=1}^{M} a_j \sum_{i=1}^{n} \frac{\mathrm{d}R_i(t)}{\mathrm{d}t} \frac{\partial \Pr[S(X(t))=j]}{\partial R_i(t)} \tag{5-28}$$

其中，$R_i(t)$ 表示设施 C_i 的可靠性，$i \in [1, n]$，n 为系统设施数量。

由于：

$$\Pr[\Phi(X(t))=j] = \Pr[X_i(t)=1]\Pr[\Phi(1_i, X(t))=j] + \Pr[X_i(t)=0]\Pr[\Phi(0_i, X(t))=j]$$

$$= R_i(t)\Pr[\Phi(1_i, X(t))=j] + (1-R_i(t))\Pr[\Phi(0_i, X(t))=j]$$

$$\lambda_i(t) = -\frac{\mathrm{d}R_i(t)/\mathrm{d}t}{R_i(t)}$$

可以得到：

$$\frac{\mathrm{d}U(X(t))}{\mathrm{d}t} = -\sum_{i=1}^{n}\sum_{j=1}^{M} a_j R_i(t)\lambda_i(t)\{\Pr[\Phi(1_i, X(t))=j] - \Pr[\Phi(0_i, X(t))=j]\} = -\sum_{i=1}^{n} I_i(t) \tag{5-29}$$

1. 单个设施发生故障

当设施 C_u 发生故障时，设施 C_u 的状态变为 0，则系统性能可表示为：

$$U(0_i, X(t)) = \sum_{j=1}^{M} a_j \Pr[\Phi(X_1(t), \cdots, X_{i-1}(t), 0_i, X_{i+1}(t), \cdots,$$

$$X_n(t)) = j] \tag{5-30}$$

故设施 C_u 的损失重要度为：

$$I_i^l(t) = \left| \frac{d(U(X(t)) - U(0_u, X(t)))}{dt} \right|$$

$$= \left| \frac{dU(X(t))}{dt} - \frac{dU(0_u, X(t))}{dt} \right| = I_u(t) \tag{5-31}$$

其中，$I_u(t)$ 表示节点 u 的综合重要度。

此时，当设施 C_i 发生故障时，设施 C_k 的损失重要度为：

$$I_{k/i}^l(t) = \frac{\partial(U(0_i, X(t)))}{\partial \rho_k(t)} = \sum_{j=1}^{M} (a_j - a_{j-1})[\Pr(S(1_k, 0_i, X(t)) \geq j) - \Pr(S(0_k, 0_i, X(t)) \geq j)]$$

$$\rho_k(t) = \Pr[X_k(t) = 1] \tag{5-32}$$

2. 多个设施发生故障

当系统中出现多个设施发生故障时，系统性能可表示为：

$$U(0_{N'}, X(t)) = \sum_{j=1}^{M} a_j \Pr[S(0_{N'}, X(t)) = j] \tag{5-33}$$

用 $N' = \{i_1, i_2, i_3, \cdots, i_y\}$ 表示故障设施集合，单位时间内系统性能损失等于设施集 $i_1, i_2, i_3, \cdots, i_y$ 均发生故障时引起的性能损失。则故障设施集合的性能损失重要度为：

$$I_{N'}^l(t) = \left| \frac{d(U(X(t)) - U(0_{N'}, X(t)))}{dt} \right| = \left| \frac{dU(X(t))}{dt} - \frac{dU(0_{N'}, X(t))}{dt} \right|$$

$$= \left| -\sum_{i=1}^{n} I_i(t) + \sum_{i=1}^{n} I_i(t)_{0_{N'}} \right| = \sum_{i=1}^{y} I_i(t) \tag{5-34}$$

此时，当系统中出现多个设施发生故障时，设施 C_k 的损失重要度为：

$$I_{k/N'}^l(t) = \frac{\partial(U(0_i, X(t)))}{\partial \rho_k(t)} = \sum_{j=1}^{M} (a_j - a_{j-1})[\Pr(S(1_k, 0_{N'}, X(t)) \geq j) - \Pr(S(0_k, 0_{N'}, X(t)) \geq j)] \tag{5-35}$$

（二）设施恢复重要度

当系统遭受干扰时，通过上文提出的设施恢复重要度可以得到可以进行预防性维护的设施集。但是，为了确定各设施进行预防性维护对系统性能恢复的影响，本节提出通过恢复重要度来衡量设施进行预防性维护时系统性能的恢复效率。

基于单个设施发生故障和多个设施发生故障分别讨论设施恢复重要度，并且明确预防性维护设施集的韧性重要度。

1. 单个设施发生故障

根据式（5-31），在对故障设施 C_u 进行维护，同时对设施 C_k $\{x_k^* = 1, k \neq u\}$ 进行预防性维护的过程中，单位时间内系统性能的恢复等于系统中所有正常运行设施的恢复重要度之和，即：

$$I_{k/u}^r(t) = I_{k/u}(t)^*_{\{k \mid x_k^* = 1, k \neq u\}} - I_{k/u}(t)_{\{k \mid x_k^* = 1, k \neq u\}} \tag{5-36}$$

其中，$I_{k/u}^r(t)$ 表示在维护故障设施 C_u 时对设施 C_k 进行预防性维护对网络性能恢复的贡献，$I_{k/u}(t)^*$ 表示预防性维护后的系统性能，$I_{k/u}(t)$ 表示预防性维护前的系统性能。

基于式（5-31）和式（5-36），可将设施 C_k 的韧性重要度定义为：

$$I_{k/u}^{resi}(t) = \frac{I_{k/u}^r(t)}{I_u^l(t)} \tag{5-37}$$

设施的恢复重要度越大，对其进行维护时系统性能的恢复效率越高，也就是说，为恢复重要度越大的设施提供更高的维护优先级，以便能够最大限度地提高系统韧性。

2. 多个设施发生故障

用 $N' = \{i_1, i_2, i_3, \cdots, i_y\}$ 表示故障设施集合，单位时间内系统性能损失等于设施集 $i_1, i_2, i_3, \cdots, i_y$ 均发生故障时引起的系统的性能损失。此时，当多个设施发生故障时的系统性能恢复重要度为：

$$I_{k/N'}^r(t) = I_{k/N'}(t)^*_{\{k \mid x_k^* = 1, k \notin N'\}} - I_{k/N'}(t)_{\{k \mid x_k^* = 1, k \notin N'\}} \tag{5-38}$$

基于式（5-36）和式（5-38），设施 C_k 的韧性重要度可表示为：

$$I_{k/N'}^{resi}(t) = \frac{I_{k/N'}^r(t)}{I_{N'}^l(t)} \tag{5-39}$$

二 考虑冗余设施时的韧性重要度

本节只考虑在恢复过程对故障设施进行冗余设施的替换，不考虑其他设施的预防性维护。系统恢复过程如图 5-4 所示。在图 5-4 中，$t_b - t_a$ 的值是固定的，$P(t)$ 是系统整体的性能，$P_{target}(t)$ 是指系统在遭受干扰前，从 t_0 时刻开始为了完成运行任务的系统可靠性水平，$P(t_a)$ 是指在 t_a 时刻系统遭受干扰时的系统可靠性水平，$P(t_b)$ 是指经过一定时间的干扰后的系统性能，$P(t_c)$ 是指系统恢复至 t_c 时刻时所能达到的性能水平，由于恢复时间有限，系统最终不一定能恢复到最佳状态。系统在运行过程中可靠性不断下降，系统通过恢复来提升系统可靠性。在恢复过程中，系统在风险运行，即存在巨大的停机风险，反映在图 5-4 中，S 区域的面积即进行系统恢复时所承担的风险，S 区域的面积越大说明系统恢复越慢，系统承担的风险越大。另外，利用不同的冗余设施替换不同的故障设施对系统的恢复程度是不同的。因此，需要提出一个恢复措施，以有效地指导恢复过程。

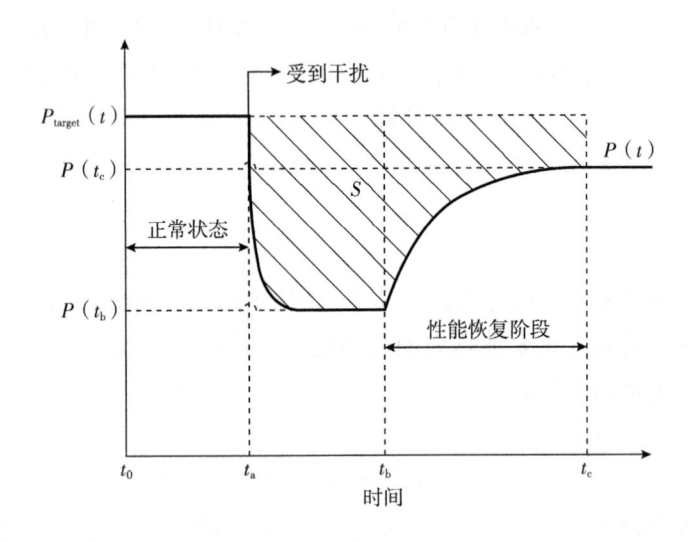

图 5-4 系统韧性模型

根据图 5-4，在系统性能变化的基础上，同时考虑系统受到干扰时间、性能损失程度、恢复时间和恢复程度的韧性度量可表示为：

$$R = \frac{\int_{t_a}^{t_c} P(t) \mathrm{d}t}{\int_{t_a}^{t_c} P_{target}(t) \mathrm{d}t} \tag{5-40}$$

韧性优化是为了提升系统韧性，这就需要对设施韧性进行分析，对设施添加冗余是一个重要的方法。但是在现实情况下，由于各种条件的约束，无法对每一个设施都添加冗余设施，所以，需要使用重要度指标对其进行排序，找到对系统可靠性影响较大的设施添加冗余设施。

（一）设施损失重要度

在系统正常运行阶段，每个设施性能不断降低，系统性能也在不断降低，此时假设在某一 t_a 时刻系统遭受外部干扰，并且干扰持续的时间 $\Delta t_1 = t_b - t_a$，系统性能损失为：

$$P_{loss} = \int_{t_a}^{t_b} [P_{target}(t) - P(t)] \mathrm{d}t$$

$$= \int_{t_a}^{t_b} [f_l(x_1(t), x_2(t), \cdots, x_i(t)=1, \cdots, x_n(t)) - f_l(x_1(t), x_2(t), \cdots, x_i(t)=0, \cdots, x_n(t))] \mathrm{d}t \tag{5-41}$$

其中，f_l 是当系统受到干扰时，系统设施与系统性能变化的函数。

进一步得到在遭受干扰时，每个设施发生故障对系统性能的影响程度，即性能损失重要度，可表示为：

$$I_i^l = \frac{\int_{t_a}^{t_b} [P_{target}(t) - P_{t_b}(t)] \mathrm{d}t}{\int_{t_a}^{t_b} P_{target}(t) \mathrm{d}t} \tag{5-42}$$

式（5-42）中，I_i^l 指的是系统在遭受干扰过程中的性能损失重要度，I_i^l 值越大，说明在遭受干扰时设施 C_i 对系统性能的影响越大。

（二）设施恢复重要度

当系统受到干扰造成设施自身性能急剧下降之后，系统性能也急剧下降，此时更换冗余设施进行系统恢复，但更换需要一定的时间，更换完成后系统继续正常运行。此时，更换冗余设施可以看作对设施进行维护恢复，分别对每一个设施添加冗余设施，可以得到每个设施对系统性能的影响程度。由于更换冗余设施的时间 $\Delta t_1 = t_c - t_b$，可看作维护设施 C_i 至完美状态时需要的时间，在此过程中性能恢复为：

$$P_{recovery} = \int_{t_b}^{t_c} [P(t) - P_{t_b}(t)] \mathrm{d}t$$

$$= \int_{t_b}^{t_c} [f_r(x_1(t), x_2(t), \cdots, x_i(t)=1, \cdots, x_n(t)) - f_r(x_1(t), x_2(t), \cdots, x_i(t)=0, \cdots, x_n(t))] \mathrm{d}t \tag{5-43}$$

其中，f_r 是当用冗余设施替换故障设施且系统性能恢复时，系统设施与系统性能变化的函数。

从系统性能恢复时间角度来看，设施性能恢复重要度可以表示为：

$$I_i^r = \frac{\int_{t_b}^{t_c}[P(t) - P_{t_b}(t)]\mathrm{d}t}{\int_{t_b}^{t_c}P(t)\mathrm{d}t} \tag{5-44}$$

式（5-44）中，I_i^r 指的是系统在遭受干扰的过程中的性能损失重要度，I_i^r 值越大，说明当用冗余设施替换故障设施 C_i 时，设施 C_i 对系统性能的影响越大。

在此基础上，同时考虑性能损失阶段和恢复阶段，对于城市基础设施系统而言，城市基础设施系统中设施 C_i 的韧性重要度为：

$$I_i^{resi}(t) = \frac{I_i^r}{I_i^l} = \frac{\int_{t_b}^{t_c}[P(t) - P_{t_b}(t) -]\mathrm{d}t \times \int_{t_a}^{t_c}P_{target}(t)\mathrm{d}t}{\int_{t_b}^{t_c}P(t)\mathrm{d}t \times \int_{t_a}^{t_b}[P_{target}(t) - P_{t_b}(t)]\mathrm{d}t} \tag{5-45}$$

通过比较分析各设施的韧性重要度对城市基础设施系统的韧性的影响发现，具有最大值 $\max I_i^{resi}(t)$ 的设施即城市基础设施系统韧性影响最大的设施。

三 基于重要度的城市基础设施系统韧性优化

在上述第一、第二部分建立的韧性评估模型的基础上，当城市基础设施系统中某些设施发生故障，在利用冗余设施替代故障设施以及对其他设施进行预防性维护时，不同冗余设施的成本不同，不同的设施进行预防性维护的成本不同。故需要在有限的成本下，选择能够使系统韧性最大的设施进行替换，选择能够使系统韧性最大的其他设施继续进行预防性维护。即在各自成本约束下只能选择一组故障设施进行更换冗余设施以及选择一组设施进行预防性维护，使城市基础设施系统的韧性达到相对最优状态。故在成本约束下，建立以下韧性优化模型。

当考虑预防性维护时，在有限的预防性维护成本约束下，建立的韧性模型为：

$$\max \sum_{\{k|x_k^*=1,\ k\neq u\}}^{N} \frac{I_{k/u}(t)^*}{I_{k/u}(t)} \text{ 或 } \max \sum_{\{k|x_k^*=1,\ i_k\notin\{i_1,i_2,i_3\cdots i_y\}\}}^{N} \frac{I_{k/N'}(t)^*}{I_{k/N'}(t)} \tag{5-46}$$

$$\sum_{C_j \in E_1} x_j U_{j1} \leq U_1,\ x_i = 1(i \neq j)$$

其中，E_1 表示进行预防性维护设施的集合，U_{j1} 为对设施 C_j 进行预防性维护的成本，U_1 是指进行预防性维护的约束成本。

当考虑用冗余设施替换故障设施时,在有限的预防性维护成本以及更换设施时间的约束下,建立韧性模型为:

$$\max \frac{\int_{t_a}^{t_c} P(t) \mathrm{d}t}{\int_{t_a}^{t_c} P_{target}(t) \mathrm{d}t} \tag{5-47}$$

$$\sum_{C_i \in E_2} x_i U_{i2} \leq U_2, \quad x_i = 1$$

$$\sum_{C_i \in E_2} x_i t_{i2} \leq t_2, \quad x_i = 1$$

其中,E_2 表示故障设施的集合,U_{i2} 和 t_{i2} 分别是指利用冗余设施替代故障设施 C_i 所需要的成本和时间,U_2 和 t_2 分别是指更换冗余设施的约束成本和限制时间。

基于上述韧性优化模型,城市基础设施系统韧性优化分为四个步骤。

步骤1:确定城市基础设施系统结构,各设施的可靠性参数信息以及故障情况。

步骤2:计算损失重要度。根据式(5-32)和式(5-42),计算出两种情况下的性能损失重要度。

步骤3:计算恢复重要度。根据式(5-36)和式(5-44),计算出两种情况下的性能恢复重要度。

步骤4:基于式(5-37)和式(5-45)计算两种情况下设施的韧性重要度。当通过预防性维护提升系统韧性时,根据韧性重要度排序可确定预防性维护顺序,在维护成本和维护时间的约束下,选择设施进行预防性维护。当通过添加冗余设施提升系统韧性时,根据韧性重要度排序可确定添加冗余设施的顺序,在维护成本的约束下,选择设施对其添加冗余设施。

第四节 算例分析

以智能交通管理系统为例,如图5-5所示。在智能交通管理系统中,主要是由应用层、通信层、感知层组成,三层相辅相成。首先,感知层中信号塔和传感器收集到的数据通过通信层传输至云服务平台;其次,应用层根据平台中的数据经过技术人员的整合与分析通过信号塔对智能车下达一系列指令，包括紧急维修、监控实时流量、规划路线等。

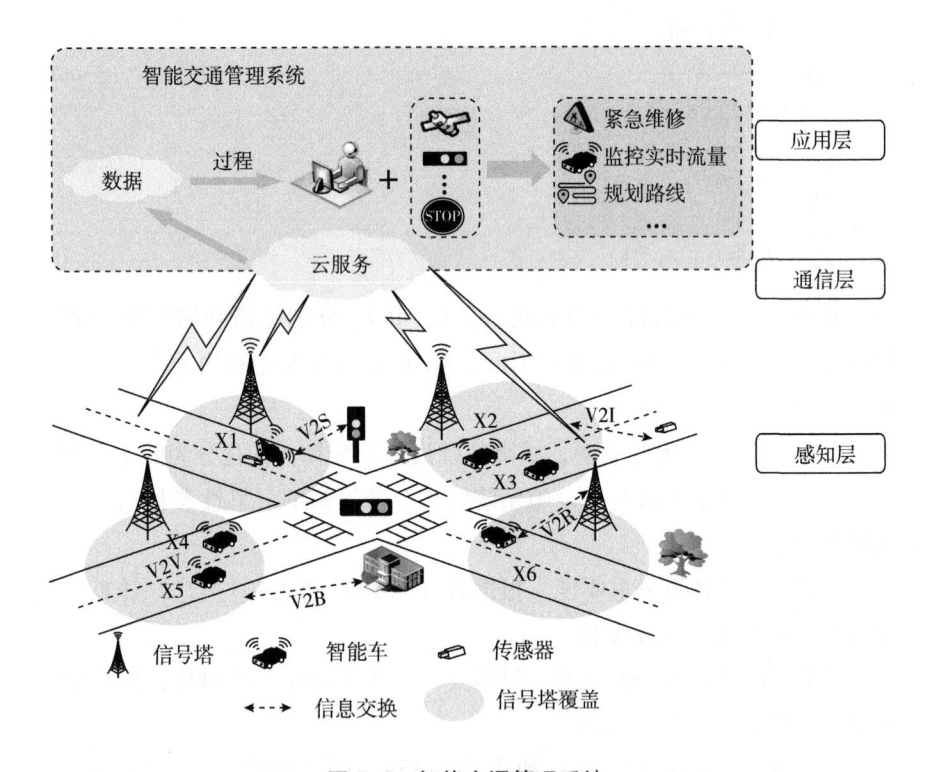

图 5-5　智能交通管理系统

在智能交通管理系统中，主要从系统的角度研究智能车的预防性维护及冗余智能车替换，即可以将整个系统看作城市基础设施系统，每辆智能车看成一个整体，看作城市基础设施系统中的设施。每辆智能车的可靠性相互独立，均有自己的独立的可靠性和失效率函数，均不相同。假设各智能车的失效时间服从威布尔分布 $W(t, \theta, \gamma)$，智能车的可靠性 $R(t) = \exp\left[-\frac{1}{\theta}^{\gamma-1}\right]$，故障率 $\lambda(t) = \frac{\gamma}{\theta}\left(\frac{t}{\theta}\right)^{\gamma-2}$，各智能车的参数信息如表 5-1 所示。同时，智能交通管理系统的性能随着各智能车的性能变化而变化。将系统所有状态进行简化，共有 19 种状态，系统状态以及相应的性能参数如表 5-2 所示。各智能车的更换冗余智能车成本、时间和预防性维护成本如表 5-3 所示。

表 5-1　　　　　　　　各智能车比例和形状参数

编号	比例参数 θ	形状参数 γ
X1	2657	3.75
X2	1835	2.37
X3	3574	1.75
X4	4268	2.86
X5	3425	1.59
X6	3104	2.59

表 5-2　　　　　　　　系统性能状态以及相应的性能参数

j	系统状态			a_j	j	系统状态				a_j
1	X1			0.95	33	X2	X3	X5		0.765
2	X2			0.94	34	X2	X3	X6		0.76
3	X3			0.93	35	X2	X4	X5		0.75
4	X4			0.92	36	X2	X4	X6		0.745
5	X5			0.92	37	X2	X5	X6		0.73
6	X6			0.915	38	X3	X4	X5		0.725
7	X1	X2		0.9	39	X3	X4	X6		0.725
8	X1	X3		0.875	40	X3	X5	X6		0.715
9	X1	X4		0.87	41	X4	X5	X6		0.71
10	X1	X5		0.87	42	X1	X2	X3	X4	0.68
11	X1	X6		0.86	43	X1	X2	X3	X5	0.675
12	X2	X3		0.87	44	X1	X2	X3	X6	0.65
13	X2	X4		0.865	45	X1	X2	X4	X5	0.625
14	X2	X5		0.865	46	X1	X2	X4	X6	0.6
15	X2	X6		0.86	47	X1	X2	X5	X6	0.575
16	X3	X4		0.85	48	X1	X3	X4	X5	0.57
17	X3	X5		0.84	49	X1	X3	X4	X6	0.57
18	X3	X6		0.835	50	X1	X3	X5	X6	0.565

续表

j	系统状态			a_j	j	系统状态				a_j
19	X4	X5		0.825	51	X1	X4	X5	X6	0.55
20	X4	X6		0.82	52	X2	X3	X4	X5	0.535
21	X5	X6		0.82	53	X2	X3	X4	X6	0.54
22	X1	X2	X3	0.86	54	X2	X3	X5	X6	0.535
23	X1	X2	X4	0.85	55	X2	X4	X5	X6	0.53
24	X1	X2	X5	0.845	56	X3	X4	X5	X6	0.52
25	X1	X2	X6	0.85	57	X1	X2	X3	X4	X5	0.44
26	X1	X3	X4	0.84	58	X1	X2	X3	X4	X6	0.435
27	X1	X3	X5	0.82	59	X1	X2	X3	X5	X6	0.44
28	X1	X3	X6	0.81	60	X1	X2	X4	X5	X6	0.425
29	X1	X4	X5	0.8	61	X1	X3	X4	X5	X6	0.43
30	X1	X4	X6	0.79	62	X2	X3	X4	X5	X6	0.42
31	X1	X5	X6	0.785	63	完全故障				1
32	X2	X3	X4	0.78	64	完美状态				0

表 5-3 各智能车的更换冗余设施成本、时间和预防性维护成本

编号	更换冗余智能车成本（元）	更换冗余智能车时间（秒）	预防性维护成本（元）
X1	3000	114	1500
X2	4000	140	2400
X3	6000	110	3000
X4	7000	120	3500
X5	8000	100	4200
X6	5500	125	2500

其中，"系统状态"一栏表示不同状态时的故障智能车，比如，状态 10 中的故障智能车为智能车 X1 和智能车 X5；系统所有智能车故障时，系统性能值为 0。

一 考虑预防性维护时的韧性优化

根据式（5-32）和式（5-35），可以得到单个智能车和多个智能车发生故障时其他智能车的损失重要度，以此来确定预防性维护顺序。

图 5-6 显示了当单个智能车 X1 发生故障时，其他智能车的损失重要度曲线图，并可以按照损失重要度值的大小排序安排智能车进行预防性维护，优先安排损失重要度大的智能车进行预防性维护。

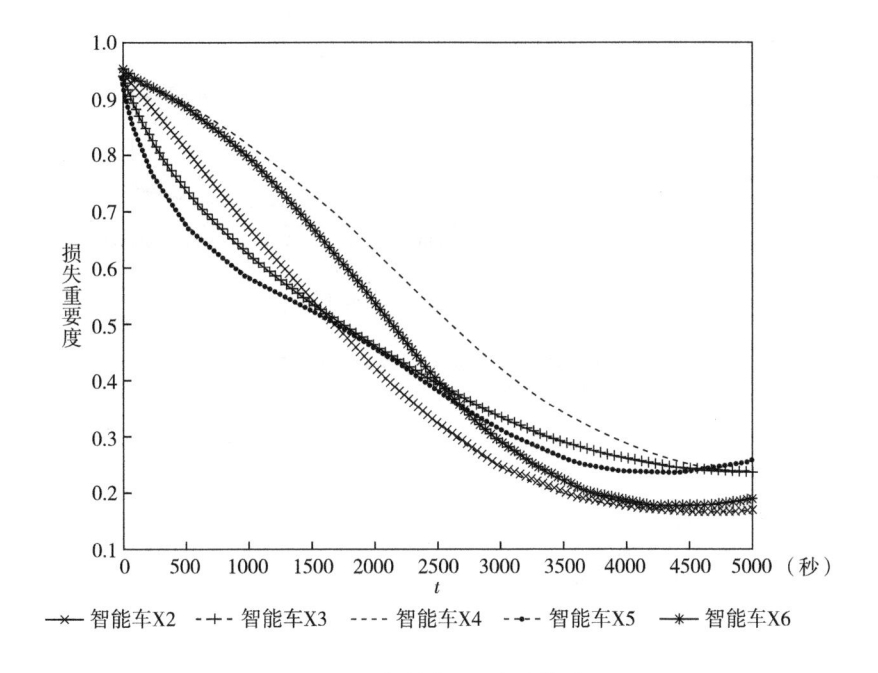

图 5-6 智能车 X1 发生故障

从图 5-6 中可以看出，各智能车的损失重要度曲线呈逐步下降趋势，且斜率不断减小。当智能车 X1 故障时，在 $t<4685$ 时，首先对智能车 X4 进行预防性维护。智能车 X4 的损失重要度曲线先后与智能车 X5 和 X3 的曲线相交。

图 5-7 和图 5-8 显示了当多个智能车发生故障时，其他智能车的损失重要度曲线图，并可以据此安排智能车进行预防性维护。

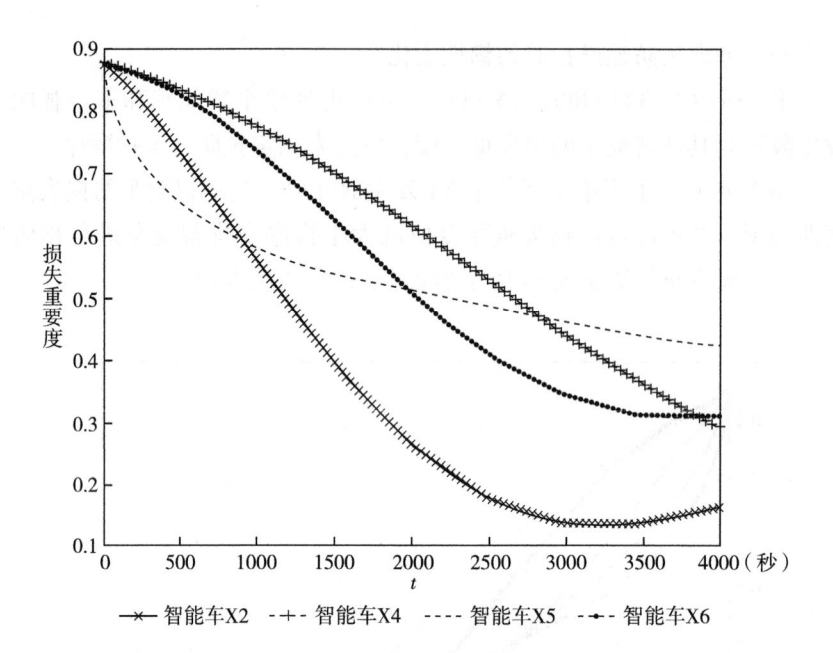

图 5-7　智能车 X1、X3 发生故障

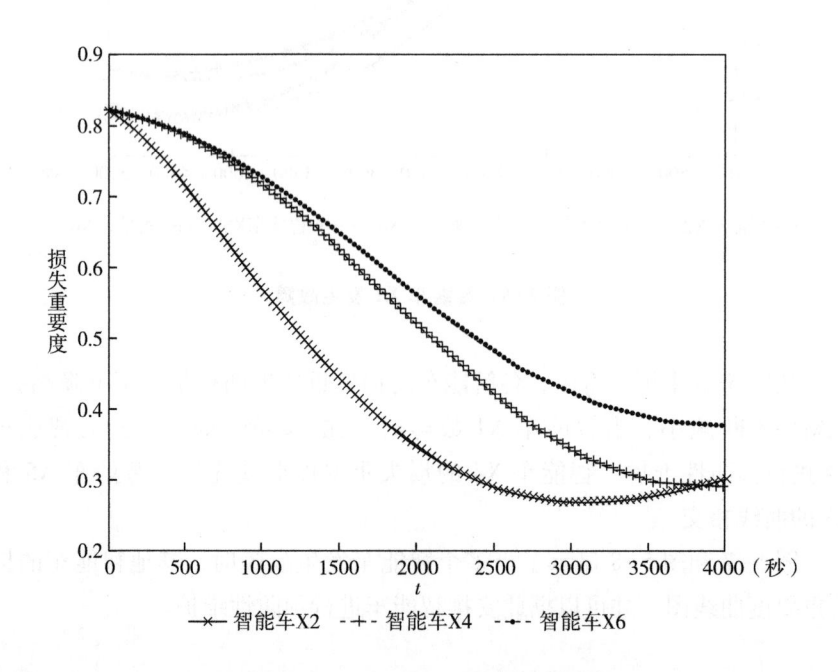

图 5-8　智能车 X1、X3、X5 发生故障

从图 5-7 和图 5-8 中可以看出，各智能车的损失重要度曲线呈逐步下降趋势，且斜率不断减小。在图 5-7 中，当智能车 X1、X3 故障时，智能车 X4 的损失重要度随时间的推移下降最快，智能车 X5 的损失重要度随时间的推移下降最慢。在图 5-8 中，当智能车 X1、X3、X5 发生故障时，智能车 X4 的损失重要度随时间的推移下降最快，智能车 X6 的损失重要度随时间的推移下降最慢。

智能车的预防性维护主要受预防性维护成本的影响，在不同的预防性维护成本下，可预防性维护的智能车集合不同。接下来，本节给一定的预防性维护成本和一定的时间，以分析不同维护成本约束对选择智能车集合进行预防性维护的影响，如表 5-4 至表 5-6 所示，其中 1 表示选择智能车进行预防性维护，0 表示不选择智能车进行预防性维护。

表 5-4　　　　　　　　　　智能车 X1 失效（t=600）

智能车	成本（元）							
	5000	6000	7000	8000	9000	10000	11000	12000
X1	0	0	0	0	0	0	0	0
X2	1	0	0	1	1	1	1	1
X3	0	0	0	1	0	0	0	1
X4	0	1	1	0	1	1	1	1
X5	0	0	0	0	0	0	0	0
X6	1	1	1	1	1	1	1	1

表 5-5　　　　　　　　　智能车 X1、X3 发生故障（t=1000）

智能车	成本（元）							
	5000	6000	7000	8000	9000	10000	11000	12000
X1	0	0	0	0	0	0	0	0
X2	1	0	0	0	1	1	0	0
X3	0	0	0	0	0	0	0	0
X4	0	1	1	1	1	1	1	1
X5	0	0	0	0	0	0	1	1
X6	1	1	1	1	1	1	1	1

表 5-6　　　　　智能车 X1、X3、X5 发生故障（t=2000）

智能车	成本（元）							
	5000	6000	7000	8000	9000	10000	11000	12000
X1	0	0	0	0	0	0	0	0
X2	1	0	0	0	1	1	1	1
X3	0	0	0	0	0	0	0	0
X4	0	1	1	1	1	1	1	1
X5	0	0	0	0	0	0	0	0
X6	1	1	1	1	0	1	1	1

基于上述三种情况下的预防性维护智能车集合，可以得到在一定时刻某些智能车发生故障时，在不同维护成本的约束下的最优预防性维护策略对应的韧性值。仿真结果如图 5-9 至图 5-11 所示。

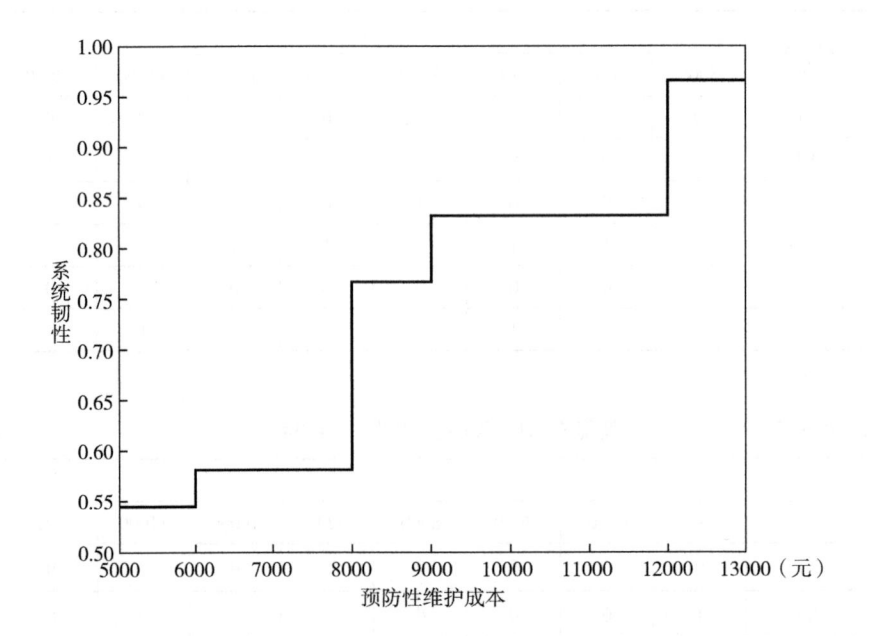

图 5-9　智能车 X1 发生故障，t=600 时的系统韧性

从图 5-9 至图 5-11 中可以看出，随着预防性维护成本的增加，由于可选择预防性维护的智能车数量在变化，故系统韧性以阶梯状逐渐增加。

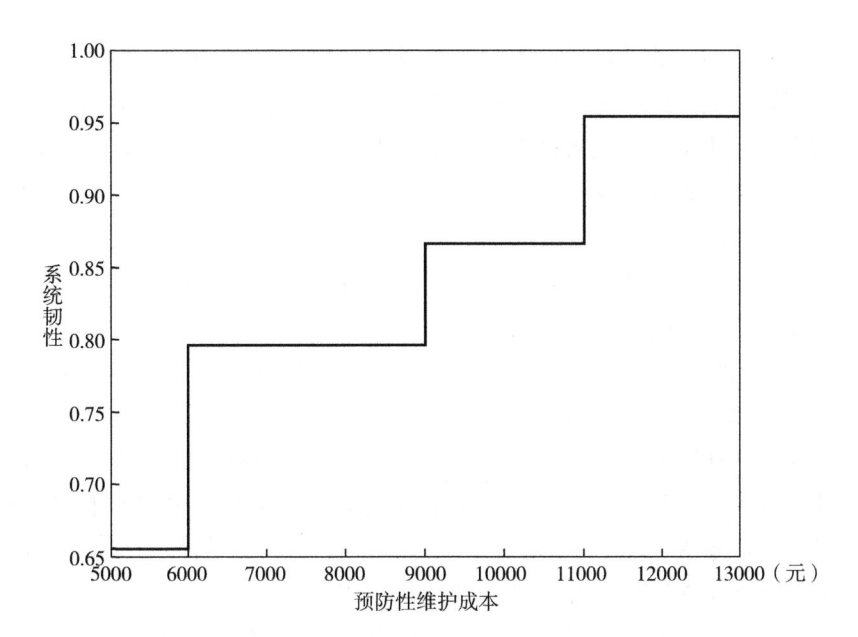

图 5-10　智能车 X1、X3 发生故障，t=1000 时的系统韧性

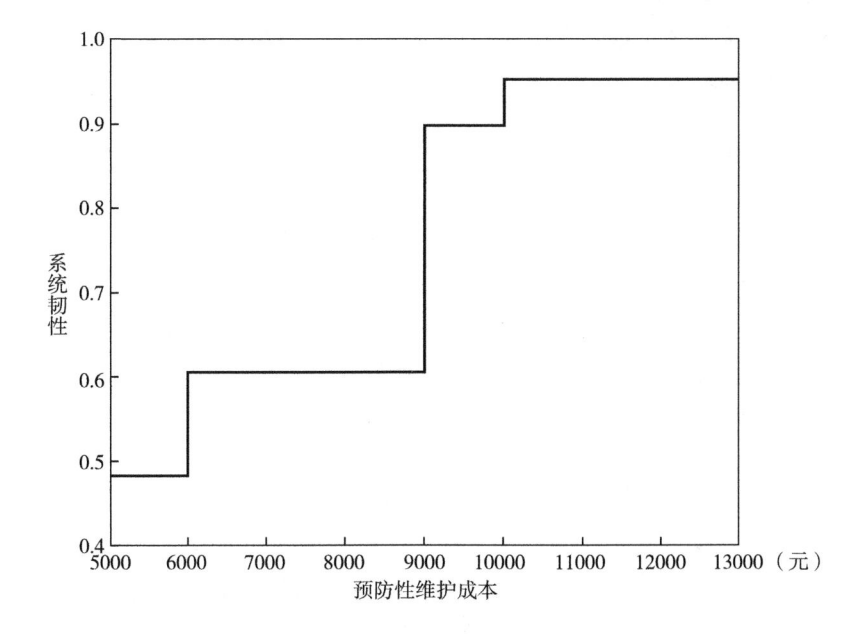

图 5-11　智能车 X1、X3、X5 发生故障，t=2000 时的系统韧性

当智能车 X1 发生故障时，系统韧性在预防性维护成本为 8000 元和 12000

元时显著增加，故可以将预防性维护成本调整至 8000 元或 12000 元。当多辆智能车发生故障时，此时可以看出随着预防性维护成本的增加，系统韧性的变化小于单辆智能车发生故障时的韧性变化，原因是可预防性维护的智能车集合变少。

二 智能车损失重要度

当系统受到干扰时，各智能车性能迅速降低，系统故障风险急剧增加，干扰持续时间一定，此时对设施性能和系统性能同时进行分析，可以确定在系统受到干扰时，设施对系统性能的影响程度，即损失重要度（见图 5-12）。

从图 5-12 可以看出，智能车 X5 的损失重要度随着干扰发生时间的推移不断下降，其他智能车的损失重要度随着干扰发生时间的推移不断上升，智能车 X1 的损失重要度始终最小。智能车 X2 的损失重要度曲线先后与智能车 X3 和 X5 的损失重要度曲线相交。

从图 5-12（a）可以看出，当干扰持续时间为 50 秒时，智能车 X1 的损失重要度始终最小；当干扰发生时间在区间（0，320）时，智能车 X5 的损失重要度最大；当干扰发生时间大于 320 秒时，智能车 X2 的损失重要度最大。

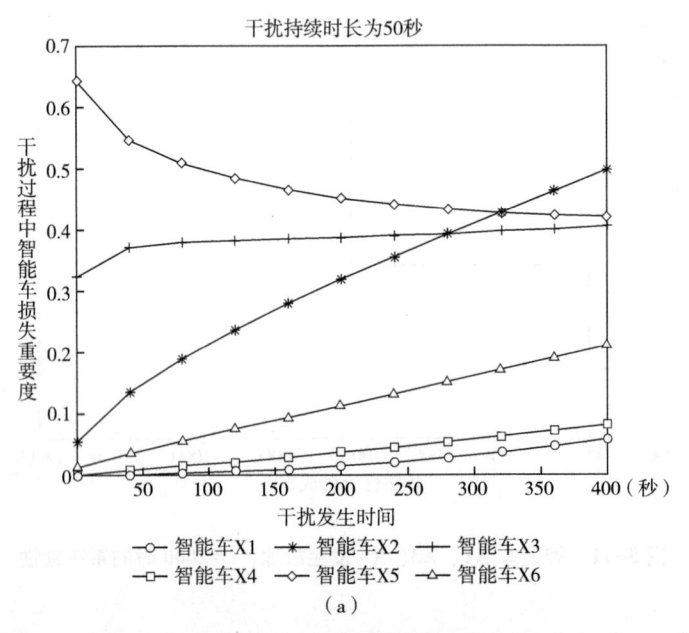

(a)

图 5-12　智能车损失重要度

干扰持续时长为100秒

(b)

干扰持续时长为150秒

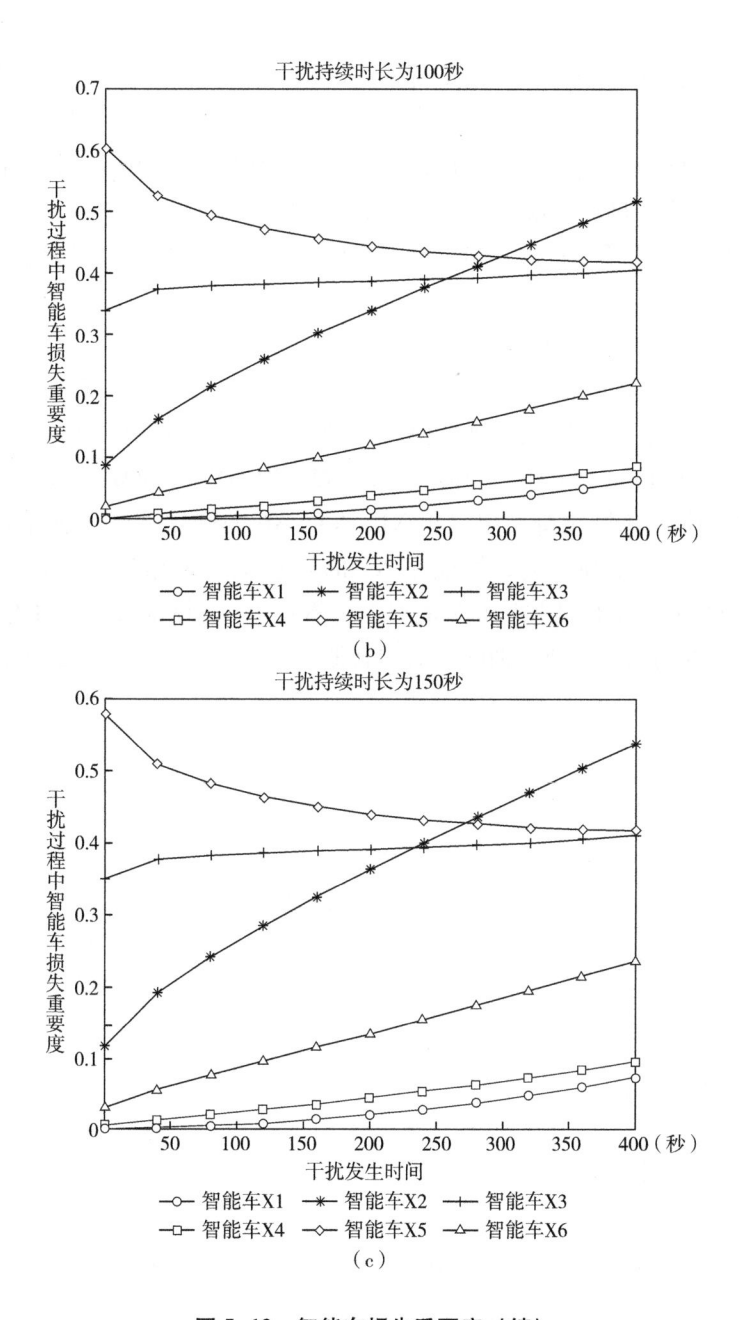

(c)

图 5-12 智能车损失重要度（续）

从图 5-12（b）可以看出，当干扰持续时长为 100 秒时，智能车 X1 的损失重要度始终最小；当干扰发生时间在区间（0，290）时，智能车 X5 的损失重要度最大；当干扰发生时间大于 290 秒时，智能车 X2 的损失重要度最大。

从图 5-12（c）可以看出，当干扰持续时长为 150 秒时，智能车 X1 的损失重要度始终最小；当干扰发生时间在区间（0，270）时，智能车 X5 的损失重要度最大；当干扰发生时间大于 270 秒时，智能车 X2 的损失重要度最大。

三 智能车恢复重要度

在系统恢复阶段，对故障智能车进行替换，系统性能逐渐恢复，可得到智能车对系统性能的影响程度，即恢复重要度（见图 5-13）。

从图 5-13 可以看出，智能车 X2、X3、X5 的恢复重要度随着干扰发生时间的推移不断下降，智能车 X1、X4、X6 的恢复重要度随着干扰发生时间的推移不断上升，智能车 X5 的恢复重要度始终最小。智能车 X2 的恢复重要度曲线先后与智能车 X6、X4、X1 的恢复重要度曲线相交。智能车 X6 的恢复重要度曲线先后与智能车 X2、X4、X1 的恢复重要度曲线相交。

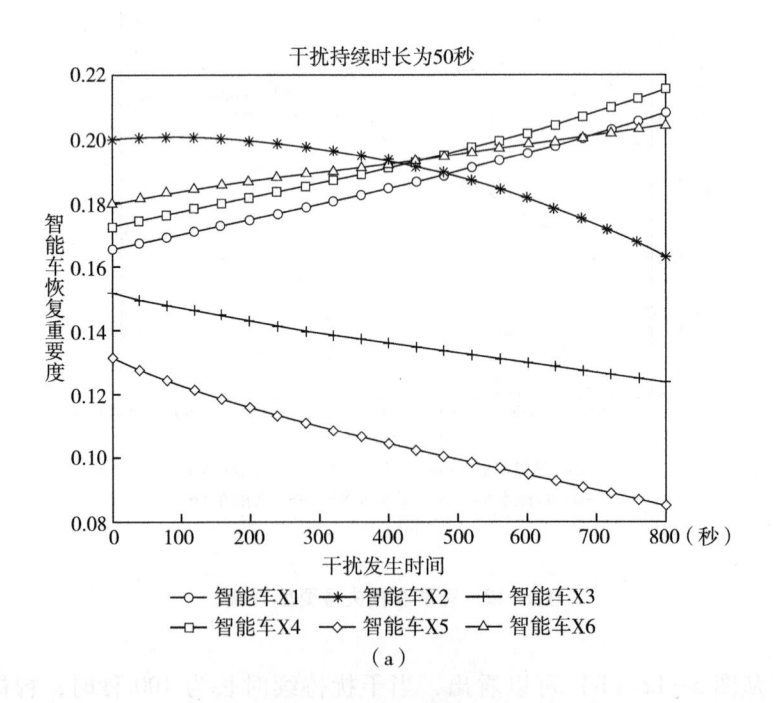

(a)

图 5-13 智能车恢复重要度

第五章 基于冗余设计的基础设施韧性 / 109

干扰持续时长为100秒

(b)

干扰持续时长为150秒

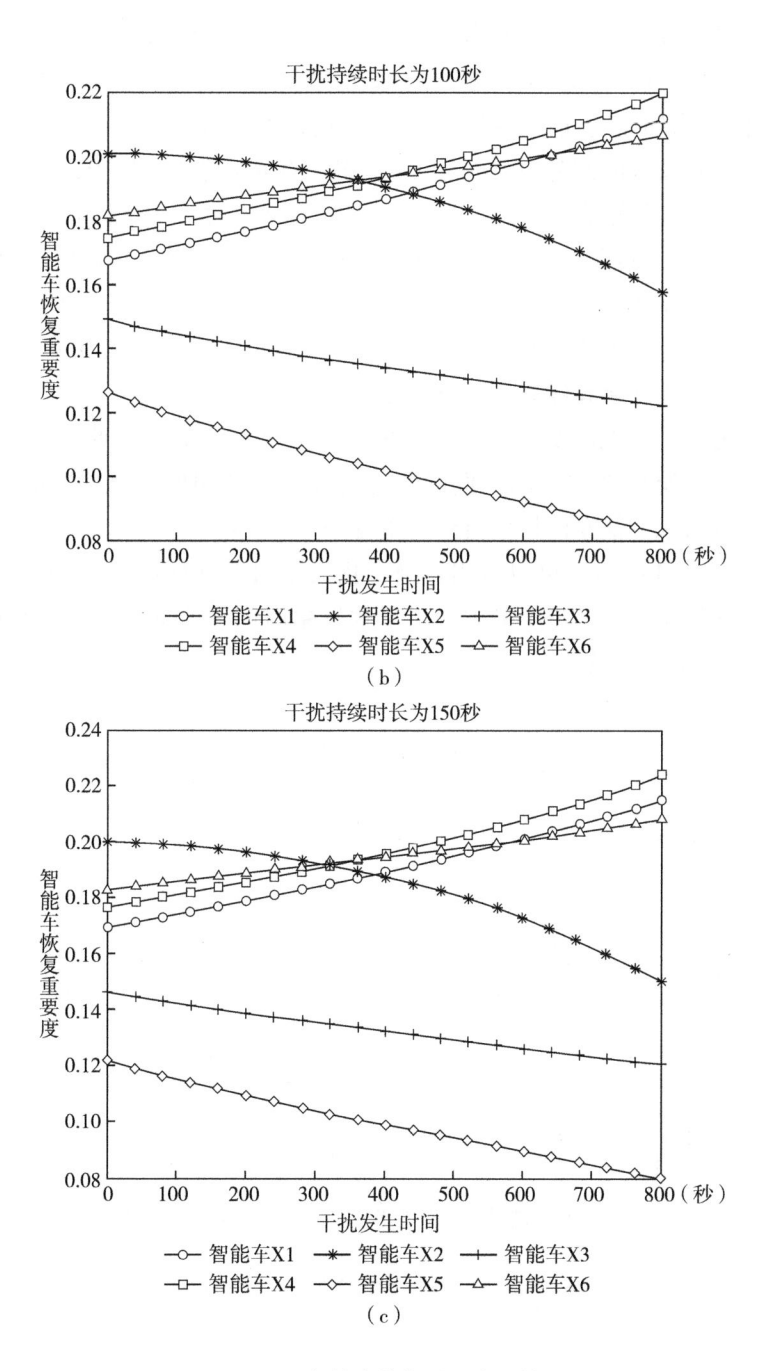

(c)

图 5-13 智能车恢复重要度（续）

从图 5-13（a）可以看出，当干扰持续时间为 50 秒时，当干扰发生时间在区间（0，400）时，智能车 X2 的恢复重要度最大；当干扰发生时间大于 460 秒时，智能车 X4 的恢复重要度最大。从图 5-13（b）可以看出，当干扰持续时间为 100 秒时，当干扰发生时间在区间（0，360）时，智能车 X2 的恢复重要度最大；当干扰发生时间大于 410 秒时，智能车 X4 的恢复重要度最大。从图 5-13（c）可以看出，当干扰持续时间为 150 秒时，当干扰发生时间在区间（0，310）时，智能车 X2 的恢复重要度最大；当干扰发生时间大于 360 秒时，智能车 X4 的恢复重要度最大。

四 考虑冗余智能车的系统韧性优化

研究系统韧性需要同时考虑系统的失效以及恢复，才能准确分析各智能车对系统韧性的影响。根据上述损失重要度和恢复重要度的分析，可以得到每辆智能车的韧性指标，如图 5-14 所示。

从图 5-14（a）可以看出，当干扰发生时间在区间（0，585）时，智能车 X1 的韧性重要度最大；当干扰发生时间大于 585 秒时，智能车 X4 的韧性重要度最大。

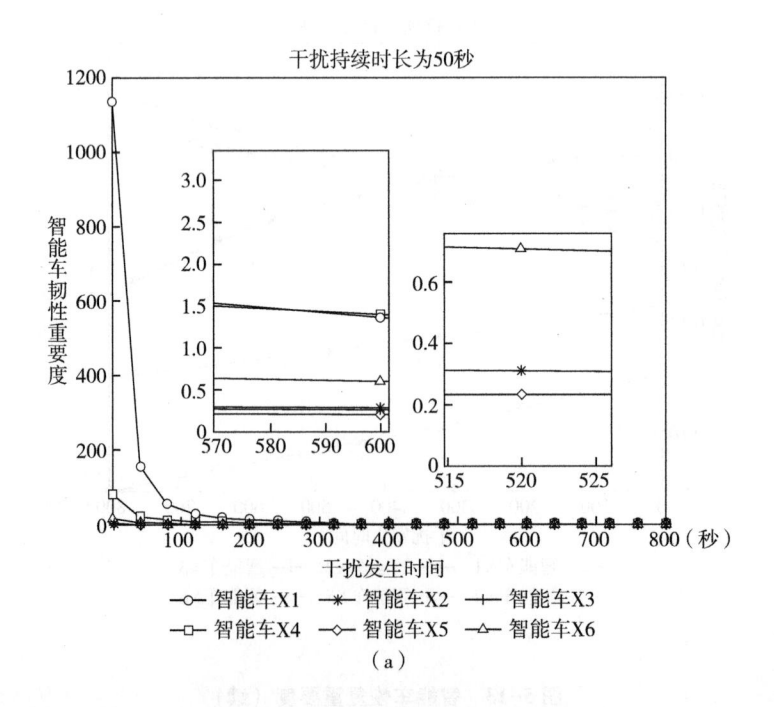

图 5-14 智能车韧性重要度

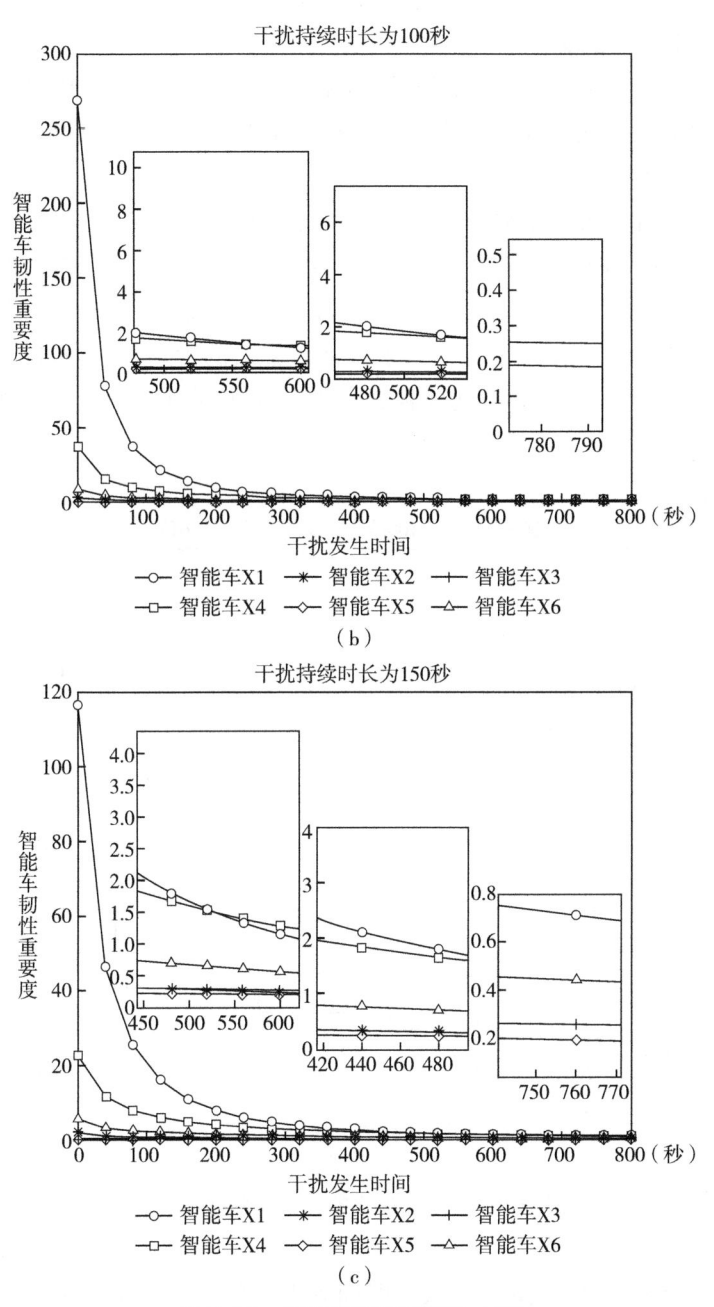

图 5-14 智能车韧性重要度（续）

从图 5-14（b）可以看出，当干扰发生时间在区间（0，560）时，智能车 X1 的韧性重要度最大；当干扰发生时间大于 560 秒时，智能车

X4 的韧性重要度最大。

从图 5-14（c）可以看出，当干扰发生时间在区间（0，540）时，智能车 X1 的韧性重要度最大；当干扰发生时间大于 540 秒时，智能车 X4 的韧性重要度最大。

但是，由于在现实情况下，需要考虑维护时间以及替换故障智能车成本的影响，并且在有限的维护时间以及有限的成本下合理添加冗余智能车使系统韧性最大。确定总维护时间以及维护成本，可以从图 5-14 中得到添加冗余智能车的顺序。为了验证该方法的可靠性，通过与随机冗余策略进行比较，可以得到两种方法的系统可靠性改变过程，如图 5-15 所示。

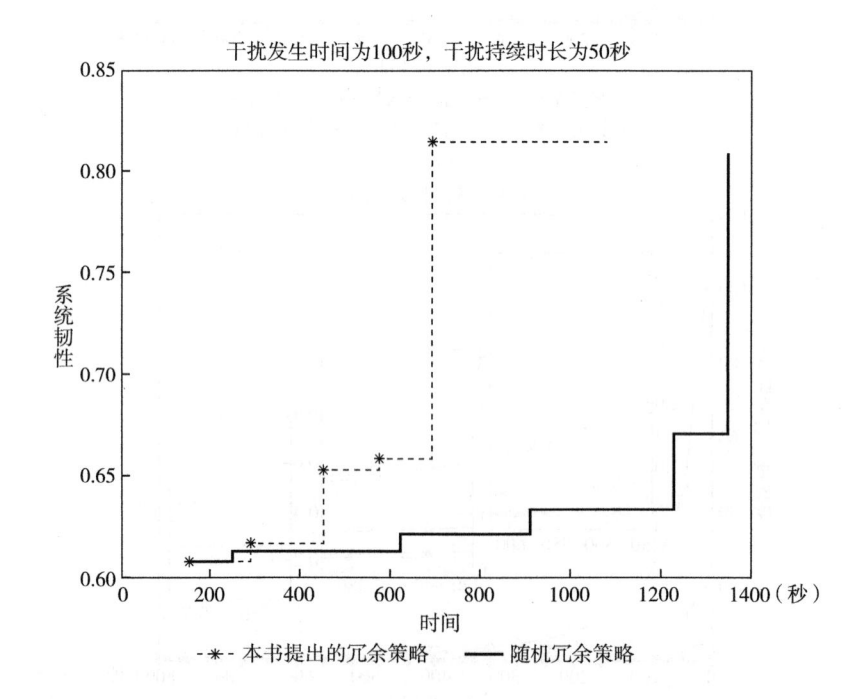

图 5-15　两种策略下的系统韧性变化过程

在图 5-15 中，确定干扰发生时间为 100 秒，干扰持续时间为 50 秒，维护时间为 1400 秒，维护成本为 11000 元。随机冗余策略是先后给智能车 X5、X6、X3、X2、X4 添加冗余智能车。从上述分析可以看出，本章考虑冗余设施进行韧性优化对系统韧性提升有显著效果。

第五节 本章小结

本章在对多个基础设施研究的基础上，利用部件的冗余设计来最大限度地提升基础设施韧性，最大限度地减少灾害影响。首先，在多个关联基础设施的背景下，提出了基于期望成本的部件维护优先级重要度，以降低维护成本，对故障部件进行冗余部件更换以减少故障停机时间，并通过部件维护优先级重要度选择最合适的部件进行预防性维护。基于部件维护优先级重要度，针对部件状态是否能够被识别提出了三种维护策略，这三种维护策略同时适用于单个部件发生故障和多个部件同时发生故障两种情况。其次，在考虑了维护成本以及预防性维护时间的情况下，得到了基于不同约束条件的预防性维护的部件集。当使用冗余部件替换故障部件时，提出了一种帮助解决冗余部件配置问题的方法。在此基础上，提出了冗余部件保障率指标。同时，为了衡量系统中不同部件的影响，将综合重要性与冗余部件保障率相结合，从系统层面上提出了系统级综合保障率。最后，考虑到成本和库存等现实因素，建立优化模型来确定合理的冗余部件数量。当出现部件故障，用冗余部件更换故障部件，同时对其他部件进行预防性维修时，分别建立部件的性能损失重要度指标以及性能恢复重要度指标，并基于成本约束建立韧性优化模型。

第六章　基于多阶段任务的污水处理设施韧性

　　作为城市基础设施系统中的重要组成部分，城市污水处理设施对城市的正常运作有着重要的影响。同时，"韧性"这一概念被引入城市系统中，可以用于研究城市基础设施系统在遭受干扰之后的变化。然而，目前的研究多集中于对系统整体进行研究，缺乏针对系统多阶段韧性的相关研究。基于以上背景，本章对城市污水处理设施进行多阶段韧性研究分析，针对污水处理的三个阶段，建立城市污水处理系统阶段剩余韧性模型以及综合剩余韧性模型。

　　本节的城市污水处理设施网络为 $G(N, L)$，即节点集合 N 以及线路集合 L，其中，$L \in \{(i, j): i, j \in N, i \neq j\}$。节点集合 N 包含排水节点集合 N_A、处理节点集合 N_B、回收节点集合 N_C；线路集合 L 包含排水线路、处理线路以及回收线路（见表6-1）。

表 6-1　符号说明

符号	含义
G	污水处理网络
N_A	排水节点集合，A 表示排水节点
N_B	处理节点集合，B 表示处理节点
N_C	回收节点集合，C 表示回收节点
L	线路集合
E	失效节点和失效线路集合
P_i	节点 i 处理承载能力
P_j	线路 j 的承载能力
$Cp_A(t)$	排水阶段网络性能函数
$Cp_B(t)$	处理阶段网络性能函数

续表

符号	含义
$Cp_C(t)$	回收阶段网络性能函数
t	恢复时间
T	总恢复时间
Cp_A^{int}	排水阶段网络最大性能
Cp_A^{wor}	排水阶段网络失效后最小性能
Cp_B^{int}	处理阶段网络最大性能
Cp_B^{wor}	处理阶段网络失效后最小性能
Cp_C^{int}	回收阶段网络最大性能
Cp_C^{wor}	回收阶段网络失效后最小性能
$R(t)$	网络剩余性能函数
$R^A(t)$	排水阶段网络剩余性能函数
$R^B(t)$	处理阶段网络剩余性能函数
$R^C(t)$	回收阶段网络剩余性能函数
$R^*(t)$	网络综合剩余性能函数
$q_i(t)$	时刻 t 通过节点 i 的流量
$q_j(t)$	时刻 t 通过线路 j 的流量
$q_{i+1}(t)$	通过节点 i 的下一个相邻节点 $i+1$ 的流量
$\tau_i(t)$	节点 i 在时刻 t 运行状态参数
$\tau_j(t)$	线路 j 在时刻 t 运行状态，与其上一个相邻节点 i 的等级状态相同
$\tau_{i+1}(t)$	节点 i 的下一个相邻节点 $i+1$ 在时刻 t 状态参数
$\sigma(t)$	节点 i 在时刻 t 运行能力等级状态参数
$\sigma_j(t)$	线路 j 在时刻 t 运行能力等级状态，与其上一个相邻节点 i 的等级状态相同
$\sigma_{i+1}(t)$	节点 i 的下一个相邻节点 $i+1$ 在时刻 t 运行能力等级状态参数 根据节点 i 所处理的水质将其处理能力划分等级状态： a. 当水质中悬浮物浓度(SS)低于 10/20mg/L，为一级标准，设定其水质等级为最高级 3，其等级状态 $\sigma_i(t) = 3$，表示节点处于最优状态，运行能力最高； b. 当水质中悬浮物浓度(SS)为 10/20—20/20mg/L，为二级标准，设定其水质等级为等级 2，其等级状态 $\sigma_i(t) = 2$，表示节点运行能力较好； c. 当水质中悬浮物浓度(SS)为 20/20—30/30mg/L，为三级标准，设定其水质等级为等级 1，其等级状态 $\sigma_i(t) = 1$，表示节点处于较低运行能力状态； d. 当水质中悬浮物浓度(SS)高于 30/30mg/L，设定水质等级为等级 0，其等级状态 $\sigma_i(t) = 0$，表示节点失效

续表

符号	含义
I_i	失效节点 i 的恢复重要度
I^X	失效阶段 X 恢复重要度
U	总成本
C_i	节点 i 的运行处理费用
U_i	恢复节点 i 所需成本
U_j	恢复线路 j 所需成本
S	网络的污水回收率

第一节 污水处理设施网络

一 城市污水处理设施网络

城市污水处理设施网络主要由污水收集站、排水管道、污水处理站、回收站等组成。污水的收集、处理、回收主要在该网络中进行，主要包括参与污水处理过程的实体设施，即产生污水的居民楼、工厂、外部道路等。将所有产生污水的实体统一定义为污水收集站点，包括对污水进行处理的沉淀站、污水处理厂等；将所有对污水进行处理的实体统一定义为污水处理站点，包括处理后达标污水的使用场地，如景区花坛、农业田地等；将所有使用回收达标污水的实体统一定义为污水回收站点，站点与站点之间由排水管道连接。因此，污水处理设施网络可以看作由污水收集站点、污水处理站点、污水回收站点以及排水管道构成的实体网络。根据图论理论对网络进行抽象分析，将站点看作节点，主要有收集节点、处理节点、回收节点；将管道看作线路，节点和节点之间由线路连接，节点和边都有最大承载量，节点和线路都可能失效。城市污水处理设施网络如图6-1所示。

二 城市污水处理阶段

城市污水处理过程参与的设施包含初沉池、生化反应池、二沉池。该过程由多个复杂流程组成，各个流程间相互影响，同时包含生化反应、物理反应和化学反应等，是一个复杂的操作过程。目前我国绝大多数城

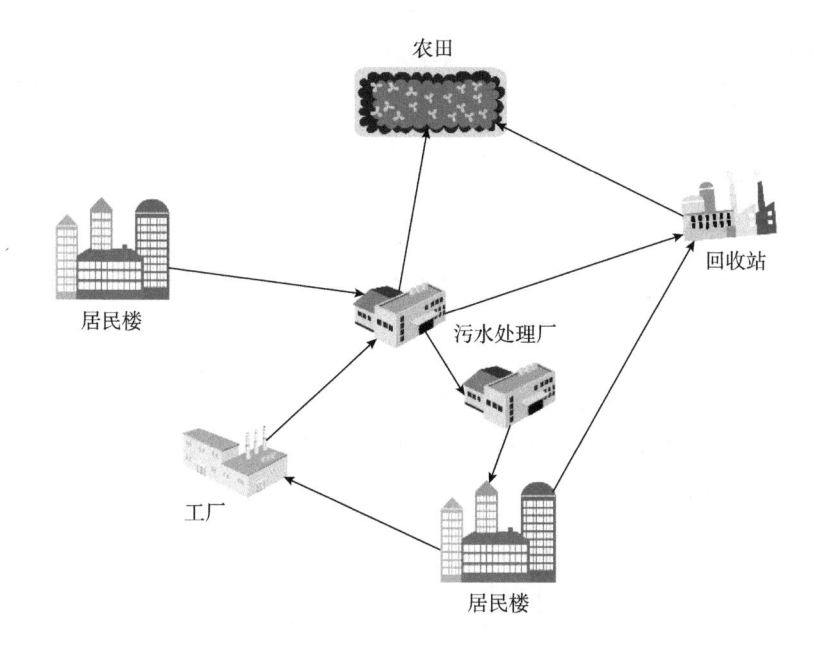

图 6-1　城市污水处理设施网络

市污水处理厂采用活性污泥法，利用活性污泥中的微生物对污水中的有机污染物进行生物吸附。城市污水处理过程大致为：污水首先通过粗格栅以及沉砂池实现水质分离；其次，进入初次沉淀池去除固体污染物等；再次，流入生化反应池，经过曝气、回流等操作，完成生化反应后进行二次沉淀，实现有机物的去除；最后，通过过滤、消毒等方法对其进行进一步处理，使出水水质达到国家排放标准（杜胜利等，2022）。同时，城市污水处理运行过程中包含多种运行指标，例如 pH 值、氮磷含量、有机物含量等，各个运行指标间相互联系。

城市污水成分复杂，在进行水质处理时需要除去有机物、氮、磷等。为简化分析，本节设定在进行水质测定以及等级确定时，主要考虑悬浮物浓度（SS）。根据国家标准，当悬浮物浓度（SS）低于 10/20mg/L 时为一级水质，当悬浮物浓度（SS）高于 10/20mg/L 且低于 20/20mg/L 时为二级水质；当悬浮物浓度（SS）高于 20/20mg/L 且低于 30/30mg/L 时为三级水质。根据传感器数据可以得到水中悬浮物浓度（SS），依据所测得的数据以及标准划定水质等级（等级划分参考《中华人民共和国标准化法》）。

表 6-2　　　　　　　　　　水质等级划分

悬浮物浓度（mg/L）	等级标准	水质等级	等级状态 $\sigma_i(t)$
低于 10/20	一级	3	3
10/20—20/20	二级	2	2
20/20—30/30	三级	1	1

城市污水处理主要通过城市污水收集、污水处理站集中处理、利用微生物分解污水中有机物、降解污染物等方式实现水质的净化，对于处理达标的水可以进行回收再利用，整体上可以分为排水、处理、回收三个阶段（见图 6-2）。

图 6-2　污水处理的三个阶段

第一，排水阶段。本阶段主要是进行城市污水的初步排放与收集，是污水处理的第一步，易受外界影响。当外界污水量在短时间内急剧增加时，例如当出现暴雨等情况时，该阶段容易受到较大影响；或者当其内部设备、管道出现故障时，也会受到影响，继而影响下一个阶段的进行。

第二，处理阶段。本阶段是城市污水处理的主要阶段，该过程较为复杂，需要多步操作以及多方参与。该阶段是污水处理的关键阶段，其处理能力会影响水质等级，同时，本阶段由于进行了污水的沉淀等处理，容易出现堵塞、沉积等故障，导致网络性能以及整体处理效率受到影响。

第三，回收阶段。本阶段主要是对达到标准的水进行回收，因此，确定水质等级较为重要。一方面，该阶段回收的水量受进入系统的污水总量的影响；另一方面，回收水量受到处理阶段处理能力的影响。本阶段所回收的污水总量显示了网络的整体处理能力。

第二节　污水处理设施韧性模型

一　复杂网络剩余韧性模型

韧性是指网络在遭受打击之后抵御、适应并迅速恢复至正常稳定运行状态的能力（Holling，1994）。对于复杂网络来说，当其遭受外部打击之后，对其性能变化进行分析是十分重要的。作为城市运行的重要系统，当其受到内部或者外部影响时，如堵塞、洪水、地震等，城市污水处理设施系统的性能容易发生变化。因此，如何降低外界因素对污水处理设施的影响，保持其稳定性是十分重要的，需要采取有效措施使其能够快速恢复。基于此，对城市污水处理设施网络进行韧性建模分析，通过分析其性能的变化过程，力求达到提高性能和效率、保持稳定性的目标。

对于简单的离散过程，离散时间集合 $t \in \{0, 1, 2, 3, \cdots, T\}$，$T \in Z^+$，复杂网络初始离散性能为 Cp^{int}，表示所有节点和线路都在正常状态，且均在最大承载能力之内；复杂网络失效节点和线路集合为 E；网络刚开始处于正常状态，遭受打击之后，当出现节点和线路失效，网络的离散性能达到最小值 Cp^{wor}，随后对其进行恢复。网络性能受到影响后逐步恢复的过程如图6-3所示，整体上可以看作四个阶段。

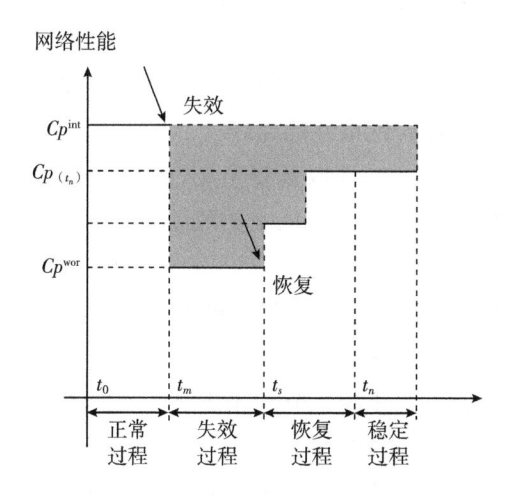

图6-3　网络性能变化过程

第一，正常过程。此时复杂网络处于正常运行状态，污水处理的各个阶段均正常进行，网络节点和线路的性能均正常，整个网络的处理能力正常。

第二，失效过程。在时刻t_m网络受到外部打击或者内部出现故障时，网络性能受到影响，其性能降低程度取决于外部打击或者内部故障的严重程度以及网络自身抵御打击的能力。

第三，恢复过程。时刻t_s开始对失效节点或者线路进行维护恢复。

第四，稳定过程。失效节点和线路恢复之后，网络性能恢复至稳定运行状态。

从性能损失角度研究复杂网络的性能变化过程，将损失值 $loss(t)$ 与恢复值 $recovery(t)$ 之差与损失值 $loss(t)$ 的比值定义为剩余韧性，用 $R(t)$ 表示，并以此来量化网络性能损失减少的规模和速度（Dui, et al., 2021）。

$$R(t) = \frac{loss(t) - recovery(t)}{loss(t)} = 1 - \frac{\sum_{t \in T}(Cp(t) - Cp^{wor})}{T(Cp^{int} - Cp^{wor})} \quad (6-1)$$

其中，$R(t)$ 表示复杂网络的剩余韧性，其取值范围是 [0, 1]。$Cp(t)$ 为网络性能函数，在不同阶段有不同的含义。剩余韧性值越小，表示网络的性能越好；剩余韧性值越接近 0，表示在恢复阶段恢复得越好。当网络遭受打击完全失效之后，其性能函数 $Cp(t) = Cp^{wor}$，此时，$R(t) = 1$，表示复杂网络功能损失达到最大，剩余韧性最多，网络性能差；当 $Cp(t) = Cp^{int}$ 时，表示网络得到修复，网络性能完全恢复，此时 $R(t)$ 越接近 0，表示网络剩余韧性越低，网络性能越好。

结合以上对复杂网络韧性以及剩余韧性的分析，对城市污水处理设施网络的三个阶段（排水、处理以及回收阶段）的性能变化过程以及剩余韧性进行分析。

二 城市污水处理设施多阶段韧性模型

（一）排水阶段韧性分析

排水阶段主要是在排水收集节点完成对污水的收集，根据现实情况，考虑衡量其性能的主要标准为单位时间内通过节点和线路的水流量，由于节点和线路是相连且连续的，因此，用时刻 t 通过节点的水流量表示其性能函数，即：

$$Cp_A(t) = \sum_{i \in N_D} q_i(t) \tag{6-2}$$

其中，$Cp_A(t)$ 为性能函数，其数值表示水流量的大小变化，可以表示为时刻 t 的函数，当其数值较大时，表示单位时间通过的水流量较大，网络性能较好，未发生严重故障或者明显打击。根据剩余韧性以及该阶段的性能函数，得到本阶段剩余韧性 $R_A(t)$，即：

$$R_A(t) = \frac{loss(t) - recovery(t)}{loss(t)} = 1 - \frac{\sum_{i \in T}(\sum_{i \in N_D} q_i(t) - Cp_A^{wor})}{T(Cp_A^{int} - Cp_A^{wor})} \tag{6-3}$$

其中，Cp_A^{int} 表示排水阶段网络最大的性能值；Cp_A^{wor} 表示排水阶段网络失效之后的性能最小值；$R_A(t)$ 表示复杂网络的剩余韧性，其取值范围是[0，1]。当网络遭受打击完全失效之后，其性能函数 $Cp_A(t) = Cp_A^{wor}$，此时，$R_A(t) = 1$，表示复杂网络功能损失达到最大，剩余韧性最多，网络性能差；当 $Cp_A(t) = Cp_A^{int}$ 时，表示网络得到修复，网络性能完全恢复，此时 $R_A(t)$ 越接近 0，表示网络剩余韧性越低，网络性能恢复得越好。

（二）处理阶段韧性分析

在处理阶段，主要任务是通过处理节点的多个步骤去除水中杂质的沉淀。经过处理节点处理之后，水质等级状态会出现变化，使用 $\sigma_i(t)$ 表示水质等级，使用处理前后水量与水质等级的乘积的差值来表示该阶段的处理能力。同时，由于在处理污水过程中会产生相关的处理成本以及费用，将其经济性考虑在内，使用该阶段的处理能力与成本费用的比值表示该阶段的性能，可以得到其性能函数为：

$$Cp_B(t) = \frac{\sum_{i \in N_D} q_{i+1}(t) \times \sigma_{i+1}(t) - \sum_{i \in N_D} q_i(t) \times \sigma_i(t)}{\sum_{i=0}^{n} C_i} \tag{6-4}$$

其中，数值大小与节点的处理能力、水流量大小以及处理成本及费用有关。当处理能力较强、所花费的成本费用较少时，该性能函数取值较大，表示该阶段网络性能较好。根据剩余韧性以及该阶段的性能函数，得到本阶段剩余韧性 $R_B(t)$ 为：

$$R_B(t) = \frac{loss(t) - recovery(t)}{loss(t)}$$

$$= 1 - \frac{\sum_{t \in T}\left(\frac{\sum_{i \in N_D} q_{i+1}(t) \times \sigma_{i+1}(t) - \sum_{i \in N_D} q_i(t) \times \sigma_i(t)}{C_i} - Cp_B^{wor}\right)}{T(Cp_B^{int} - Cp_B^{wor})}$$

(6-5)

其中，Cp_B^{int}表示处理阶段网络最大的性能值，Cp_B^{wor}表示处理阶段网络失效之后的性能最小值。$R_B(t)$表示复杂网络的剩余韧性，其取值范围是[0，1]，当网络遭受打击完全失效之后，其性能函数是$Cp_B(t) = Cp_B^{wor}$，此时，$R_B(t) = 1$，表示复杂网络功能损失达到最大，剩余韧性最多，网络性能差；当$Cp_B(t) = Cp_B^{int}$时，表示网络得到修复，网络性能完全恢复，此时$R_B(t)$越接近0，表示网络剩余韧性越低，网络性能恢复得越好。

（三）回收阶段韧性分析

回收阶段主要是将处理阶段达标的水进行回收处理。本阶段使用$\sigma_i(t)$表示水质等级，使用处理前后水量与水质等级的乘积的差值表示该阶段的处理能力，使用处理能力与成本费用的比值表示处理阶段的性能。本阶段使用进出该网络的水量以及其水质等级乘积的比值表示该阶段的网络性能，性能函数表示为：

$$Cp_C(t) = \frac{\sum_{i \in N_D} q_i^C(t) \times \sigma_i(t)}{\sum_{i \in N_D} q_i^A(t) \times \sigma_i(t)}$$

(6-6)

其中，$\sum_{i \in N_D} q_i^A(t) \times \sigma_i(t)$表示初始时刻进入网络系统排水节点的水量及状态，$\sum_{i \in N_D} q_i^C(t) \times \sigma_i(t)$表示流出网络系统回收节点的水量及状态。其性能函数数值大小与所处理的水量大小以及处理等级状态差有关。处理能力较强或者处理水量较多时，该数值越大，性能越好。根据剩余韧性以及该阶段的性能函数，得到本阶段剩余韧性$R_B(t)$为：

$$R_C(t) = \frac{loss(t) - recovery(t)}{loss(t)} = 1 - \frac{\sum_{t \in T}\left(\frac{\sum_{i \in N_D} q_i^C(t) \times \sigma_i(t)}{\sum_{i \in N_D} q_i^A(t) \times \sigma_i(t)} - Cp_C^{wor}\right)}{T(Cp_C^{int} - Cp_C^{wor})}$$

(6-7)

其中，Cp_C^{int}表示处理阶段网络最大的性能值，Cp_C^{wor}表示处理阶段网络失效之后的性能最小值。$R_C(t)$表示复杂网络的剩余韧性，其取值范围是[0，1]，当网络遭受打击完全失效之后，其性能函数$Cp_C(t)=Cp_C^{wor}$，此时，$R_C(t)=1$，表示复杂网络功能损失达到最大，剩余韧性最多，网络性能差；当$Cp_C(t)=Cp_C^{int}$时，表示网络得到修复，网络性能完全恢复，此时$R_C(t)$越接近0，表示网络剩余韧性越低，网络性能恢复得越好。

（四）综合剩余韧性分析

通常情况下，对因子进行整合的操作有两种，即因子加法运算和因子乘法运算。两者的根本区别在于，因子加法运算通过"类"来完成一件事，而因子乘法运算则通过"步骤"来完成。在因子加法运算中，类是独立的，因子乘法运算是逐级进行的（Yu，et al.，2023）。本节考虑到智慧城市污水处理网络由三个阶段前后连接、相互联系，共同实现污水的收集、处理以及回收，是逐级逐阶段进行的。因此，考虑用因子乘法运算对三个阶段的剩余韧性进行整合。综合剩余韧性组成如图6-4所示，根据三个阶段不同的剩余韧性指标建立综合剩余韧性指标，综合评价整个网络系统的剩余韧性，可以得到：

$$R^*(t)=\sqrt[3]{R_A(t)\times R_B(t)\times R_C(t)} \tag{6-8}$$

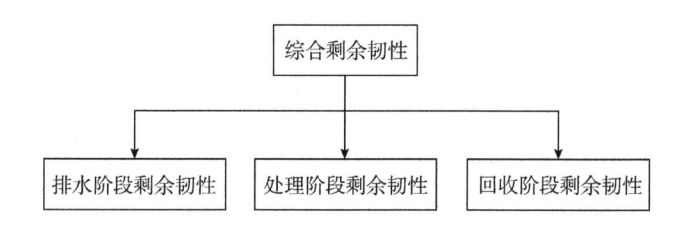

图6-4　综合剩余韧性组成

其中，$R_A(t)$、$R_B(t)$、$R_C(t)$分别为排水阶段剩余韧性、处理阶段剩余韧性、回收阶段剩余韧性，且其取值范围均为[0，1]，从而可以得到$R^*(t)$的取值范围是[0，1]。当$R^*(t)=1$，表示复杂网络功能损失达到最大，综合剩余韧性最多，网络性能差。$R^*(t)$越接近0，表示网络综合剩余韧性越低，网络性能越好。

三　考虑失效—恢复的多阶段韧性模型

在网络中，由于节点和线路的不同，考虑存在两种失效—恢复模式，一种是只存在失效状态以及工作状态，另一种是节点和线路在不同状态之间变化（Meng, et al., 2018），存在除失效状态之外的不少于两种其他状态。同时，节点和线路都会失效，节点的失效可以直接根据节点状态来定义，由于线路只具备连接节点与节点的能力，线路的失效可以看作其起始节点的失效。两种失效—恢复模式如图6-5和图6-6所示。

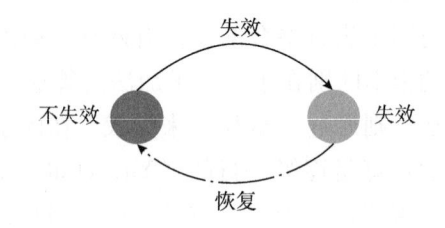

图 6-5 失效—恢复模式（1）

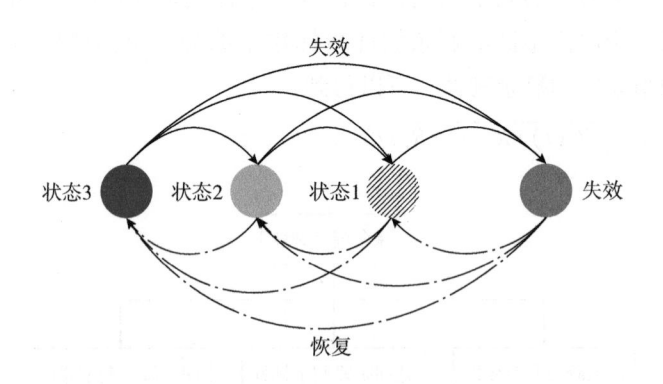

图 6-6 失效—恢复模式（2）

失效—恢复模式（1）：只有失效和工作两种状态，即 $\tau_i(t) = 0/1$。失效时，$\tau_i(t)$ 表示节点状态，0 表示节点失效，1 表示节点正常工作；恢复时，0 表示节点未恢复，1 表示节点恢复正常。

失效—恢复模式（2）：针对具有状态变化的过程，比如处理阶段由于是多个状态之间的变化，存在不同等级数值，不同等级状态之间具有一定的转移概率（杜少丹，2015）。

（一）失效过程分析

假设存在初始状态 m 和转移后失效状态 n，不同状态对应不同等级值。p_{mn}（$m=0,1,2,3$；$n=0,1,2,3$；$m \geq n$），表示失效时不同等级状态之间的转移概率，p_{32} 表示从状态 3 失效转移至状态 2 的概率；p_{31} 表示从状态 3 失效转移至状态 1 的概率；p_{30} 表示从状态 3 转移至完全失效状态的概率。失效状态转移概率矩阵为：

$$P_n = \begin{bmatrix} p_{mn} & \cdots & p_{m0} \\ \vdots & \ddots & \vdots \\ p_{0n} & \cdots & p_{00} \end{bmatrix}$$

其失效状态转移过程满足 Semi-Markov 过程，认为最初处于最佳状态，因此，状态概率的行向量 $P_0 = [1, 0, 0, 0]$，任意时刻处于各状态的概率为：

$$P_n(t) = \sum_{m=n+1}^{3} p_{mn}(t) - \sum_{m=0}^{n} p_{nm}(t) \tag{6-9}$$

且其状态概率满足：

$$\sum_{n=0}^{3} p_n(t) = 1 \tag{6-10}$$

由此可以得到在任意时刻处于状态 n 的概率 p_n，且对于不同的状态具有不同的等级数值。状态 n 对应的等级状态值为 $\sigma_{in}(t)$，状态 3 对应的等级状态值为 $\sigma_{in}(t) = 3$，状态 2 对应的等级状态值为 $\sigma_{in}(t) = 2$，状态 1 对应的等级状态值为 $\sigma_{in}(t) = 1$，状态 0 对应的等级状态值为 $\sigma_{in}(t) = 0$。由此可以得到该模式下的失效等级状态为：

$$\tau_{in}(t) = \sigma_{in}(t) \times p_n \tag{6-11}$$

（二）恢复过程分析

假设存在初始状态 n，转移后恢复状态 m，不同状态对应不同的等级值。p_{nm}（$m=0,1,2,3$；$n=0,1,2,3$；$m \geq n$）表示失效时不同等级状态之间的转移概率，p_{23} 表示从状态 2 恢复至状态 3 的概率；p_{13} 表示从状态 1 恢复至状态 3 的概率；p_{03} 表示从状态 0 恢复至状态 3 的概率。恢复状态转移概率矩阵为：

$$P_m = \begin{bmatrix} p_{nm} & \cdots & p_{n0} \\ \vdots & \ddots & \vdots \\ p_{0m} & \cdots & p_{00} \end{bmatrix}$$

其恢复状态转移过程满足 Semi-Markov 过程，认为最初处于最佳状态，因此，状态概率的行向量 $P_0 = [1, 0, 0, 0]$，任意时刻处于各状态的概率为：

$$P_m(t) = \sum_{n=0}^{m} p_{nm}(t) - \sum_{n=m+1}^{3} p_{mn}(t) \tag{6-12}$$

且其状态概率满足：

$$\sum_{m=0}^{3} p_m(t) = 1 \tag{6-13}$$

由此可以得到在任意时刻处于状态 m 的概率 p_m。对于不同的状态具有不同的等级数值。状态 m 对应的等级状态值为 $\sigma_{im}(t)$，状态 3 对应的等级状态值为 $\sigma_{im}(t) = 3$，状态 2 对应的等级状态值为 $\sigma_{im}(t) = 2$，状态 1 对应的等级状态值为 $\sigma_{im}(t) = 1$，状态 0 对应的等级状态值为 $\sigma_{im}(t) = 0$。

由此可以得到该模式下的恢复等级状态为：

$$\tau_{im}(t) = \sigma_{im}(t) \times p_m \tag{6-14}$$

（三）多阶段剩余韧性模型

结合两种失效—恢复模式以及三个阶段的特性对剩余韧性进行分析。

在排水阶段，其性能变化与水量有关，有失效以及工作两种状态，符合第一种失效模式。当其发生失效时，不会出现状态等级的变化。因此，将状态变量引入其性能函数，考虑失效时其性能函数为：

$$Cp_A(t) = \sum_{i \in N_D} q_i(t) \times \tau_i(t) \tag{6-15}$$

$$\tau_i(t) = \begin{cases} 1, & \text{非失效状态} \\ 0, & \text{失效状态} \end{cases}$$

因此，根据剩余韧性模型，考虑失效—恢复时排水阶段的剩余韧性为：

$$\begin{aligned} R_A(t) &= \frac{loss(t) - recovery(t)}{loss(t)} \\ &= 1 - \frac{\sum_{t \in T} \left(\sum_{i \in N_D} q_i(t) \times \tau_i(t) - Cp_A^{wor} \right)}{T(Cp_A^{int} - Cp_A^{wor})} \end{aligned} \tag{6-16}$$

在处理阶段，由于不同的节点具备不同的处理能力，处于不同的处理等级状态，当发生失效时，会由初始状态变化为另一状态，并不会直接转化为完全失效状态，不同的状态对应不同的等级状态；当恢复时，与失效过程类似，由当前状态恢复至相邻状态，呈现逐级恢复。同时，

不同状态之间有一定的转移概率,可以得到处于某状态的概率。因此,将状态变量引入性能函数可以得到:

$$Cp_B(t) = \frac{\sum_{i \in N_D} q_{i+1}(t) \times \tau_{i+1}(t) - \sum_{i \in N_D} q_i(t) \times \tau_i(t)}{\sum_{i=0}^{n} C_i}$$

$$\tau_i(t) = \sigma_i(t) \times p_{m/n} \qquad (6-17)$$

同时,由于处理阶段处于排水阶段的下一阶段且相互连接,因此,当排水阶段发生失效时会影响处理阶段的相关参数变化。因此,根据剩余韧性模型,考虑失效—恢复时处理阶段的剩余韧性为:

$$R_B(t) = \frac{loss(t) - recovery(t)}{loss(t)}$$

$$= 1 - \frac{\sum_{t \in T} \left(\frac{\sum_{i \in N_D} q_{i+1}(t) \times \tau_{i+1}(t) - \sum_{i \in N_D} q_i(t) \times \tau_i(t)}{C_i} - Cp_B^{wor} \right)}{T(Cp_B^{int} - Cp_B^{wor})} \qquad (6-18)$$

在回收阶段,其性能函数与处理前后的系统总水量以及等级状态有关,考虑其失效状态变化过程,将状态变量引入可以得到性能函数,即:

$$Cp_C(t) = \frac{\sum_{i \in N_D} q_i^C(t) \times \tau_i(t)}{\sum_{i \in N_D} q_i^A(t) \times \tau_i(t)}$$

$$\tau_i(t) = \sigma_i(t) \times p_{m/n} \qquad (6-19)$$

同时,由于回收阶段是污水处理网络的最后一个阶段,处于排水阶段以及处理阶段之后且相互连接。因此,当前两个阶段发生失效时会影响该阶段的相关参数变化。因此,根据剩余韧性模型,考虑失效—恢复时回收阶段的剩余韧性为:

$$R_C(t) = \frac{loss(t) - recovery(t)}{loss(t)} = 1 - \frac{\sum_{t \in T} \left(\frac{\sum_{i \in N_D} q_i^C(t) \times \tau_i(t)}{\sum_{i \in N_D} q_i^A(t) \times \tau_i(t)} - Cp_C^{wor} \right)}{T(Cp_C^{int} - Cp_C^{wor})}$$

$$(6-20)$$

结合以上分析,可以得到综合剩余韧性为:

$$R^*(t) = \sqrt[3]{R_A(t) \times R_B(t) \times R_C(t)} \tag{6-21}$$

四 节点与阶段恢复重要度

外部打击以及内部故障的发生会影响网络中的节点以及线路，使其性能状态发生不同改变。同时，也会对污水处理的三个阶段产生不同影响。在采取措施恢复失效节点线路以及阶段时，在资源有限的情况下，不能同时对其进行恢复。因此，有限的资源应当用于优先维护重要程度高的节点和阶段。基于 Birnbaum 重要度理论，本节引入阶段恢复重要度 I^X 以及节点恢复重要度 I_i 对其进行分析，确定恢复优先级。

Birnbaum 重要度用来衡量失效节点和线路的状态变化对网络剩余韧性的潜在影响，表示状态变化对于复杂网络剩余韧性影响的绝对偏差。其重要度取值越大，表明失效节点和阶段的状态变化对网络的剩余韧性影响越大，因此，在恢复过程中，其恢复优先级越高。根据所求的 Birnbaum 重要度对失效的网络节点以及阶段进行优先级排序，对优先级高的节点和阶段进行重点恢复（兑红炎等，2024）。

（一）节点恢复重要度

$$I_i = R(T \mid \sum_{t=0}^{T} \tau_i(t) \neq \tau_i(t)) - R(T \mid \sum_{t=0}^{T} \tau_i(t) = \tau_i(t)) \tag{6-22}$$

其中，$R(T \mid \sum_{t=0}^{T}\tau_i(t) \neq \tau_i(t))$ 表示失效节点 i 在恢复时间内未正常恢复时的阶段剩余韧性值；$R(T \mid \sum_{t=0}^{T}\tau_i(t) = \tau_i(t))$ 表示失效节点 i 在恢复时间内正常恢复时的阶段剩余韧性值。I_i 衡量了失效节点恢复与否对该阶段的剩余韧性影响大小，其取值越大，表示该节点的状态变化对网络阶段的影响越大，因此，其恢复优先级越高，越会在恢复时优先考虑。

（二）阶段恢复重要度

$$I^X = R^*(T \mid \sum_{t=0}^{T} \tau_i(t) \neq \tau_i(t)) - R^*(T \mid \sum_{t=0}^{T} \tau_i(t) = \tau_i(t)) \tag{6-23}$$

其中，$R^*(T \mid \sum_{t=0}^{T}\tau_i(t) \neq \tau_i(t))$ 表示阶段 X 在恢复时间内未正常恢复且其他阶段均正常或者正常恢复时网络的综合剩余韧性值；$R^*(T \mid \sum_{t=0}^{T}\tau_i(t) = \tau_i(t))$ 表示阶段 X 在恢复时间内正常恢复且其他阶段均正常或者正常恢复时网络的综合剩余韧性值。I^X 衡量了失效阶段恢复与否对网络综合剩余韧性的影响，其取值越大，表示该阶段的状态变化对网络的影响越大,因此,其恢复优先级越高,越会在恢复时优先考虑。通过计算比较 I^A、I^B、I^C 的取值大小,可以得到三个阶段的恢复优先级排序,对于重要程度高的阶段应当重点关注并采取措施优先进行恢复。

第三节 案例分析

本节以某市的 6 个行政区域为单位,将其抽象成 6 个排水节点,分别表示为 $\{N_{A1}, N_{A2}, N_{A3}, N_{A4}, N_{A5}, N_{A6}\}$;将其 7 个污水处理厂抽象为 7 个处理节点,分别表示为 $\{N_{B1}, N_{B2}, N_{B3}, N_{B4}, N_{B5}, N_{B6}, N_{B7}\}$。根据污水处理回收的用途以及去向,将其抽象为 3 个回收节点,分别表示为 $\{N_{C1}, N_{C2}, N_{C3}\}$。因此,该污水处理设施抽象网络可表示为 $G(N, L)$,其中,网络由节点 N 和线路 L 组成,本节虚拟网络中包含 6 个排水节点,分别为 $\{N_{A1}, N_{A2}, N_{A3}, N_{A4}, N_{A5}, N_{A6}\}$;7 个处理节点,分别为 $\{N_{B1}, N_{B2}, N_{B3}, N_{B4}, N_{B5}, N_{B6}, N_{B7}\}$;3 个回收节点,分别为 $\{N_{C1}, N_{C2}, N_{C3}\}$。污水处理设施网络如图 6-7 所示。

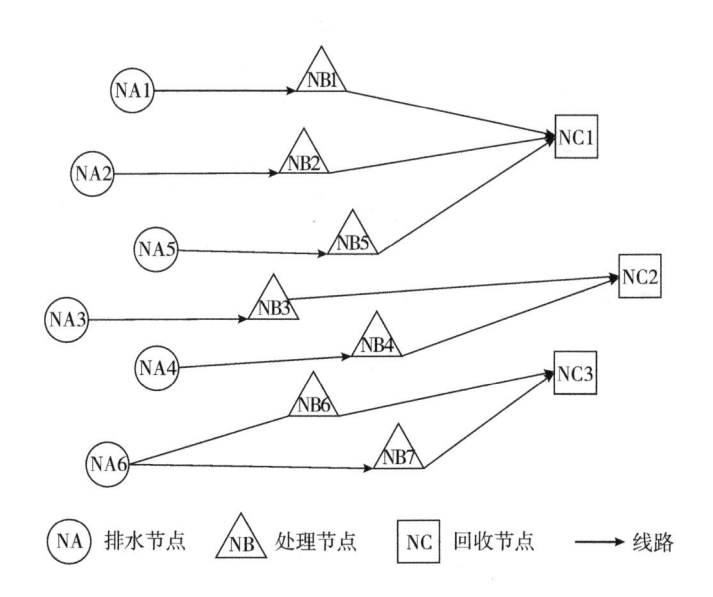

图 6-7 污水处理设施网络

节点与节点之间由线路连接。本节对网络基本参数进行设定。

一是流量参数。由于污水排放量与居民日常生活作息相关,根据日常作息习惯,考虑其随时间的推移发生变化,存在用水排水峰值,同时考虑用水排水量的大小与节点区域内居民数量差异相关,因此,用三角函数进行拟合,设定6个排水节点的水量函数分别为:

排水节点 N_{A1}: $q_{A1}(t) = 2 - 0.5cost$

排水节点 N_{A2}: $q_{A2}(t) = 3 - 0.4cos1.2t$

排水节点 N_{A3}: $q_{A3}(t) = 6 - 0.5cos0.8t$

排水节点 N_{A4}: $q_{A4}(t) = 7 - 0.5cost$

排水节点 N_{A5}: $q_{A5}(t) = 8 - 0.6cost$

排水节点 N_{A6}: $q_{A6}(t) = 10 - 0.8cos1.2t$

各个排水节点的水量函数曲线变化如图6-8所示。

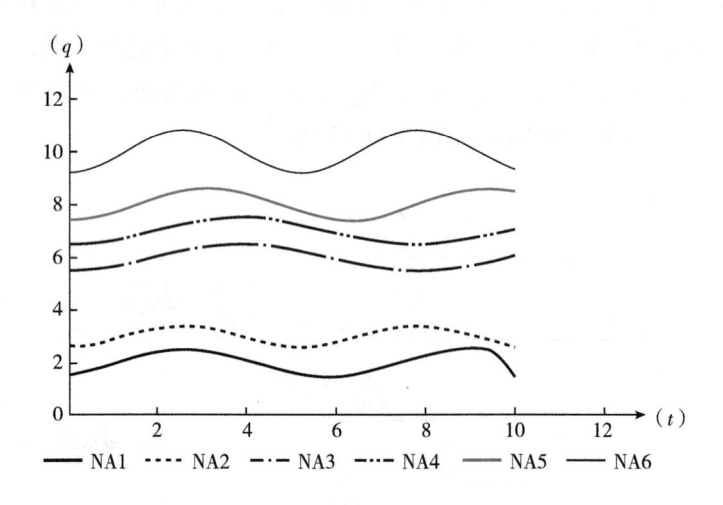

图6-8 排水节点水量函数

其中,水量与时间的单位均为一个单位。根据实际情况,一个单位取不同数值。

二是成本参数。$\sum_{i=0}^{n} C_i = 10$,其单位为一个单位,根据实际设定一个单位值。

三是失效参数。设定时刻 t_s,网络中发生节点和线路失效,失效节点和线路为 $E = \{N_{A1}, N_{A4}, N_{B3}, N_{C2}, L_1\}$。

因为节点作为网络中的关键部分，在考虑失效时主要以其状态变化作为参考，线路作为与节点相连的边，其失效状态与其相连的前一节点保持一致。因此，线路的失效可以看作其起始节点的失效，此时，网络的失效集合为 $E = \{N_{A1}, N_{A4}, N_{B2}, N_{B3}, N_{C3}\}$。部分节点和线路失效之后的污水处理网络如图 6-9 所示。

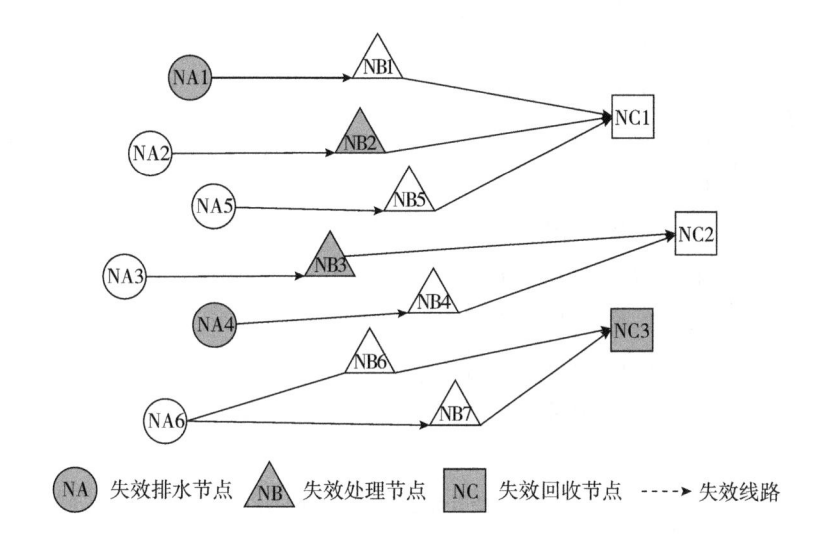

图 6-9　部分失效污水处理网络

一　以日常情况一般失效为例

根据抽象网络 G 的参数设定，在日常情况下，根据网络结构可以得到进入网络的水量变化，当发生失效时，失效集合为 $E = \{N_{A1}, N_{A4}, N_{B2}, N_{B3}, N_{C3}\}$，其中，$N_{A1}$、$N_{A4}$ 为排水节点，符合失效模式Ⅰ，N_{B2}、N_{B3} 为处理节点，N_{C3} 为回收节点，符合失效模式Ⅱ。在恢复过程中，其恢复模式与失效模式相同，其中，N_{A1}、N_{A4} 均完全恢复，N_{B2}、N_{B3} 失效状态转移概率矩阵以及恢复状态转移概率矩阵分别为：

在该情况下，节点 N_{B2} 的失效状态转移概率矩阵为：

$$P_{n2} = \begin{bmatrix} 0 & 0.2 & 0.5 & 0.3 \\ 0 & 0.2 & 0.7 & 0.1 \\ 0 & 0 & 0.2 & 0.8 \\ 0 & 0 & 0 & 1 \end{bmatrix}$$

恢复状态转移概率矩阵为：

$$P_{m2} = \begin{bmatrix} 1 & 0 & 0 & 0 \\ 0.4 & 0.6 & 0 & 0 \\ 0.1 & 0.5 & 0.4 & 0 \\ 0.1 & 0.3 & 0.6 & 0 \end{bmatrix}$$

节点 N_{B3} 的失效状态转移概率矩阵为：

$$P_{n3} = \begin{bmatrix} 0.2 & 0.8 & 0 & 0 \\ 0 & 0.2 & 0.6 & 0.2 \\ 0 & 0 & 0.5 & 0.5 \\ 0 & 0 & 0 & 1 \end{bmatrix}$$

恢复状态转移概率矩阵为：

$$P_{m3} = \begin{bmatrix} 1 & 0 & 0 & 0 \\ 0.5 & 0.5 & 0 & 0 \\ 0.1 & 0.6 & 0.3 & 0 \\ 0 & 0.5 & 0.4 & 0.1 \end{bmatrix}$$

（一）排水阶段

根据已知数据，对排水阶段的网络性能进行分析，时刻 t_1 网络受到影响，此时，网络具有最优性能，之后两个排水节点开始失效；时刻 t_2 开始对失效节点进行恢复；时刻 t_3 之后，网络保持稳定运行状态。

$$Cp_A(t) = \sum_{i \in N_D} q_i(t) \times \tau_i(t), \quad \tau_i(t) = \begin{cases} 1, & \text{非失效状态} \\ 0, & \text{失效状态} \end{cases}$$

在失效过程中，$\tau_1(t) = 0$，$\tau_4(t) = 0$，在恢复过程中，$\tau_1(t) = 1$，$\tau_4(t) = 1$，因此，排水阶段的网络性能函数为：

正常过程：

$Cp_A(t) = 36 - 1.6\cos t - 1.2\cos 1.2t - 0.5\cos 0.8t$

失效过程：

$$Cp_A(t') = \sum_{i=1}^{6} q_i(t) \times \tau_i(t) = 23 - 0.6\cos t - 1.2\cos 1.2t - 0.5\cos 0.8t$$

恢复过程：

$$Cp_A(t'') = \sum_{i=1}^{6} q_i(t) \times \tau_i(t) = 36 - 1.6\cos t - 1.2\cos 1.2t - 0.5\cos 0.8t$$

该阶段的变化过程性能函数曲线如图 6-10 所示。

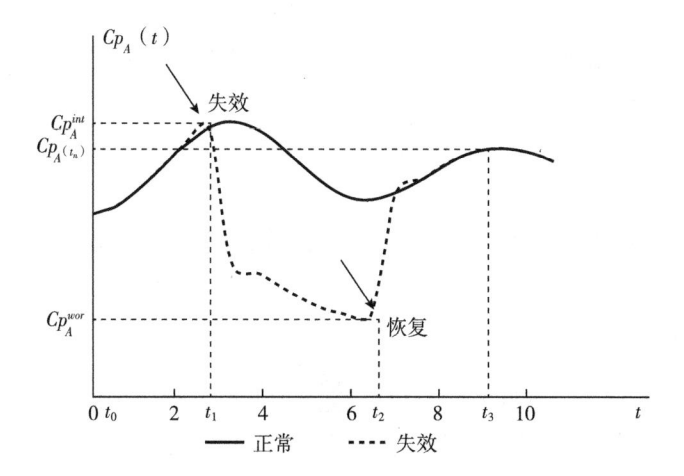

第六章 基于多阶段任务的污水处理设施韧性 / 133

图 6-10 日常失效情况下排水阶段网络性能变化过程

根据该变化过程，计算排水阶段网络的最大性能值为：

$Cp_A^{int} = Cp_A(t_1) = 38.678$

计算失效后排水阶段的网络最小性能值为：

$Cp_A^{wor} = Cp_A(t_2) = 25.588$

由此可以得到，网络稳定运行时，时刻 t_3 排水阶段的网络剩余韧性为：

$$R_A(t_3) = \frac{loss(t) - recovery(t)}{loss(t)}$$

$$= 1 - \frac{\sum_{i=1}^{6} q_i(t_3) \times \tau_i(t_3) - Cp_A^{wor}}{Cp_A^{int} - Cp_A^{wor}}$$

$$= 1 - 0.866$$

$$= 0.144$$

（二）处理阶段

根据已知数据，对处理阶段的网络性能进行分析，时刻 t_1 网络受到影响开始失效，此时，网络具有最优性能，两个处理节点开始失效，不同节点具有不同的失效状态转移概率矩阵；时刻 t_2 开始对失效节点进行恢复，节点具有不同的恢复状态转移概率矩阵；时刻 t_3 之后网络保持稳定运行状态。此时：

$$Cp_B(t) = \frac{\sum_{i \in N_D} q_{i+1}(t) \times \tau_{i+1}(t) - \sum_{i \in N_D} q_i(t) \times \tau_i(t)}{\sum_{i=0}^{n} C_i}$$

$$\tau_i(t) = \sigma_i(t) \times p_{m/n}$$

根据初始状态以及失效状态转移概率矩阵、恢复状态转移概率矩阵对变化过程进行分析，可以得到：

正常过程：

$$Cp_B(t) = \frac{\sum_{i=1}^{7} q_{i+1}(t) \times \tau_{i+1}(t) - \sum_{i=1}^{7} q_i(t) \times \tau_i(t)}{10}$$

失效过程：失效发生时，处理节点 N_{B2}、N_{B3} 发生失效，根据初始状态以及失效状态转移概率矩阵可知，当失效时，处理节点 N_{B2}、N_{B3} 的状态参数分别为：

$$\tau_{B2}(t) = \sigma_i(t) \times p_n = 1.1$$
$$\tau_{B3}(t) = \sigma_i(t) \times p_n = 2.2$$

$$Cp_B(t') = \frac{\sum_{i=1}^{7} q_{i+1}(t) \times \tau_{i+1}(t) - \sum_{i=1}^{7} q_i(t) \times \tau_i(t)}{10}$$

恢复过程：恢复发生时，处理节点 N_{B2}、N_{B3} 均开始恢复，根据恢复初始状态以及恢复状态转移概率矩阵可知，当恢复时，处理节点 N_{B2}、N_{B3} 的状态参数分别为：

$$\tau_{B2}(t) = \sigma_i(t) \times p_m = 1.7$$
$$\tau_{B3}(t) = \sigma_i(t) \times p_m = 2.5$$

$$Cp_B(t'') = \frac{\sum_{i=1}^{7} q_{i+1}(t) \times \tau_{i+1}(t) - \sum_{i=1}^{7} q_i(t) \times \tau_i(t)}{10}$$

该阶段的变化过程性能函数曲线如图 6-11 所示。

根据该变化过程，计算处理阶段网络的最大性能值为：

$$Cp_B^{int} = Cp_B(t_1) = 3.437$$

计算失效后处理阶段的网络最小性能值为：

$$Cp_B^{wor} = Cp_B(t_2) = 2.329$$

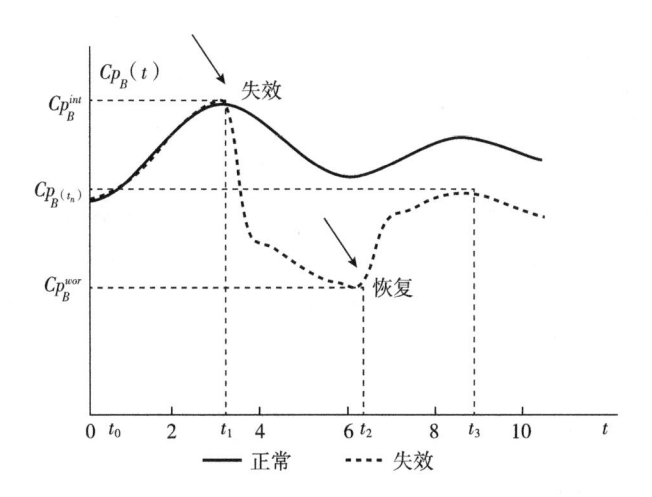

图 6-11 日常失效情况下处理阶段网络性能变化过程

由此可以得到，当网络稳定运行时，时刻 t_3 处理阶段的网络剩余韧性为：

$$R_B(t) = \frac{loss(t) - recovery(t)}{loss(t)}$$

$$= 1 - \frac{\sum\limits_{t \in T} \left(\frac{\sum\limits_{i \in N_D} q_{i+1}(t) \times \tau_{i+1}(t) - \sum\limits_{i \in N_D} q_i(t) \times \tau_i(t)}{C_i} - Cp_B^{wor} \right)}{T(Cp_B^{int} - Cp_B^{wor})}$$

$$= 1 - 0.498 = 0.502$$

（三）回收阶段

根据已知数据，对回收阶段的网络性能进行分析，时刻 t_1 网络受到影响并开始失效，此时，网络具有最优性能，一个回收节点开始失效，其状态参数发生变化；时刻 t_2 开始对失效节点进行恢复，其状态参数再次发生变化；时刻 t_3 之后网络保持稳定运行状态。此时：

$$Cp_C(t) = \frac{\sum\limits_{i \in N_D} q_i^C(t) \times \tau_i(t)}{\sum\limits_{i \in N_D} q_i^A(t) \times \tau_i(t)}$$

$$\tau_i(t) = \sigma_i(t) \times p_{m/n}$$

正常过程：

$$Cp_C(t) = \frac{\sum_{i=1}^{3} q_i^C(t) \times \tau_i(t)}{\sum_{i=1}^{7} q_i^A(t) \times \tau_i(t)}$$

失效过程：失效发生时，回收节点 N_{C3} 失效，根据网络结构可以得知，回收节点 N_{C3} 的上相邻节点有两个，由于两个上相邻节点具有不同的处理能力，因此，当失效时，N_{C3} 的失效状态根据上相邻节点有所不同，其状态参数分别为：

$\tau_{C3-B6}(t) = 1$

$\tau_{C3-B6}(t) = 2$

$$Cp_C(t') = \frac{\sum_{i=1}^{3} q_i^C(t) \times \tau_i(t)}{\sum_{i=1}^{7} q_i^A(t) \times \tau_i(t)}$$

恢复过程：回收节点 N_{C3} 开始恢复，根据网络结构可以得知，回收节点 N_{C3} 的上相邻节点有两个，由于两个上相邻节点具有不同的处理能力和状态，因此，当恢复时，N_{C3} 的恢复状态根据上相邻节点有所不同，其状态参数分别为：

$\tau_{C3-B6}(t) = 2$

$\tau_{C3-B6}(t) = 2$

$$Cp_C(t'') = \frac{\sum_{i=1}^{3} q_i^C(t) \times \tau_i(t)}{\sum_{i=1}^{7} q_i^A(t) \times \tau_i(t)}$$

该阶段的变化过程性能函数曲线如图 6-12 所示。

根据该变化过程，计算回收阶段网络的最大性能值为：

$Cp_C^{int} = Cp_C(t_1) = 1.991$

计算失效后回收阶段的网络最小性能值为：

$Cp_C^{wor} = Cp_C(t_2) = 1.423$

由此可以得到，网络稳定运行时，时刻 t_3 回收阶段的网络剩余韧性为：

$$R_C(t) = \frac{loss(t) - recovery(t)}{loss(t)}$$

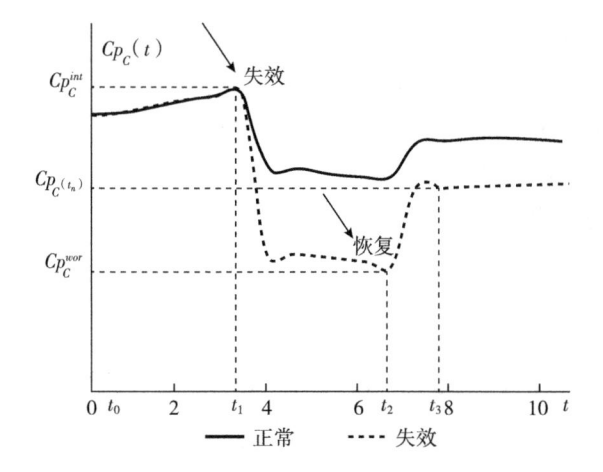

第六章 基于多阶段任务的污水处理设施韧性 / 137

图 6-12 日常失效情况下回收阶段网络性能变化过程

$$= 1 - \frac{\sum_{t \in T}\left(\dfrac{\sum_{i \in N_D} q_i^C(t) \times \tau_i(t)}{\sum_{i \in N_D} q_i^A(t) \times \tau_i(t)} - Cp_C^{wor}\right)}{T(Cp_C^{int} - Cp_C^{wor})}$$

$$= 1 - 0.47 = 0.53$$

结合以上分析可以得到,在日常情况下一般失效时,网络的综合剩余韧性为:

$$R^*(t) = \sqrt[3]{R_A(t) \times R_B(t) \times R_C(t)}$$

$$= \sqrt[3]{0.144 \times 0.502 \times 0.53}$$

$$= 0.337$$

二 以重大灾害下极端失效为例

根据抽象网络 G 的参数设定,在重大灾害下,根据网络结构可以得到进入网络的水量变化,当发生失效时,失效集合为 $E = \{N_{A1}, N_{A4}, N_{B2}, N_{B3}, N_{C3}\}$。其中,$N_{A1}$、$N_{A4}$ 为排水节点,符合失效模式 Ⅰ;N_{B2}、N_{B3} 为处理节点,N_{C2} 为回收节点,均符合失效模式 Ⅱ。在恢复过程中,其恢复模式与失效模式相同,其中,N_{A1} 恢复,N_{A4} 未恢复,N_{B2}、N_{B3} 失效状态转移概率矩阵以及恢复状态转移概率矩阵分别为:

节点 N_{B2} 的失效状态转移概率矩阵为:

$$P_{n2} = \begin{bmatrix} 0 & 0.2 & 0.3 & 0.5 \\ 0 & 0.1 & 0.8 & 0.1 \\ 0 & 0 & 0.1 & 0.9 \\ 0 & 0 & 0 & 1 \end{bmatrix}$$

恢复状态转移概率矩阵为：

$$P_{m2} = \begin{bmatrix} 1 & 0 & 0 & 0 \\ 0.5 & 0.5 & 0 & 0 \\ 0 & 0.4 & 0.6 & 0 \\ 0 & 0.2 & 0.5 & 0.3 \end{bmatrix}$$

节点 N_{B3} 的失效状态转移概率矩阵为：

$$P_{n3} = \begin{bmatrix} 0.1 & 0.4 & 0.5 & 0 \\ 0 & 0.1 & 0.7 & 0.2 \\ 0 & 0 & 0.3 & 0.7 \\ 0 & 0 & 0 & 1 \end{bmatrix}$$

恢复状态转移概率矩阵为：

$$P_{m3} = \begin{bmatrix} 1 & 0 & 0 & 0 \\ 0.2 & 0.8 & 0 & 0 \\ 0.1 & 0.4 & 0.5 & 0 \\ 0 & 0.2 & 0.4 & 0.4 \end{bmatrix}$$

（一）排水阶段

根据已知数据，对排水阶段的网络性能进行分析，时刻 t_1 网络受到影响，此时，网络具有最优性能，两个排水节点开始失效；时刻 t_2 开始对失效节点进行恢复；时刻 t_2 之后网络保持稳定运行状态。由此可以得到排水阶段的网络性能函数为：

正常过程：

$Cp_A(t) = 36 - 1.6\cos t - 1.2\cos 1.2t - 0.5\cos 0.8t$

失效过程：$Cp_A(t') = Cp_A(t) = \sum_{i=1}^{6} q_i(t) \times \tau_i(t)$

$= 23 - 0.6\cos t - 1.2\cos 1.2t - 0.5\cos 0.8t$

恢复过程：$Cp_A(t'') = \sum_{i=1}^{6} q_i(t) \times \tau_i(t)$

$= 29 - 1.1\cos t - 1.2\cos 1.2t - 0.5\cos 0.8t$

该阶段的变化过程性能函数曲线如图 6-13 所示。

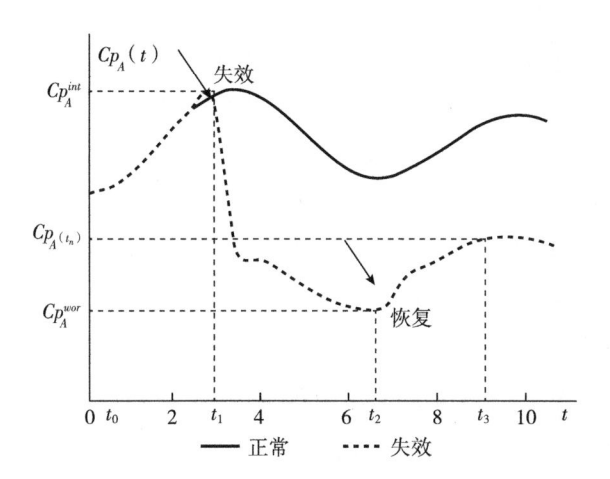

图 6-13 极端失效下排水阶段网络性能变化过程

根据该变化过程，计算排水阶段网络的最大性能值为：
$Cp_A^{int} = Cp_A(t_1) = 38.678$
计算失效后排水阶段的网络最小性能值为：
$Cp_A^{wor} = Cp_A(t_2) = 25.588$
由此可以得到，当网络稳定运行时，时刻 t_3 排水阶段的网络剩余韧性为：

$$R'_A(t_3) = \frac{loss(t) - recovery(t)}{loss(t)}$$

$$= 1 - \frac{\sum_{i=1}^{6} q_i(t_3) \times \tau_i(t_3) - Cp_A^{wor}}{Cp_A^{int} - Cp_A^{wor}}$$

$$= 1 - 0.325$$

$$= 0.675$$

（二）处理阶段

根据已知数据，对处理阶段的网络性能进行分析，时刻 t_1 网络受到影响开始失效，此时，网络具有最优性能，两个处理节点开始失效，不同节点具有不同的失效状态转移概率矩阵；时刻 t_2 开始对失效节点进行恢复，节点具有不同的恢复状态转移概率矩阵；时刻 t_3 之后网络保持稳定运行状态。此时：

$$Cp_B(t) = \frac{\sum_{i \in N_D} q_{i+1}(t) \times \tau_{i+1}(t) - \sum_{i \in N_D} q_i(t) \times \tau_i(t)}{\sum_{i=0}^{n} C_i}$$

$$\tau_i(t) = \sigma_i(t) \times p_{m/n}$$

根据初始状态以及失效状态转移概率矩阵、恢复状态转移概率矩阵，对变化过程进行分析可以得到：

正常过程：

$$Cp_B(t) = \frac{\sum_{i=1}^{7} q_{i+1}(t) \times \tau_{i+1}(t) - \sum_{i=1}^{7} q_i(t) \times \tau_i(t)}{10}$$

失效过程：失效发生时，处理节点 N_{B2}、N_{B3} 发生失效，根据初始状态以及失效状态转移概率矩阵可知，当失效时，处理节点 N_{B2}、N_{B3} 的状态参数分别为：

$\tau_{B2}(t) = \sigma_i(t) \times p_n = 1$

$\tau_{B3}(t) = \sigma_i(t) \times p_n = 1.3$

$$Cp_B(t') = \frac{\sum_{i=1}^{7} q_{i+1}(t) \times \tau_{i+1}(t) - \sum_{i=1}^{7} q_i(t) \times \tau_i(t)}{10}$$

恢复过程：恢复发生时，处理节点 N_{B2}、N_{B3} 均开始恢复，根据恢复初始状态以及恢复状态转移概率矩阵可知，当恢复时，处理节点 N_{B2}、N_{B3} 的状态参数分别为：

$\tau_{B2}(t) = \sigma_i(t) \times p_m = 1.2$

$\tau_{B3}(t) = \sigma_i(t) \times p_m = 2.5$

$$Cp_B(t'') = \frac{\sum_{i=1}^{7} q_{i+1}(t) \times \tau_{i+1}(t) - \sum_{i=1}^{7} q_i(t) \times \tau_i(t)}{10}$$

该阶段的变化过程性能函数曲线如图 6-14 所示。

根据该变化过程，计算处理阶段网络的最大性能值为：

$Cp_B^{int} = Cp_B(t_1) = 3.437$

计算失效后处理阶段的网络最小性能值为：

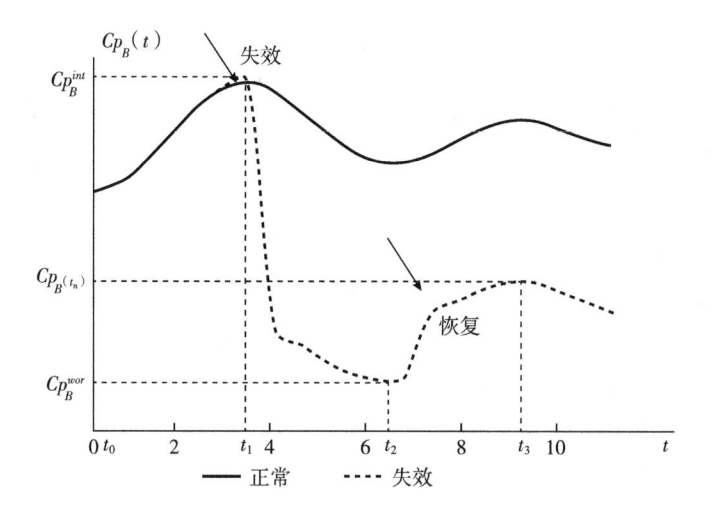

第六章 基于多阶段任务的污水处理设施韧性 / 141

图 6-14 极端失效下处理阶段网络性能变化过程

$Cp_B^{wor} = Cp_B(t_2) = 1.813$

由此可以得到，网络稳定运行时，时刻 t_3 处理阶段的网络剩余韧性为：

$$R'_B(t) = \frac{loss(t) - recovery(t)}{loss(t)}$$

$$= 1 - \frac{\sum_{t \in T}\left(\dfrac{\sum_{i \in N_D} q_{i+1}(t) \times \tau_{i+1}(t) - \sum_{i \in N_D} q_i(t) \times \tau_i(t)}{C_i} - Cp_B^{wor}\right)}{T(Cp_B^{int} - Cp_B^{wor})}$$

$$= 1 - 0.321 = 0.679$$

（三）回收阶段

根据已知数据，对回收阶段的网络性能进行分析，时刻 t_1 网络受到影响开始失效，此时，网络具有最优性能，一个回收节点开始失效，其状态参数发生变化；时刻 t_2 开始对失效节点进行恢复，其状态参数再次发生变化；时刻 t_3 之后，网络保持稳定运行状态。此时：

$$Cp_C(t) = \frac{\sum_{i \in N_D} q_i^C(t) \times \tau_i(t)}{\sum_{i \in N_D} q_i^A(t) \times \tau_i(t)}$$

$$\tau_i(t) = \sigma_i(t) \times p_{m/n}$$

正常过程：

$$Cp_B(t) = \frac{\sum_{i=1}^{3} q_i^C(t) \times \tau_i(t)}{\sum_{i=1}^{7} q_i^A(t) \times \tau_i(t)}$$

失效过程：失效发生时，回收节点 N_{C3} 发生失效，根据网络结构可以得知，回收节点 N_{C3} 的上相邻节点有两个，由于两个上相邻节点具有不同的处理能力。因此，当失效时，N_{C3} 的失效状态根据上相邻节点有所不同，其状态参数分别为：

$\tau_{C3-B6}(t) = 0$

$\tau_{C3-B7}(t) = 1$

$$Cp_B(t') = \frac{\sum_{i=1}^{3} q_i^C(t) \times \tau_i(t)}{\sum_{i=1}^{7} q_i^A(t) \times \tau_i(t)}$$

恢复过程：回收节点 N_{C3} 开始恢复，根据网络结构可以得知，回收节点 N_{C3} 的上相邻节点有两个，由于两个上相邻节点具有不同的处理能力和状态。因此，当恢复时，N_{C3} 的恢复状态根据上相邻节点有所不同，其状态参数分别为：

$\tau_{C3-B6}(t) = 1$

$\tau_{C3-B7}(t) = 1$

$$Cp_B(t'') = \frac{\sum_{i=1}^{3} q_i^C(t) \times \tau_i(t)}{\sum_{i=1}^{7} q_i^A(t) \times \tau_i(t)}$$

该阶段的变化过程性能函数曲线如图 6-15 所示。

根据该变化过程，计算回收阶段网络的最大性能值为：

$Cp_C^{int} = Cp_C(t_1) = 1.991$

计算失效后回收阶段的网络最小性能值为：

$Cp_C^{wor} = Cp_C(t_2) = 0.948$

由此可以得到，网络稳定运行时，时刻 t_3 回收阶段的网络剩余韧性为：

$$R'_C(t) = \frac{loss(t) - recovery(t)}{loss(t)}$$

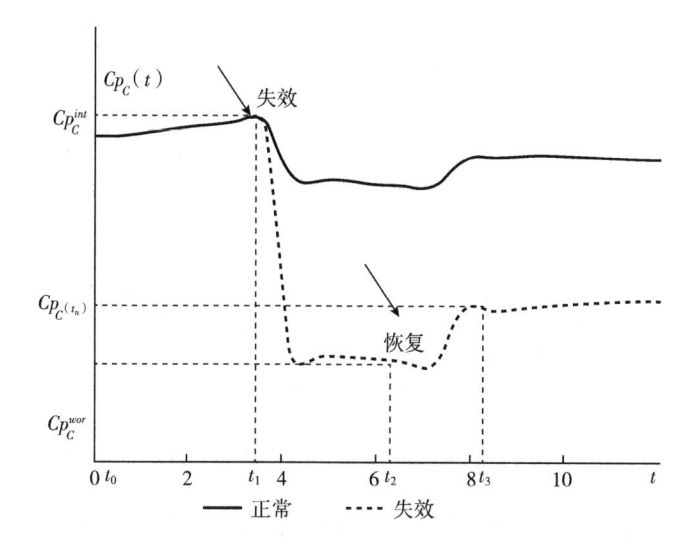

图 6-15 极端失效下回收阶段网络性能变化过程

$$= 1 - \frac{\sum_{t \in T}\left(\dfrac{\sum_{i \in N_D} q_i^C(t) \times \tau_i(t)}{\sum_{i \in N_D} q_i^A(t) \times \tau_i(t)} - Cp_C^{wor}\right)}{T(Cp_C^{int} - Cp_C^{wor})}$$

$$= 1 - 0.238 = 0.762$$

结合以上分析,可以得到重大灾害下极端失效时,综合剩余韧性为:

$$R^{*'}(t) = \sqrt[3]{R_A(t) \times R_B(t) \times R_C(t)}$$

$$= \sqrt[3]{0.675 \times 0.679 \times 0.762}$$

$$= 0.704$$

三 总结分析

结合两种不同的失效情况,对算例结果进行网络性能变化分析。根据不同失效背景下各个阶段剩余韧性的变化以及综合剩余韧性的变化,对阶段重要度以及失效打击的程度大小对网络性能的影响进行讨论。

根据图 6-16 可以看出,在排水阶段,在一般失效情况下,排水阶段剩余韧性值较小,说明该阶段网络恢复较好,当恢复平稳运行时,网络以较高性能进行运转;在极端失效时,对排水阶段影响较大,其剩余韧性值高达 0.675,说明恢复状态一般,该极端灾害造成排水阶段失效

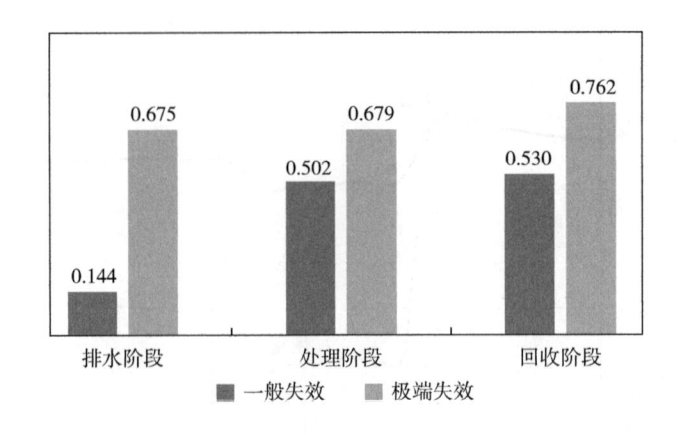

144 / 基于重要度的基础设施韧性研究

```
        0.675              0.679              0.762
0.144              0.502              0.530

   排水阶段           处理阶段           回收阶段
        ■ 一般失效    ■ 极端失效
```

图 6-16 两种失效情况下阶段剩余韧性

程度较大。外部打击及内部故障造成的不同失效情况对排水阶段影响较大。

在处理阶段,极端失效情况下的剩余韧性值大于一般失效情况,说明一般失效情况下该阶段的恢复情况更好,网络恢复后有更好的性能状态。但是,相较于排水阶段,处理阶段在两种情况下,其剩余韧性值均较大,说明失效的发生对处理阶段具有较大的影响。因此,在失效发生时,要重点关注该阶段以保证污水处理网络的正常运行。

在回收阶段,在一般失效情况下,剩余韧性值为 0.530,说明该阶段网络恢复一般,在极端失效时,剩余韧性值高达 0.762,说明重大灾害造成该阶段的失效较为严重,恢复较为困难,甚至造成永久性失效,导致网络未能恢复至良好状态,损失较多。同时,通过两种情况下的对比可以看出,打击失效的程度大小对该阶段有较大的影响。

根据图 6-17 可以看出,在一般失效情况下,网络综合剩余韧性值较小,说明该情况下网络整体恢复较好;在极端失效情况下,网络综合剩余韧性值高达 0.704,说明该极端灾害对网络整体影响较大,导致网络失效后未恢复至较高水平,应重点关注。

本节通过节点恢复与不恢复情况下的剩余韧性对节点恢复重要度进行分析。在排水阶段,节点 N_{A1}、N_{A4} 发生失效,在日常一般失效情况下,节点 N_{A1}、N_{A4} 均恢复正常,其剩余韧性计算值为 0.144。在重大灾害极端失效情况下,节点 N_{A1} 恢复正常,节点 N_{A4} 未恢复,其剩余韧性计算值为 0.675。因此,节点 N_{A4} 的恢复重要度为:

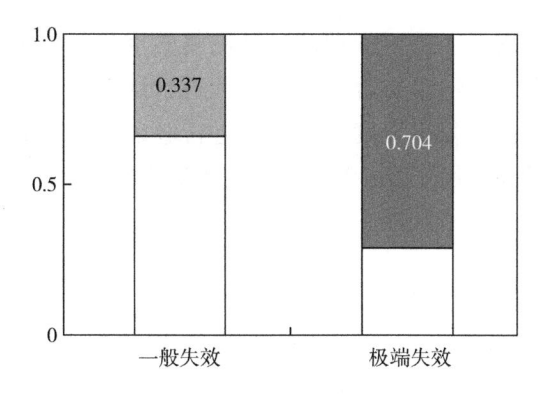

图 6-17 两种失效情况下综合剩余韧性

$$I_{A4} = R\left[T \mid \sum_{t=0}^{T} \tau_i(t) \neq \tau_i(t)\right] - R\left[T \mid \sum_{t=0}^{T} \tau_i(t) = \tau_i(t)\right]$$
$$= R_A - R'_A = 0.531$$

同样地，对于其他的失效节点，通过计算其恢复以及未恢复时的阶段剩余韧性值，进而可以得到其恢复重要度，将各个失效节点的恢复重要度进行大小排序，可以得到节点的恢复优先级，对于恢复重要度较大的失效节点，考虑优先进行恢复。

第四节 本章小结

本章通过建立城市污水处理设施网络多阶段韧性模型，基于失效—恢复过程，对三个阶段进行剩余韧性分析并得到综合剩余韧性模型。对三个阶段以及阶段特性做出分析，包括排水阶段、处理阶段、回收阶段，从横向以及纵向对该系统做出较全面的分析研究。针对城市污水处理的三个阶段，通过不同的指标设定建立剩余韧性模型，以实现对阶段处理性能以及稳定性的控制。在指标的设定中，综合考虑经济性以及环保性要求，使本节的研究更加符合实际需求。针对不同的失效—恢复模式的区别，通过状态参数的设定，将不同的失效—恢复模式与剩余韧性建模过程相结合，通过失效状态转移概率以及恢复状态转移概率的计算对失效过程以及恢复过程做出详细的分析。在恢复过程中，针对节点和阶段的恢复状态，考虑引入重要度理论对其恢复的重要程度做出分析。在算例中，对节点和阶段恢复与否的剩余韧性进行计算分析，进而得到节点恢复重要度和阶段恢复重要度并对模型进行验证。恢复重要度可以体现节点以及阶段的恢复优先级，帮助其更好地制定恢复策略。

第七章 自然灾害下的地铁设施韧性

地铁在交通系统中发挥着重要作用,有效缓解了城市交通拥堵和交通污染问题。但地铁系统容易因受到扰动而瘫痪。因此,评估系统韧性和恢复系统性能对于维持地铁正常运营具有重要意义。本章基于客流量和网络拓扑特性,提出一个考虑时间成本的地铁网络韧性评估模型。同时,通过评估节点的重要度确定最佳的维护顺序,使网络的损失最小化,对提升网络韧性具有借鉴意义。

第一节 地铁网络空间模型构建

为了定量化研究地铁网络的拓扑结构,需要对其进行建模。在研究地铁拓扑结构中,常见的建模方法有 B、C、L 和 P 四种空间模型。本节为了使地铁网络的空间拓扑结构更加直观,采用 L 空间模型进行研究,即把车站视为节点,任意两个车站之间的直线连接视为边。相对于其他三种模型,L 空间模型更强调地铁系统内各组件的空间位置和联系。将拓扑结构中站点视为节点,站点之间的线路区间视为边。本节旨在深入探讨地铁网络的结构,因此,不再考虑节点的位置和边的形状,而是将重点放在节点与边之间的联系上。

轨道交通作为一种大型基础设施,其系统内部含有多种设备。网络理论对于研究这样一个复杂的系统是有效的。近年来的研究主要集中在评估相互依赖网络对级联故障的鲁棒性,包括相互依赖电力—通信网络、相互依赖电力—传输网络等。但是,轨道交通系统由大量计算设备、数据采集设备和物理设备组成,机械网、电网、通信网作为基础设施,三者紧密关联。因此,本节构建了一个相互依赖的机械—电—通信网络,每个节点代表一个最小单元,每条边表示网络节点之间的传输元件或线路。如果任何一个网络中的节点 i 和另一网络中的节点 j 代表同一个单元，则节点 i 和节点 j 之间有一个相互依赖的连接，两个节点互为依赖节点。每个节点有唯一一个相互依赖网络的双向连接。基于此，本节建立了地铁网络中任意两个网络之间一对一的对应关系。

在建立好地铁网络空间模型后，引入邻接矩阵并从数学角度对地铁网络进行描述。对于网络节点数为 N 的交通网络，邻接矩阵 A 为 $N×N$ 维矩阵，a_{ij} 表示节点 i 与节点 j 的连接关系，可表示为：

$$A = \begin{bmatrix} a_{11} & \cdots & a_{1N} \\ \cdots & a_{ij} & \cdots \\ a_{N1} & \cdots & a_{NN} \end{bmatrix} \tag{7-1}$$

$$a_{ij} = \begin{cases} 1 & i 与 j 有边相连 \\ 0 & i=j \\ \infty & i 与 j 不直接相连 \end{cases} \tag{7-2}$$

第二节　地铁网络的级联失效分析

一　机械网的级联失效模型

在交通网络中，两个节点之间往往存在功能上的支持关系，一个节点出现故障可能导致其支持的节点无法工作，因此，在交通网中考虑节点之间的有向性，如节点 i 到节点 j 的有向边表示节点 i 对节点 j 的支持作用，即节点 i 发生故障，则节点 j 也停止工作；而节点 j 发生故障，节点 i 仍然保持正常功能。一个节点发生故障，将该节点删除，其相互依赖的边也删除，没有传入边的节点也删除。当所有节点都具有传入边时，级联故障停止。

二　电网的级联失效模型

根据基尔霍夫定律，研究该复杂电网中节点和边的电压电流分布。电网中的节点考虑供电节点和负载节点。供电节点直接连接电源提供电能，因此，供电节点考虑电压分布。负载节点将电能转化为其他能量，负载节点考虑负载节点流入与流出的电流。

其一，供电节点 i 的电压 u_i 表示为：

$$(0\cdots y_i\cdots 0)\times U=u_i \tag{7-3}$$

式（7-3）中，$y_i=1$，$U=(\cdots u_i u_j u_k\cdots)^T$ 表示电压矢量。

其二，负载节点 j 的电流 I_j 表示为：

$$(Y_{i1}\cdots Y_{ij}\cdots Y_{in})\times U=I_j \tag{7-4}$$

式（7-4）中，n 表示电网中的节点数量；Y_{ij} 表示导纳矩阵 Y 的元素，表示边 e_{ij} 的导纳；I_j 表示节点 i 的流入电流。$Y_{ij}=0$ 表示节点 i 与节点 j 未连接。

根据式（7-3）和式（7-4）可以得到：

$$Y\times U=B \tag{7-5}$$

式（7-5）中，Y 是所有节点的节点方程中所有向量的组合，且 $I=(\cdots I_j u_i I_k\cdots)^T$。

流过边 e_{ij} 的电流负载可以表示为：

$$I_{ij}=(u_i-u_j)\times Y_{ij} \tag{7-6}$$

节点 i 的负载 L_i 表示为：

$$L_i=u_i I_i \tag{7-7}$$

式（7-7）中，I_i 表示从节点 i 流出的电流之和。

假设节点 i 的容量与其初始负载成正比关系，则：

$$Q_i^{power}=(1+\alpha)L_i \tag{7-8}$$

式（7-8）中，α 表示电网中的容忍系数。

边 e_{ij} 的容量为：

$$Q_{ij}^{current}=(1+\alpha)I_{ij} \tag{7-9}$$

当出现节点或边的负载大于其容载时，级联故障开始。因为电网中负载节点没有直接与电源连接，当发生级联故障导致拓扑结构发生变化时，有些节点因失去供电节点而无法工作。此时应将该类节点删除并在剩余节点中依据新的拓扑结构计算节点和边的负载，如此往复，直到所有剩余节点和边的负载小于或等于容载时，级联故障才停止。

三　通信网的级联失效模型

通信节点考虑控制中心和中继节点，该模型假设网络负载在形成网络拓扑结构的边上进行传输，并且它只沿着每对网络节点之间的最短路径进行传输。路径由两个目标节点之间的边组成。路径的长度等于沿该路径的边数。

节点 i 的负载量表示为：

$$L_i = \sum_{j,\,k \in V} \frac{n_{jk}^i}{n_{jk}} \qquad (7\text{-}10)$$

式（7-10）中，n_{jk}^i 表示节点 j 到节点 k 且通过节点 i 的最短路径数量；n_{jk} 表示节点 j 到节点 k 的最短路径数量。

节点 i 的容载量 $Q_i^{traffic}$ 表示为：

$$Q_i^{traffic} = (1+\gamma)L_i \qquad (7\text{-}11)$$

式（7-11）中，$\gamma>0$，表示通信网中节点的容忍系数。

在通信网络中，本节认为节点或边的负载大于容载，即发生故障，孤立的节点因无法传送或接收数据被视为发生故障。故障可能会导致节点间最短路径发生改变，这时删除故障节点，根据新的拓扑结构计算剩余节点的负载，直到所有节点的负载小于或等于容载时，级联失效停止。

四　相互依赖的机—电—信网络的级联失效模型

本节以经典的负载—容量模型为基础，构建地铁网络级联失效模型。结合上文对地铁网络级联故障模型的分析可知，该复杂网络的级联失效过程如下所示。

第一，本节不同于以往将节点介数作为节点的初始负载，考虑到客流量是实际系统不可忽视的因素，因此，将日均客流量作为该节点正常运行时的初始负载。

第二，给定一个容忍系数，根据式（7-8）、式（7-11）计算出电网和通信网的节点容载。

第三，对于机械网络而言，要检查设备工作状态。比较电网和通信网中的初始负载和容载，判断节点是否发生故障。地铁网络节点的状态分为两种，分别是正常和失效，而在进行节点负载的再分配时，对于受到攻击的失效节点的负载再分配规则如下所示。

在瞬时干扰发生前，网络中所有节点的状态均被视为正常。在某一时刻，节点遭遇干扰，其状态由正常变为失效，同时节点在该时刻的客流量瞬时变为 0。本节假设失效节点不具备自我恢复能力，需要依靠外部维护手段。因此，当某一节点失效时，其负载需要全部分配到该节点的相邻节点。对于可容忍的过载节点，只有超过容量的负载才会被重新分配。只有当一个节点上的负载明显大于其容量，即该负载超过一定的上限时，该节点才会因严重的过载而发生故障。对于失败的过载节点而言，整个负载将被重新分配，该节点不再正常工作。在这个有限的过载阶段，节点仍然可以工作，但它处理负载的能力降低了。一般情况下，相邻节点被分配的负载受其承受负载能力的影响，因此，失效节点负载的再分配规则可表示为：

$$\Delta L_{i \to j} = Z_j L_i = \frac{Q_j}{\sum_{j \in \Gamma_i} Q_j} L_i(0) \tag{7-12}$$

式（7-12）中，$\Delta L_{i \to j}$ 表示失效节点 i 的相邻节点分担的负载量；Z_j 表示相邻节点分担失效节点负载的比例；Q_j 表示相邻节点的容量；Γ_i 表示失效节点的相邻节点的集合；$L_i(0)$ 表示节点 i 的初始负载。

负载再分配完成后，相邻节点接受了新的负载，此时需要判断相邻节点目前承担的负载是否超过自身容量，如果负载大于容量，则该节点过载失效，可表示为：

$L_j = \Delta L_{i \to j} + L_j(0) > Q_j$

过载的节点会将超过其容量的负载分配给邻近的节点。过载节点的负载分配规则为：

$$\Delta L_{j \to h} = \frac{Q_h}{\sum_{h \in \Gamma_j} Q_h} (L_j - Q_j) \tag{7-13}$$

式（7-13）中，$\Delta L_{j \to h}$ 表示过载节点 j 的相邻节点分担的负载量；Q_h 表示过载节点的相邻节点的容量；L_j 表示过载节点的相邻节点的集合。

当网络中不存在负载大于容量的节点时，网络的级联失效结束。具体过程如图 7-1 所示。

阶段 1：节点 3 先受到干扰，是最初的故障节点。受到攻击后，它的状态从正常变为失败。

阶段 2：与节点 3 相连的线路被中断，节点 3 的负载会按照比例分配到邻近的节点 2、节点 4、节点 7 和节点 9。

阶段 3：当接受了节点 3 分配的新负载后，通过比较现有负载和自身容量可知，节点 2 和节点 9 的负载小于自身容量，节点 4 和节点 7 的负载均超过了它们自身的容量，节点 4 和节点 7 过载成为故障节点，与它们相连的线路也会中断。同理，节点 4 与节点 7 的负载分别被分配到邻近的节点 5 和节点 8。

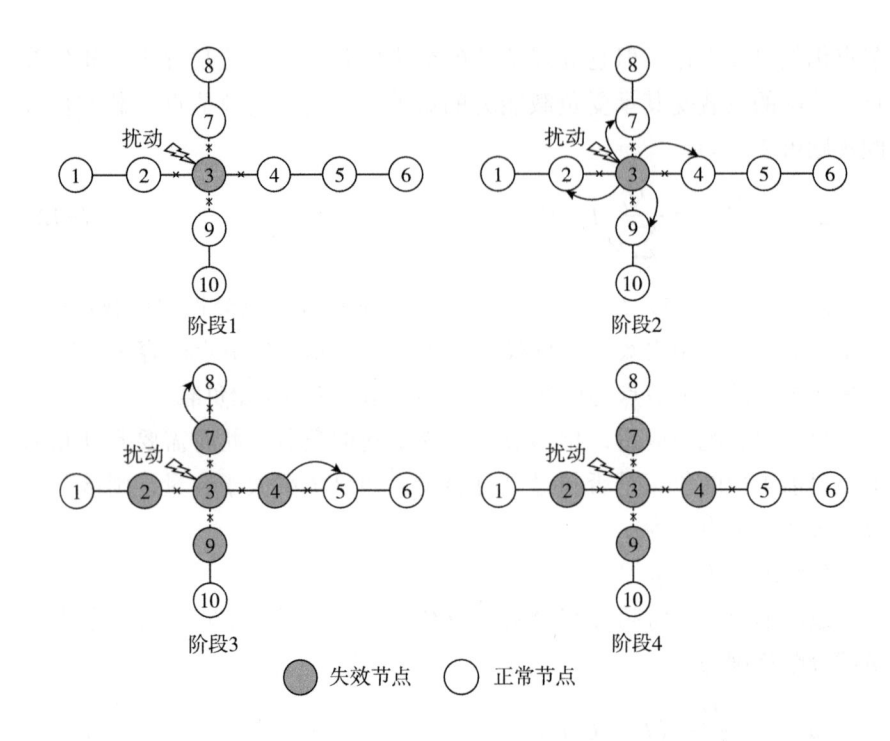

图7-1 网络的级联失效过程

阶段4：在接受了新负载后，比较节点5和节点8的现有负载和自身容量发现，它们的负载都小于自身容量，不会发生故障失效。此时该网络中不存在负载大于自身容量的节点，级联故障结束。

第三节　地铁网络韧性评估模型建立

一　地铁网络韧性评估指标选取

地铁网络韧性评估需要选用合适的衡量指标。每个网络的性能可以通过许多度量来衡量，如正常或失败组件的数量、逆特征路径长度、连通性损失、冗余比、服务客户数量以及损失服务小时数等。通过上述指标可以测量性能损失水平。针对地铁网络，常用的指标大体分为三类，分别为网络拓扑指标、网络性能指标和成本关联指标（刘雄峰等，2022）。

网络拓扑指标主要强调地铁网络的拓扑结构特点，一般通过中心性指标和连通性指标来评估韧性。中心性指标常用于评估地铁网络中节点或边的重要度、识别网络中关键节点或关键区间，如介数中心性、度中心性、接近中心性等（Henry and Ramirez-Marquez, 2012）。连通性指标通常表示地铁网络中节点的连接关系，如α指数、β指数、γ指数、特征路径长度等（Sharifi, 2019; Sun, et al., 2020）。网络性能指标根据系统遭受干扰后性能的变化量来评估网络韧性，主要包括交通流量、出行时间、出行需求、道路容量、恢复时间和恢复速度等。成本关联指标强调城市交通网络中断造成的社会、经济和环境方面的直接或间接影响，一般通过经济成本、时间成本、恢复成本和社会影响成本等评估网络韧性（Sun, et al., 2020; Serdar, et al., 2022; Ahmed and Dey, 2020）。基于成本关联指标的韧性评估能衡量干扰带来的实际损失，同时便于城市管理者和普通大众理解。

综上所述，以上指标概括为表7-1。

表7-1　　　　　　　　城市交通网络常见韧性评估指标

分类	衡量指标
网络拓扑指标	中心性指标（度、介数、接近）
	连通性指标（α、β、γ、特征路径长度）
网络性能指标	交通流量
	出行时间
	出行需求
	道路容量
	恢复时间
	恢复速度
成本关联指标	经济成本
	时间成本
	恢复成本
	社会影响成本

大多数研究采用网络拓扑指标和网络性能指标，很少有研究考虑成本指标。本节将基于拓扑结构特点，结合网络性能指标和成本关联指标，

考虑地铁网络的客流量和时间成本建立韧性评估模型。

二 考虑时间成本的韧性评估模型建立

在工程领域，韧性是指系统遭受干扰后维持性能的能力。在城市轨道交通领域，韧性是指城市轨道交通系统遭受干扰后保持以及恢复运能、运量和路径多样性的能力。系统韧性随时间的推移通常被量化为系统性能的恢复值与损失值的比率。系统性能的失效和恢复过程通常如图7-2 所示。

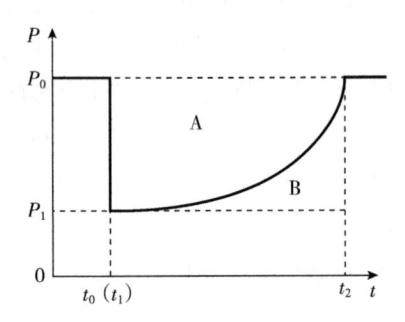

图 7-2 系统性能失效和恢复过程

其中，P 表示网络性能，P_0 表示网络的初始性能，P_1 表示网络受到干扰后的最低性能，t_0 表示网络受到攻击的时刻，t_1 表示网络性能开始恢复的时刻。本节假设系统遭受的是瞬时干扰，所以，网络受到攻击的时刻也是开始恢复的时刻。t_2 表示网络性能恢复到初始状态的时刻。t_0 到 t_1 是网络的失效过程，响应时间很短。t_1 到 t_2 是网络的恢复过程。A 区域表示网络性能的损失，B 区域表示网络性能的恢复。

本节主要研究成本关联指标，因此，以地铁网络系统各站点的总收入 P_{profit} 来表示系统的性能，地铁收入即各站点售卖的客票金额之和，节点 i 在时刻 t 售卖的客票收入 $P_{price}^i(t)$ 表示为：

$$P_{price}^i(t) = pL_i(t) \tag{7-14}$$

式（7-14）中，p 表示单张客票的平均价格；$L_i(t)$ 表示节点 i 在时刻 t 的负载。

t 时刻地铁网络的总负载 $L(t)$ 为各节点的负载之和，$L(t) = \sum_{i=1}^{n} L_i(t)$。当节点 i 在时刻 t_0 受到干扰时，节点 i 失效，同时引起系统发生级联失效。地铁网络系统在时刻 t_0 的客流量明显下降，客票收入显著减少。时刻 t_1 系统的级联失效完成，同时时刻 t_1 开始恢复受损节点。本节假设同一时间只能对一个节点进行恢复，且经过恢复，该节点承担的客流量负载可以恢复到初始水平。

一般情况下，地铁维护周期较长，因此，本节基于地铁收入，考虑了受损节点在恢复过程中的时间成本 TC，根据经济学中一次性支付现值计算方法，可表示为：

$$TC_i(t) = F - F \times \frac{1}{(1+i)^n} = P_{price}^i(t) - \frac{P_{price}^i(t)}{(1+i)^{t_{recover}^i + T_i - t_1}} \quad (i \in B) \quad (7-15)$$

式（7-15）中，$TC_i(t)$ 表示受损节点 i 在时刻 t 的时间成本；F 表示终值；$t_{recover}^i$ 表示节点 i 开始恢复的时刻；T_i 表示节点 i 的恢复时间；i 表示利率；B 表示故障节点的集合。

故障节点 i 在时刻 t 的收入表示为：

$$P_{profit}^i(t) = \begin{cases} P_{price}^i(t), & t \leq t_1 \\ 0, & t_1 < t < t_{recover}^i + T_i \\ P_{price}^i(t) - TC_i(t), & t = t_{recover}^i + T_i \end{cases} \quad (i \in B) \quad (7-16)$$

式（7-16）中，$P_{profit}^i(t)$ 表示节点 i 在时刻 t 的收入。

将式（7-14）、式（7-15）代入式（7-16），可以得到节点 i 在时刻 t 的收入为：

$$P_{profit}^i(t) = \begin{cases} pL_i(t), & t \leq t_1 \\ 0, & t_1 < t < t_{recover}^i + T_i \\ pL_i(t) - \left(pL_i(t) - \frac{pL_i(t)}{(1+i)^{t_{recover}^i + T_i - t_1}} \right), & t = t_{recover}^i + T_i \end{cases} \quad (i \in B)$$

$$(7-17)$$

而一个正常节点在时刻 t 的收入为 $P_{profit}^i(t) = P_{price}^i(t) = pL_i(t)$。地铁网络在时刻 t 的总收入 $P_{profit}(t)$ 是网络中所有节点的收入之和，即 $P_{profit}(t) = \sum_{i=1}^n P_{profit}^i(t)$。地铁网络的性能变化过程如图 7-3 所示。

在图 7-3 中，P_{profit} 表示地铁网络的性能，$P_{profit}(t_0)$ 表示地铁网络的初始性能，$P_{profit}(t_1)$ 表示地铁网络受到攻击后的最低性能，$P_{profit}(t_n)$ 表示地铁网络恢复后的性能。地铁网络级联失效在时刻 t_0 开始，在时刻 t_1 网

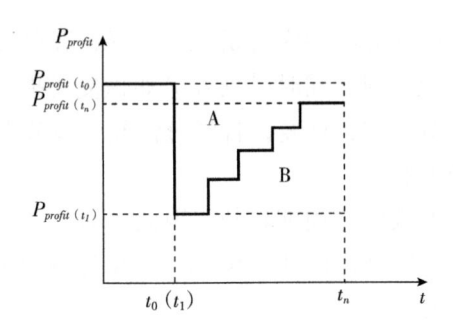

图 7-3　网络性能变化曲线

络性能开始恢复，在时刻 t_n 完成。以地铁收入衡量地铁网络的性能，因维护恢复需要消耗一定的时间，且同一时刻只维护一个节点，所以，网络性能呈现阶梯式变化，存在某一段时间的地铁收入一样，即性能不发生变化。考虑到恢复过程中的时间成本问题，时刻 t_n 的地铁收入一定小于时刻 t_0 的收入。图 7-3 中，区域 A 表示地铁网络性能的损失，区域 B 表示网络性能的维护恢复。在本节中，地铁网络的韧性被定义为当攻击发生时地铁网络进行抵御和快速恢复的能力。系统性能损失累计值为：

$$F_{loss} = \sum_{d=1}^{n}(P_{profit}(t_0) - P_{profit}(t_d))(t_d - t_{d-1})(d \in [1, n]) \quad (7-18)$$

系统在打击损伤和维护恢复下所承受的全部性能损失量被称为系统性能裕度，用 F_{margin} 表示为：

$$F_{margin} = (P_{profit}(t_0) - P_{profit}(t_1))(t_n - t_0) \quad (7-19)$$

地铁网络的韧性量化为 R：

$$R(t) = \frac{F_{margin} - F_{loss}}{F_{margin}} = \frac{(P_{profit}(t_0) - P_{profit}(t_1))(t_n - t_0) - \sum_{d=1}^{n}(P_{profit}(t_0) - P_{profit}(t_d))(t_d - t_{d-1})}{(P_{profit}(t_0) - P_{profit}(t_1))(t_n - t_0)}$$

$$(7-20)$$

根据面积大小可知，R 的取值范围是 $(0, 1)$，当 $R=0$ 时，表明系统没有任何性能弹性，处于临界崩溃状态；当 $R=1$ 时，表明系统没有任何性能损失，处于最佳状态；R 的值越大，表明系统韧性越高。

第四节 基于节点重要度的韧性优化策略

地铁网络中的不同节点具有不同的重要度，重要度越高的节点越关键。节点维护顺序是基于节点的重要度顺序决定的。通过优先维护重要度高的节点，可以提高地铁网络的恢复能力。

恢复策略会影响网络的韧性，恢复策略越优，韧性 R 的值越大。考虑到地铁维护恢复过程需要大量的时间，而且失效的节点无法承载乘客，没有收入。因此，恢复过程中的时间价值是不能忽视的。本节将恢复过程中的时间价值纳入节点重要度度量中，从而根据节点的重要度来确定最优的维护顺序，使系统维护后的韧性最大化。节点 i 的重要度 I_i^V 可表示为：

$$I_i^V = P_{profit}^i(t = t_{recover}^i + T_i) - P_{profit}^i(t_0) \tag{7-21}$$

其中，$P_{profit}^i(t_0)$ 为节点发生故障时的性能，$P_{profit}^i(t = t_{recover}^i + T_i)$ 为节点 i 损伤后完成恢复时的性能。将其代入式（7-21）可得：

$$I_i^V = \frac{pL_i(t_{recover}^i + T_i)}{(1+i)^{t_{recover}^i + T_{i-t_1}}} \tag{7-22}$$

I_i^V 的值越大，代表该节点在维护后的价值越大。

网络受到攻击后，为了不影响正常交通运行，需要立即对故障车站进行维护，以确保损失最小。但是资源是有限的，本节假设同一时刻只能维护一个车站。车站维护的顺序决定了恢复后系统的性能水平的高低。

对于两个不同的故障节点 i 和故障节点 j，假设 $R(i)$ 是对故障节点 i 维护后的网络韧性值，$R(j)$ 是对故障节点 j 维护后的网络韧性值，网络在时刻 t 的性能为 $P_{profit}(t)$。因为 $I_i^V > I_j^V$，根据式（7-22）得到：

$$\frac{pL_i(t+T_i)}{(1+i)^{T_i}} > \frac{pL_j(t+T_j)}{(1+i)^{T_j}} \tag{7-23}$$

如果选择故障节点 i 进行维护，将节点 i 与节点 j 的重要度表述代入式（7-20）中，可以得到：

$$R(i) = \frac{\sum_{d=1}^{n}\left(\frac{pL_i(t+T_i)}{(1+i)^{T_i}}\right)}{P_{profit}(t_0) - P_{profit}(t) - \sum_{d=1}^{n}\left(\frac{pL_i(t+T_i)}{(1+i)^{T_i}}\right)} = \frac{1}{\frac{P_{profit}(t_0) - P_{profit}(t)}{\sum_{d=1}^{n}\left(\frac{pL_i(t+T_i)}{(1+i)^{T_i}}\right)} - 1}$$

(7-24)

再根据式（7-23）得到 $R(i)>R(j)$。因此，如果节点 i 与节点 j 均发生故障，且 $I_i^V>I_j^V$，应先对节点 i 进行维修，此时网络的韧性值会更高。如果 $I_i^V<I_j^V$，应先对节点 j 进行维护，此时网络的韧性值越高。根据节点重要度来确定最佳的维护顺序，可以使系统的韧性实现最大化。

第五节 案例分析

郑州地铁于2013年12月28日开通试运营。截至2022年9月，共有8条地铁线路在运营，运营里程为232.6千米，有127个运营车站，全年客运量为29275.50万人次，客运周转量为225095.70万人次，年日均客流量为89.66万人次。各条线路的车站数量如表7-2所示。

表7-2　　　　　　　　郑州地铁线路和站点数量

地铁线路	站点数量（含换乘站，个）	里程（千米）
郑州地铁1号线	30	41.2
郑州地铁2号线	22	31.0
郑州地铁3号线（一期）	21	24.5
郑州地铁4号线	27	29.2
郑州地铁5号线	32	40.7
郑州地铁6号线（一期西段）	10	17.0
郑州地铁城郊线	16	40.7
郑州地铁14号线（一期）	4	8.3

郑州地铁的L形空间网络拓扑结构如图7-4所示。

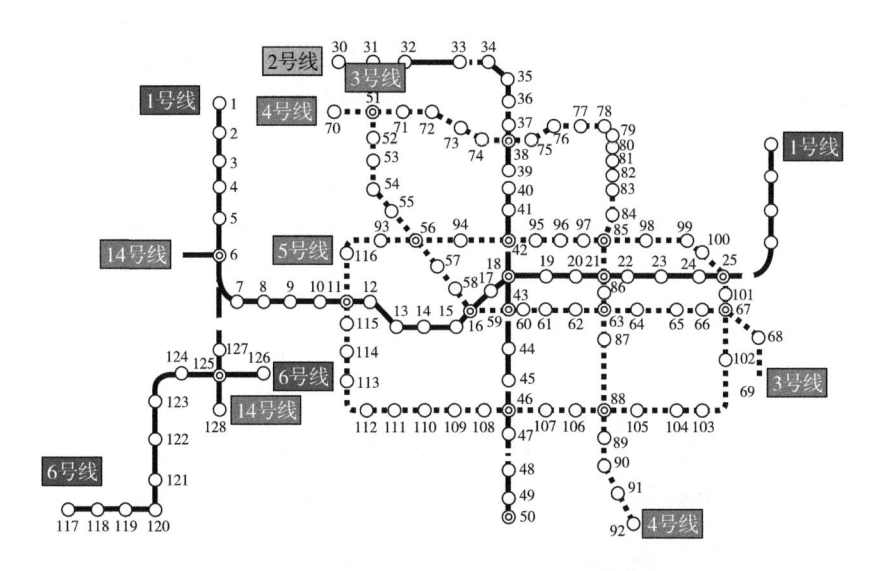

图 7-4 郑州地铁 L 空间网络拓扑结构

图 7-4 显示了郑州地铁网络的拓扑网络，不包括未完成的线路和未开通的节点，共有 127 个站点。根据图 7-4 中节点的连接状态，建立郑州地铁网络的邻接矩阵 M。邻接矩阵 M 的大小为 127×127，其值为：

$$M = \begin{bmatrix} a_{11} & a_{12} & \cdots & a_{1127} \\ a_{21} & a_{22} & \cdots & a_{2127} \\ \vdots & \vdots & \vdots & \vdots \\ a_{1271} & a_{1272} & \cdots & a_{127127} \end{bmatrix}$$

表 7-3 显示了郑州地铁网络的一些拓扑特征值。该网络的平均路径长度为 11.2，即网络中任何两个站点之间的平均最短路径需要经过 11.2 个站点。网络直径为 32.0，即地铁网络中最长的线路有 32.0 个站点。

表 7-3　　　　　　　　　　郑州地铁网络拓扑参数

网络特征	郑州地铁网络
节点数量	127.0
连接线路数量	139.0
平均节点度	3.2
平均最短路径长度	11.2
网络直径	32.0

160 / 基于重要度的基础设施韧性研究

通过计算得到郑州地铁网络的节点平均度数为 3.2，即地铁网络中的每个车站平均与 3.2 个车站直接相连。郑州地铁网络中 127 个节点的度分布直方图如图 7-5 所示。

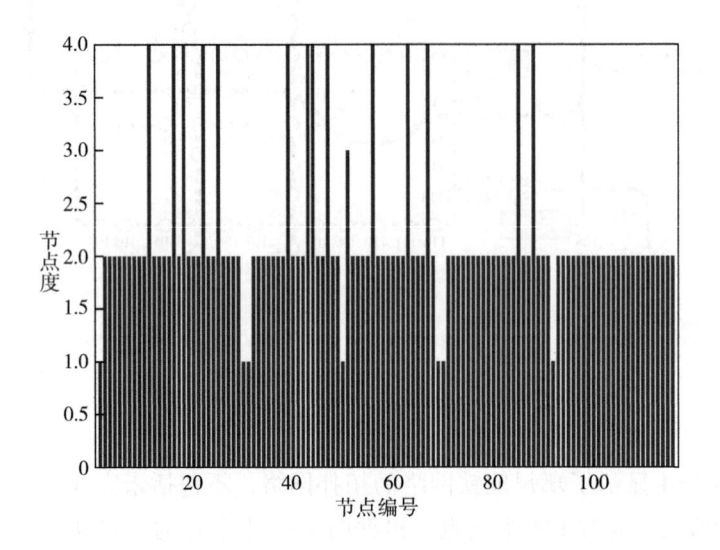

图 7-5　郑州地铁节点度分布

注：黑色实心条表示节点的度。

郑州地铁网络中的节点度数最大为 4，最小为 1，网络中大部分节点的度数为 2。图 7-6 显示了郑州地铁网络中节点度数的概率分布。

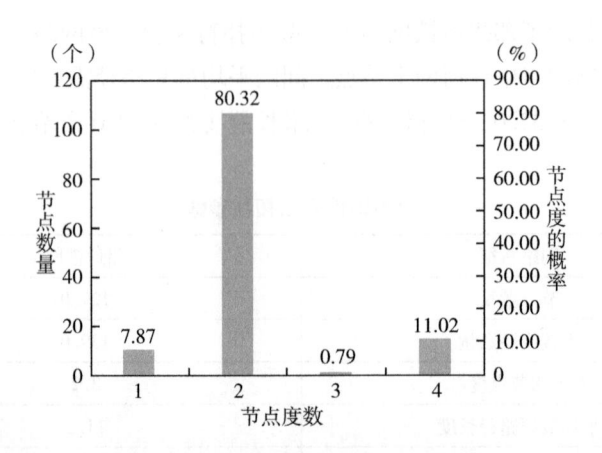

图 7-6　郑州地铁节点度的概率分布

度数为 1 的节点表示只有一个车站与其相连，即该站点是地铁线路的终点。度数为 2 的节点表示有两个车站与它相连，即有一条地铁线穿过该站点。度数大于 2 的节点表示有多个（大于 2 个）车站与它相连，即该站点是地铁网络中的一个换乘站。郑州地铁有 10 个站点的节点度为 1，占总站点数的 7.87%。有 102 个站点的节点度为 2，占总站点数的 80.32%。有 1 个站点的节点度为 3，占总站点数的 0.79%。有 14 个站点的节点度为 4，占总站点数的 11.02%。

由以上拓扑结构及拓扑参数可以发现，相较于 2021 年的郑州地铁网络，2022 年网络规模有较大的提升，轨道交通网络中车站数和区间线路数分别有 9.48% 和 21.26% 的提升，网络的中心性、连通性和紧凑性均有不同程度的提升。

本节选择平均网络效率作为反映网络受损程度的指标。以下是郑州地铁网络级联失效的具体过程。

一是调查郑州地铁网络各站点 15 天内的日客流量并将其平均值作为各节点的初始负载。

二是选择一个合适的容忍系数 α，本节假设 $\alpha=0.6$，计算每个节点的容量。

三是根据不同的攻击策略对节点进行攻击。被攻击的节点瞬时失效。若网络中失效节点的数量增加，该失效节点的负载为 0。

四是由邻接矩阵找到失效节点的相邻节点。失效节点的所有负载被转移到相邻节点。此时，邻接矩阵中失效节点为 0，该节点及相邻节点的负载也发生了变化。本节根据更新后的负载计算此时的平均网络效率。

五是比较更新后每个节点的负载和容量。当出现一个节点的负载大于其容量时，该节点就处于过载状态。同时，超过该节点容量的负载将会转移到其相邻节点，此时其容量成为该过载节点的负载。重复以上过程，当网络中所有节点的负载都不大于其容量，则网络级联失效结束。

不同的节点攻击策略会对地铁网络造成不同程度的破坏。因此，本节考虑随机攻击和蓄意攻击两种情况，具体可分为随机节点攻击策略、基于节点度的攻击策略和基于节点介数的攻击策略。随机节点攻击策略是随机选择节点进行攻击，可通过软件进行随机筛选；基于节点度的攻击策略是按照网络中节点的度数从高到低选择节点进行攻击；基于节点介数的攻击策略是按照网络中节点的介数从高到低选择节点进行攻击，直到网络中的所有节点都失效。

一般情况下，容忍系数越大，节点容量相对越大。本节对容忍系数为0.6时的郑州地铁网络进行分析，得出在三种不同的攻击策略下的级联失效的仿真结果，如图7-7所示。

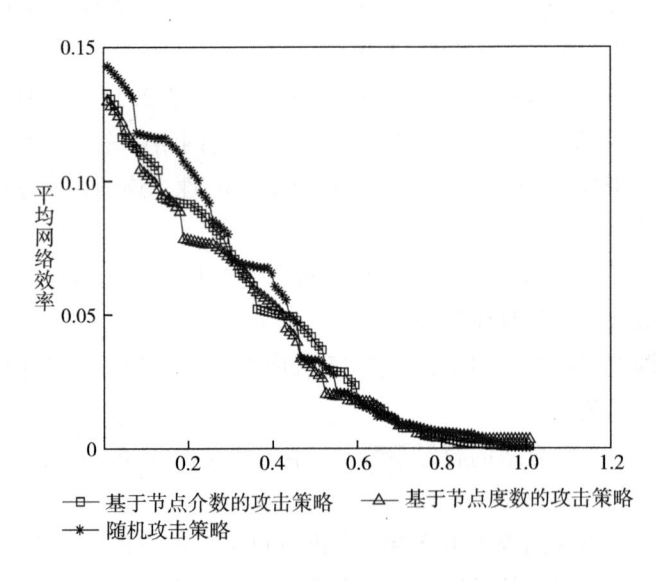

图7-7 容忍系数为0.6的三种攻击策略下的平均网络效率

在图7-7中，网络失效节点比率是失效节点的数量与所有节点数量的比率。在相同的网络失效节点比率下，比较三种攻击策略的平均网络效率，较低的平均网络效率表明网络受损程度较大。根据三种攻击策略的结果可知，基于节点度的攻击策略使网络在攻击过程中的平均网络效率下降最快，随机攻击策略下平均网络效率下降最慢。由此可以得到，基于节点度的攻击策略对网络韧性影响最大，随机攻击策略对网络韧性影响最小。基于以上结果，在对系统韧性进行优化时，需要根据节点度的大小来考虑节点的维护顺序。

地铁网络的韧性在很大程度上取决于恢复策略，较好的维护顺序可以更好地提高网络的韧性。本节从某一故障节点分析郑州地铁网络的韧性和节点维护优先级。郑州地铁网络中有多个换乘站，起到连接各线路的重要枢纽作用。因此，换乘站发生故障会对网络性能产生重要影响。

本节结合网络拓扑结构特点和客流量分布，假设节点 18 最先受到攻击，其全部负载会被分配到相邻节点 17、节点 19、节点 42、节点 43，通过比较此时 4 个节点的容量和新负载大小，节点 19 和节点 42 处于过载状态，同时被列入失效节点集合。2 个过载节点以自身容量作为新负载，过载部分被分配到各自相邻节点，重复上面的分析过程，节点 95 会发生过载故障，其过载部分被分配到节点 96 上。此时，该网络中不存在负载大于容量的现象，即级联失效过程结束。具体失效过程如图 7-8 所示。

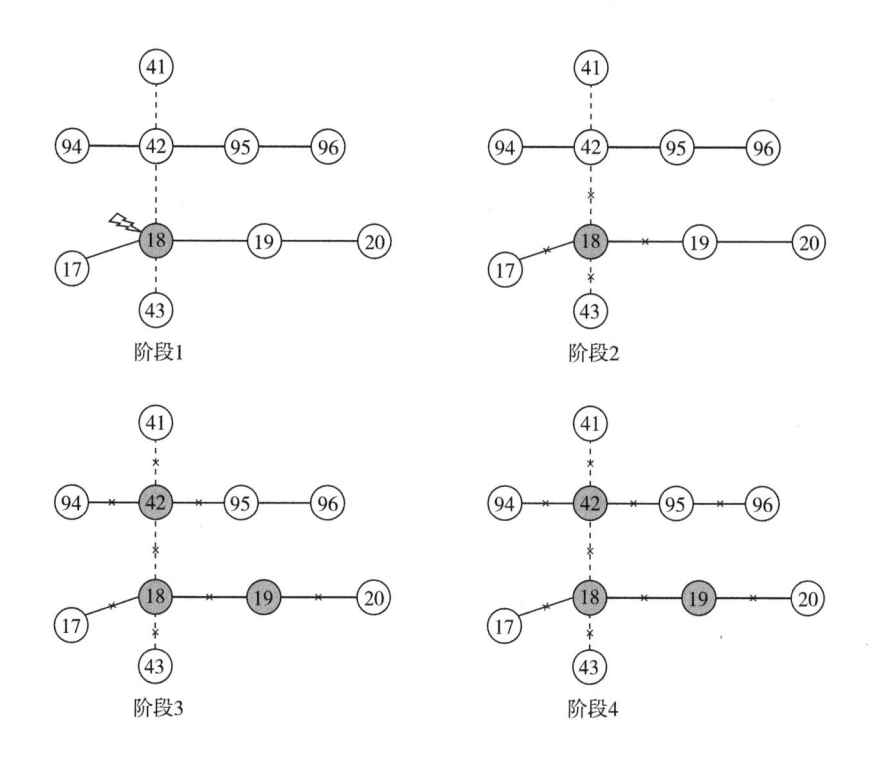

图 7-8　节点 18 引起的级联失效过程

2022 年郑州地铁的日均客流量为 89.66 万人次，平均票价约为每人 4 元。本节假设度数为 2 的车站平均维护期为一个月（30 天），则节点 18 的维护周期为 60 天，节点 19 的维护周期为 30 天，节点 42 的维护周期为 60 天，节点 95 的维护周期为 30 天，总维护周期为 180 天。根据调查计算，假设平均月利率为 0.39%，且同一时间段只能维护一个车站。

根据网络性能变化模型计算出地铁网络级联失效过程中网络的性能

变化。地铁网络的初始性能是 576.3 万。级联失效结束后，地铁网络的性能为 543.2 万。基于地铁网络节点重要度模型，同一时间只维护一个节点，由此计算出四个维护阶段的节点价值重要度并确定最佳维护顺序，如表 7-4 所示。

表 7-4　　　　　　　　四个维护阶段的节点重要度及维护顺序

维护阶段	节点编号	节点重要度值	排序	维护节点
阶段一	18	100327.42	1	18
	19	54261.38	4	
	42	47623.51	2	
	95	29976.84	3	
阶段二	19	53926.17	3	42
	42	47322.62	1	
	95	29863.45	2	
阶段三	19	53628.22	2	95
	95	27662.71	1	
阶段四	19	53066.46	1	19

根据表 7-4 的结果可以得到，维护的最佳顺序为 18—42—95—19。由于同一时刻只选择一个节点进行维护，且车站的维护时间较长，因此，在维护过程中，地铁收入会维持一段时间不发生变化，维护过程呈阶梯式变化。图 7-9 为最优维护顺序下网络性能的恢复过程。为体现性能变化趋势最优，与最佳顺序的维护逆过程（即 19—95—42—18）进行对比。其中，实线表示维护顺序 18—42—95—19，虚线表示顺序 19—95—42—18。

从图 7-9 可以看出，采用最佳维护顺序，系统的性能变化趋势最大，在同一时间内网络性能更高，最终恢复的系统性能也更高。同时在该最优维护顺序下，郑州地铁网络的韧性值为 0.92。因此，在对地铁网络进行维护时，优先对重要度高的节点进行维护，可以使系统性能更高。

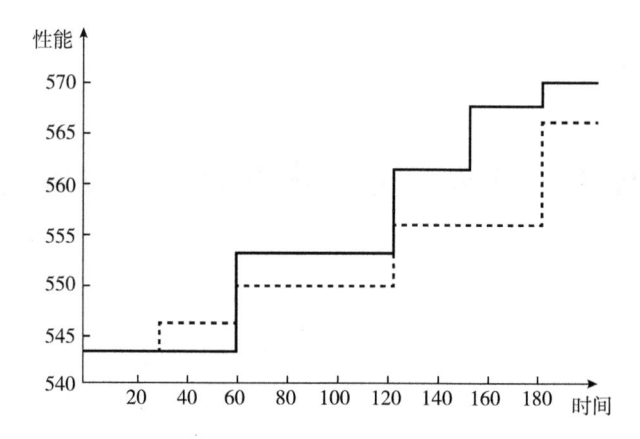

图 7-9　最优维护顺序下网络性能的恢复过程

第六节　本章小结

本章主要研究地铁网络级联失效以及韧性评估理论的应用问题。首先，从复杂网络角度出发，通过建立空间模型对地铁网络的拓扑结构进行分析；其次，分析该复杂网络的级联失效机理并基于客流分布与拓扑结构特点建立考虑时间价值的韧性评估模型；最后，通过评估各节点重要度，确定节点的维护顺序，更好地提升网络韧性，为实现地铁系统可持续发展提供参考和借鉴。

第八章　自然灾害影响下的供水设施韧性

城市供水设施是城市的重要基础设施，是确保城市运转的关键。城市供水设施为居民提供所需用水，最大限度地保证城市居民的需求。但城市供水设施也易受到自然灾害的影响。本章首先以自然灾害为研究背景，建立城市供水设施的级联失效模型并对失效传播机理进行分析；其次，在城市供水设施失效后进行维护；最后，建立韧性模型并对其进行分析。水是重要的资源，日常生活离不开水，水的安全是城市平稳运行的基础，是影响城市发展的基础。城市供水网络的目标就是保障城市居民的日常用水需求，但城市供水网络作为城市的重要基础设施，容易受到自然灾害的影响。所以，研究供水网络在灾害发生后的运行能力对城市的发展意义重大。

第一节　供水设施建模

一　城市供水设施的数学模型

城市供水设施本是一个复杂网络，网络是由若干个节点以及连接这些节点的边（链路）组成的。在城市分布式供水网络中，节点分为源节点和终节点。其中，源节点负责供水，即只输出水资源，多为水库、自来水厂等；而终节点（多为用户）则有水资源的输入，大多具有水资源的输出，即下游节点供水。节点与节点之间的连接即供水网络中的边，边在实际供水设施中表示连接用户的管道。图 8-1 是供水网络示意图。

从图 8-1 中可以看出，在供水网络中，水从自来水厂流出后，经过加压泵加压流入居民楼中。在供水网络工作的过程中会出现一个居民楼由多个水源供水的情况，同时也会出现在末端的节点需要采用加压泵才能满足用水需求的情况。

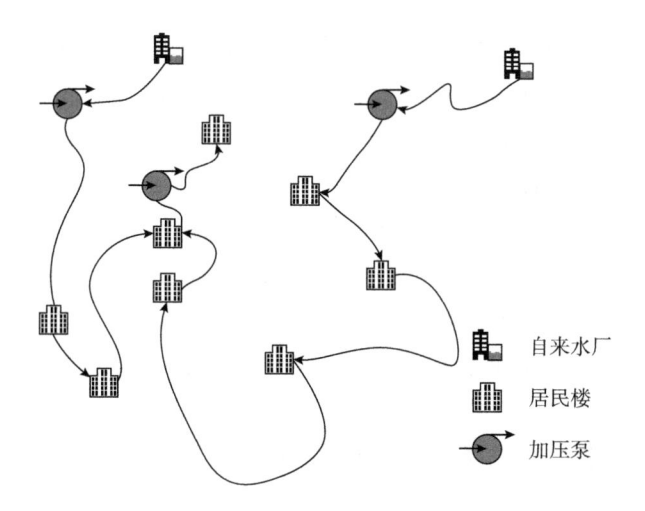

图 8-1　城市供水网络示意

本节用 $G(A, S, RE)$ 表示城市供水网络,其中,A 代表网络中的用户节点,S 代表网络中的管道,RE 代表网络中的供水节点。在供水网络的研究中,本节假设网络中的供水节点和供水网络中的管道均会失效。在对供水网络建模的过程中,本节采用的是宏观模型,即不考虑过多的管道,仅仅将节点与节点间连接的边看作管道,从而减小分析该问题的难度。

二　城市供水的水力方程模型

在供水网络中,线路错综复杂,某一节点的供水并不是由单一节点提供的,同理,节点也不单独为下游某一节点供水,所以,分析节点的流量需要放在供水网络中进行综合分析。Liu 等(2020)提出了供水网络中的流量转移方程,即:

$$\sum q_{in} - \sum q_{out} + q_i = 0, \ i = 1, 2, 3, \cdots, n \quad (8-1)$$

其中,q_{in} 是流入节点的流量,q_{out} 是流出节点的流量,q_i 为节点 i 的实际流量。

在节点与节点相连的边中,能力会有损失,从上游节点到达下游节点的水头会减少,通过能量守恒定律,提出了管道中压降方程,即:

$$H_i - H_{Fj} = \Delta h_j, \ j = 1, 2, \cdots, n \quad (8-2)$$

$$\Delta h_j = S_j q_j \quad (8-3)$$

其中，H_i 表示边 j 的开始节点的水头，H_{Fj} 表示边 j 的终止节点的水头，Δh_j 表示边 j 的压降，n 表示供水网络中边的数量，S_j 表示管道 j 的摩阻系数，q_j 表示边的流量。

三 城市供水设施的分区模型

供水网络分区的目的是更好地控制网络的运行，保证节点受损后对网络的影响最小。另外，不同地域的位置差别较大，如果采用同一供水节点，会造成水资源的浪费以及消耗过多的能量。那么在本次的分区中，要达到的目标是一个供水节点控制一部分邻近节点，使整个网络的能量损失最小。

此时，该网络分区模型的目标函数为：

$$\min Z = \sum_{j=1}^{m_j} \kappa_j q_j \Delta h_j \tag{8-4}$$

其中，Z 为系统的总体水头损失，即能量损失；q_j 为管道 j 的流量；κ 为管道的权重系数。

在供水网络的分区过程中，假设水流沿着最短路径流动为水资源的最优分配办法，那么，管道的权重系数为在分区后的区域内从供水节点到需水节点之间的最短路径经过管道的次数，即：

$$\kappa_j = \sum_{o=1}^{m_r} x_{roj} \tag{8-5}$$

式 (8-5) 表示在第 r 个分区中，从供水节点 r 到终节点 o 的最短路径经过 j 的次数。其中，x_{roj} 为 0—1 变量。当最短路径经过管道 j 时，$x_{roj}=1$；反之则为 0。

此时，供水网络分区的约束模型为：

$$\begin{cases} \sum q_{in} - \sum q_{out} + q_i = 0 \\ H_i - H_{Fj} = \Delta h_j \\ \Delta h_j = S_j q_j \\ q_i^{nor} \leq q_i \\ p_{rei}^{\min} \leq p_{re} \leq p_{rei}^{\max} \end{cases} \tag{8-6}$$

其中，q_i^{nor} 为节点 i 的最低流量，即用户的日常需求中的正常流量，$p_{rei}^{\min}$ 和 $p_{rei}^{\max}$ 表示节点所能容忍的最低水压和最高水压。约束 4 和约束 5 是对分区后的节点的水压和流量进行约束。

第二节　供水设施的韧性模型

一　城市供水设施的性能建模

对于城市基础设施而言，保障居民的正常生活是主要目标，盈利并非其核心价值，并且大多数基础设施并非营利性的。因此，对于城市的供水网络的性能评价就不能从利润角度出发，应该从用户的满意度或供水网络对用户的服务程度出发。对于单个节点（用户）来说，该节点的性能就是供水网络所能提供的流量。本节假设 q_i^{nor} 表示供水网络中节点 i 中的正常需水量，q_i^{min} 代表节点能够满足最低生活需求的需水量，上述需水量为全年平均需水量，q_i^{act} 表示供水网络中节点 i 的实际供水量。此时：

$$P_i(t) = \frac{q_i^{act}(t)}{q_i^{nor}(t)} \tag{8-7}$$

对于节点的性能而言，目标性能应该为1，此时供水网络提供的供水量完全能够满足用户的需求。

在供水网络中，有许多特殊的客户群体，如消防站、医院、高校等。这些用户用水的需求较大且供水中断影响也最大，所以，在供水网络提供服务的过程中，应当优先服务这些节点。对于供水网络所提供的服务，系统的总体性能为（Dui, et al., 2022）：

$$P(t) = \sum_{i=1}^{m} \beta_i P_i(t) \tag{8-8}$$

其中，β_i 为网络中节点的权系数，代表各节点的重要程度。但为了方便计算，可将其表示为：

$$\rho_i = \frac{\beta_i}{\sum_{i=1}^{m} \beta_i} \tag{8-9}$$

$$P(t) = \sum_{i=1}^{m} \rho_i P_i(t) \tag{8-10}$$

其中，ρ_i 为节点归一化后的权系数，供水网络的性能值为0—1。

从供水网络遭受灾害到供水网络开始维护，供水网络的性能变化如图8-2所示。

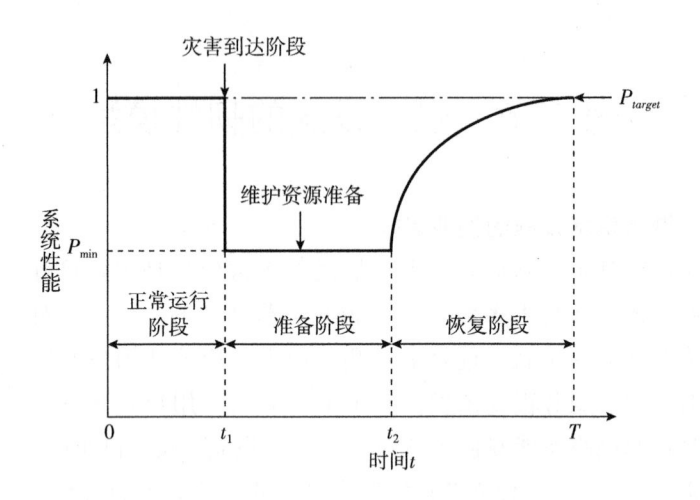

图 8-2　城市供水网络性能变化

由图 8-2 可知，城市供水网络性能变化可分为四个阶段。

第一阶段：正常运行阶段，$t\in(0,t_1)$。供水网络正常运行，网络状态正常，各节点的流量均满足用户需求。

第二阶段：灾害到达。此时，供水网络在时刻 t_1 发生灾害，网络的性能发生退化，本节认为灾害造成的系统性能退化应该是瞬时的。

第三阶段：准备阶段，$t\in(t_1,t_2)$。灾害到达后造成的网络级联失效已经停止，因此，该阶段需要统计节点和边的失效情况，准备相关的材料以及组织相关人员，并在此基础上进行决策，从而确定恢复方案。

第四阶段：恢复阶段，$t\in(t_2,T]$。此时城市供水网络的维护工作开始，网络的性能开始恢复并达到灾害发生前的性能水平。

二　城市供水设施的级联失效模型

前文对城市供水网络已做了初步的介绍，该网络模型中的节点分为源节点和终节点，源节点代表水库、泵站。在本节中，供水网络的状态有两种，即失效和正常。节点 i 的状态为 v_i，$v_i=0$ 代表节点失效，$v_i=1$ 代表节点正常。因此，节点状态 v_i 可表示为：

$$v_i=\begin{cases}1 & q_i^{act}\geqslant q_i^{min}\\ 0 & q_i^{act}<q_i^{min}\end{cases} \tag{8-11}$$

在流量计算中，以供水网络中的水压作为已知量并求解流量。此时，水压与流量的关系模型可表示为：

$$q_i^{act} = \begin{cases} 0 & p_{rei}^{act} \leq p_{rei}^{min} \\ q_i^{nor}\sqrt{\dfrac{p_{rei}^{act}-p_{rei}^{min}}{p_{rei}^{nor}-p_{rei}^{min}}} & p_{rei}^{min} < p_{rei}^{act} < p_{rei}^{nor} \\ q_i^{nor} & p_{rei}^{nor} \leq p_{rei}^{act} \end{cases} \quad (8-12)$$

其中，p_{rei}^{act} 表示节点真实的水压，p_{rei}^{min} 为设计中要求的最低水压，p_{rei}^{nor} 为设计中要求的正常水压或标准水压。式（8-12）显示了节点与流量间的关系。在供水网络的分析中，虽然流量、水压均为水力参数，但是压力更能反映供水网络的具体状态，包括是否出现爆管等。

对于节点来说，不光要考虑节点的流量，更要考虑节点的水压。当节点水压过高时，会导致水流喷溅，甚至节点爆管；当节点水压过低时，水流缓慢。Dui 等（2023）在地铁网络中提出了考虑节点容忍系数的节点负载模型，并在供水网络模型中，将节点水压作为负载，提出：

$$L_i = (1+\alpha)p_{rei}(0) \quad (8-13)$$

其中，L_i 代表节点的负载；α 为容忍系数，表示节点承受负载的能力，在第一节中表示为 p_{rei}^{max}；$p_{rei}(0)$ 表示节点 i 的初始水压，一般为节点 i 的标准水压，即第一节中的 p_{rei}^{min}。

在研究供水网络中的级联失效前，本节引入以下假设。

假设 1：节点失效不仅要满足节点的流量需求，既要满足节点的最低流量需求，还要满足节点的水压需求，当节点的水压超过负载时会引起节点的失效。

假设 2：节点失效后，与节点相连的边也失效。若与节点相连的边上存在阀门，当节点失效后，阀门自动关闭。此时不会有水向失效节点流动，同样该节点也不会向其他节点供水，由于边上的阀门关闭，边中也无水流动。

假设 3：级联失效引起的负载变化的节点如果满足假设 1 中的要求，则失效。

对于上述假设，本节进行了详细的分析。

在假设 1 中，节点的正常水压 P_i^{nor} 以及最低水压 P_i^{min} 为定值，所以在已知节点的最低流量时，可以得到节点正常状态的临界水压 P_{TV}，即：

$$p_{reTV} = \frac{q_i^{min}}{q_i^{nor}}(p_{rei}^{nor} - p_{rei}^{min}) + p_{rei}^{min} \qquad (8-14)$$

基于此，节点的状态 v_i 可表示为：

$$v_i = \begin{cases} 0 & p_{rei}^{act} < p_{reTV} \\ 1 & p_{reTV} \leq p_{rei}^{act} \leq L_i \\ 0 & p_{rei}^{act} > L_i \end{cases} \qquad (8-15)$$

在供水网络中，边代表的是节点与节点相连的管道，在实际生活中代表了供水网络中的管道。相比于节点失效，现在生活中出现更多的是边的失效。边的失效，可能是由于爆管、人为破坏、自然灾害的破坏产生的。供水网络服务的对象是用户，所以，边的失效最终引起的是节点的失效。那对于边的状态 μ_j 有正常和失效两种状态，分别用 1 和 0 表示。在边受到攻击后，边失效，该边的阀门关闭。同时，将该边从供水网络的拓扑结构中移除，重新计算节点的水压以及流量。根据假设 2 可知，如果边失效，边上存在阀门自然关闭，最终影响的还是网络中的节点。

供水网络中节点的失效，可能是由自然灾害或者人为灾害引起的。当供水网络中的一个节点失效后，网络的级联失效过程包括三个阶段（见图 8-3）。

阶段 1：节点 i 受到灾害后，节点的水压满足 $p_{reTV} \leq p_{rei}^{act} \leq L_i$ 时，节点正常运行，无级联失效发生；反之，节点失效，计算其余节点的水压、流量。

阶段 2：新的失效节点出现，移除新的失效节点以及与之相连的边，重新计算网络中节点的水压。如果有新的节点失效，则重复阶段 2，否则通往阶段 3。

阶段 3：级联失效完毕，计算级联失效后的系统性能。

图 8-3 中的顺序 1、2、3 分别表示供水网络级联失效的变化情况。当节点遭到攻击时，与之相连的边从图 8-3 中移除，下游节点失效。该节点的上游节点由于水压过大也会失效。

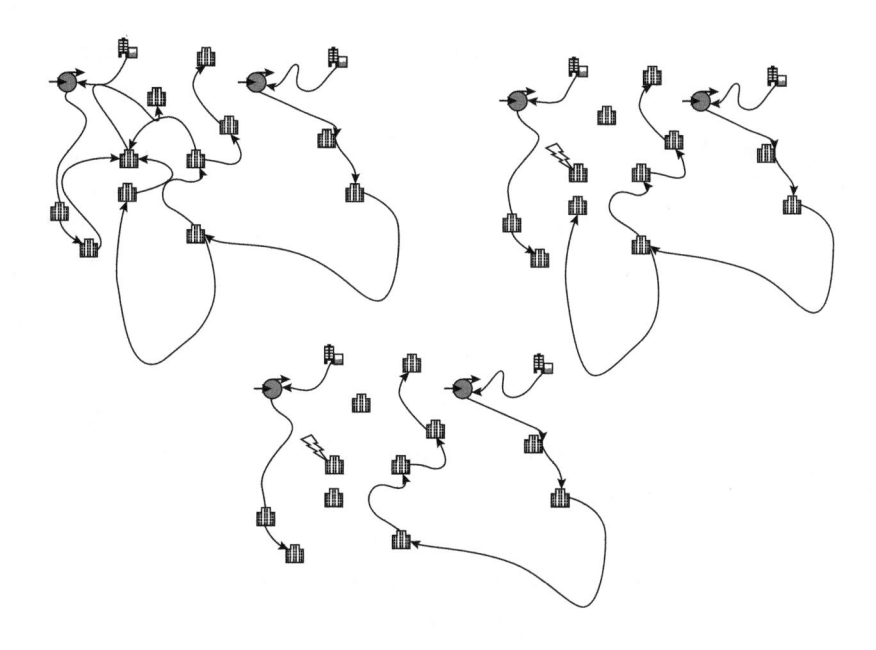

图 8-3 级联失效示意

三 城市供水设施的性能退化模型

在城市供水网络的运行中，往往会受到各种灾害的影响，如台风、地震等。在这些灾害的影响下，城市供水网络性能会发生退化，退化的原因主要在级联失效的影响下，节点的性能下降，造成整个网络的性能下降。

基于此，本节对灾害到达后对供水网络的几种不同影响方式进行分析。

灾害到达后，无法预测灾害的规模，无法判断灾害影响下初始失效节点的个数以及分布，因此，无法得到灾害发生后的系统性能。另外，由于问题的关键在于确定灾害影响后的节点个数，本节设定三个步骤。

步骤1：网络初始性能为完美性能，设置灾害影响下的失效节点个数，分别为0—m。其中，m的数目不宜过大，因为如果被攻击的节点数过多，会使整个网络全线崩溃（如汶川地震），不在本节的考虑范围内。

步骤2：在初始失效节点个数的限制下进行随机模型分析。确定初始失效节点，使用前文提及的级联失效方法，确定灾害发生后的级联失效情况并计算网络的性能。其中，此次灾害下的网络的平均性能为：

$$P^i = \sum_{j=1}^{n} \frac{1}{n} P_j^i \tag{8-16}$$

其中，P^i 代表灾害影响的节点个数为 i 时的系统期望性能，n 代表这种情况下的 n 种不同的初始失效节点，P_j^i 代表初始失效 i 个节点的 j 种方式下的网络性能。需要特别注意的是，在该步骤下，灾害一般不影响水库，即源节点。

步骤 3：0—m 个失效节点出现的概率由决策者给出。在此需要考虑一个极为特殊的情况，即如果灾害攻击的是所有水库，也需要将该情况发生的概率同样考虑进去。

基于以上分析，网络受到灾害后的性能向量为 $P = [P^1, P^2, \cdots, P^m]$，网络的性能分布向量则为 $I = p_r(t_0) = [p_{r0}(t_0), p_{r1}(t_0), \cdots, p_{rm}(t_0)]$。该分布向量往往由决策者决定，决策者更加了解城市的基本情况。

基于此，本节对供水网络的状态与性能做进一步的分析。

基于上述的灾害影响方式以及计算方法，可以得到网络在受到攻击后的网络性能，即：

$$D = I^T \tag{8-17}$$

此时网络状态转移后时刻 t 的平均性能为 $P(t) = P \times D$。根据上述描述，本节得到网络的性能退化流程如图 8-4 所示。

四 城市供水设施的性能恢复分析

在性能退化的过程中，本节分析了不同灾害影响方式下的网络性能变化，确定了网络的性能矩阵，那么对于供水网络的恢复阶段而言，同样采用转移概率的方式更为合理。转移概率的组成是根据城市的人工、资源以及协调组织能力确定的，该矩阵往往由决策者自行决定。基于此，本节建立了恢复过程的核矩阵，即：

$$A = \begin{bmatrix} 0 & 0 & \cdots & 0 \\ a_{10}(t) & 0 & 0 & 0 \\ \vdots & \vdots & \ddots & \vdots \\ a_{n0}(t) & a_{n1}(t) & \cdots & 0 \end{bmatrix} \tag{8-18}$$

其中，矩阵 A 代表的是发生灾害后的恢复核矩阵，$a_{jl}(t)$ 表示在 $(0,$

$t)$ 内网络从状态 j 转移到状态 l 的概率分布函数。

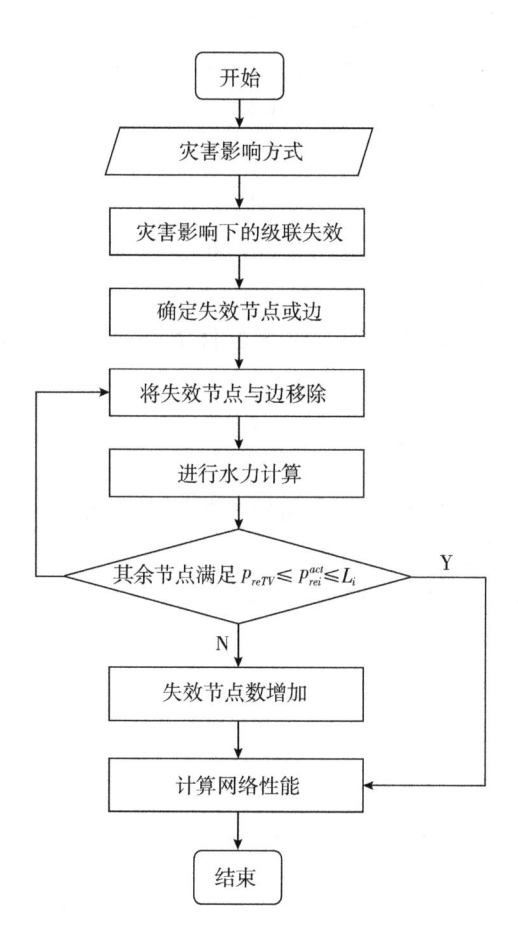

图 8-4 级联失效下的供水设施性能退化

通过网络恢复过程的核矩阵，可以得到系统恢复过程的状态转移概率矩阵 $R(t)$，其中，该矩阵中的元素 $R_{jl}(t)$ 表示网络性能在时刻 t 从状态 j 转移到状态 l 的概率，即：

$$R_{jl}(t) = \delta_{jl}\left[1 - \sum_{s=0}^{m} a_{js}(t)\right] + \sum_{s=0}^{m} \int_{0}^{t} a'_{js}(u) R_{jl}(t-u) \mathrm{d}u \quad (8-19)$$

其中，δ_{jl} 为克罗内克系数，当 j 与 l 相等时为 1，否则为 0。

那么在整个弹性过程中，网络的状态转移概率矩阵应该为：

$$\widetilde{R}(t) = R(\min(t, t_r) - t_s) \quad t_s \leq t \leq T \quad (8-20)$$

其中，$R(\min(t, T_r)-T_s)$ 为弹性恢复过程中的状态转移概率矩阵，t_s 代表网络开始维护的时间，t_r 代表网络已恢复到正常状态的时间，$(t, t_r)-t$ 代表在时刻 t 网络性能恢复的总时间。该状态转移概率矩阵是通过恢复核矩阵做出的，其中，恢复核矩阵为：

$$A(t) = [T_s \leqslant t \leqslant T_r] A(\min(t, T_r)-T_s) \tag{8-21}$$

其中，当不等式 $T_s \leqslant t \leqslant T_r$ 成立时，$[T_s \leqslant t \leqslant T_r]$ 为 1，否则为 0。

在弹性过程中，最终影响系统性能的是系统的状态概率分布 $p(t)$，此时，最终的系统状态的概率分布应该为：$p_r(t) = D \times \tilde{R}(t)$。

由于在受到灾害的影响下，网络的性能是通过状态分布得到的，因此，网络的性能恢复阶段可表示为：

$$P(t) = \sum_{i=0}^{m} p_{ri}(t) \times P^i \tag{8-22}$$

式（8-22）是供水网络恢复阶段的性能，灾害发生后的性能以及准备阶段的性能由前文给出。

五　城市供水网络韧性模型

根据对灾后的城市供水网络的性能变化的描述，可以得到三个阶段的供水网络的性能，即：

$$P(t) = \begin{cases} P_{target}(t) & t \in [0, t_1) \\ P \times D & t \in [t_1, t_2) \\ \sum_{i=0}^{m} p_{ri}(t) \times P^i & t \in [t_2, T] \end{cases} \tag{8-23}$$

式（8-23）中第一个公式代表正常运行阶段的网络性能，为目标性能，即完美性能。灾害发生后的网络性能为式（8-23）中第二个公式，代表网络性能恢复前的性能。式（8-23）中第三个公式代表恢复阶段的网络性能。

对于灾害影响下的供水网络而言，通过分析灾害后的退化和恢复可以得到图 8-5。

图 8-5 中的阴影部分表示供水网络在整个周期内的剩余性能的面积，该面积与围成的整个长方形面积的比值就是网络的韧性。由此可知，网络的性能远高于最低性能，且对于网络而言韧性是大于 0 的。对于一个网络来说，当网络性能处在一定的状况下，就表明该网络基本瘫痪或完全失效，此时，定义 $\overline{P}(t)$ 为网络性能的最低值，即当网络小于此值时，

基本宣告系统已完全失效。基于此，网络的韧性可表示为（刘涛等，2021）：

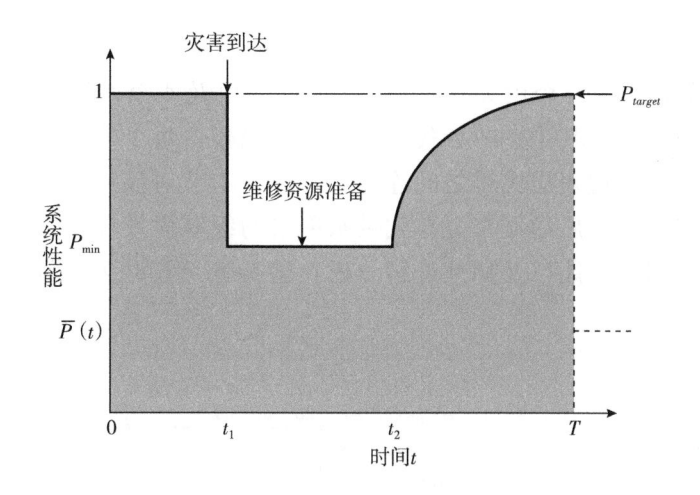

图 8-5 灾害下的供水设施韧性示意

$$R(t) = \frac{\int_0^t P(u)[P(u) - \overline{P}(u) \geqslant 0] \mathrm{d}u}{\int_0^t P_{target}(u) \mathrm{d}u} \tag{8-24}$$

其中，当 $P(u) - \overline{P}(u) \geqslant 0$ 成立时，$[P(u) - \overline{P}(u) \geqslant 0]$ 为 1，否则为 0。

$R(t)$ 表示在网络的运行时间之内，在多灾害的影响下，网络的剩余性能与期望性能的比值。$R(t) = 0$ 代表在灾害的影响下，供水网络的性能已经低于最低性能要求，在灾害发生后以及维护过程中都不高于最低性能要求。说明该供水网络的韧性较差，需要对其进行韧性优化，提高其抵抗外部灾害的能力。$R(t)$ 值越大，说明在灾害的影响下供水网络的剩余性能仍是满足网络的最低性能要求，其中，$R(t)$ 说明 $P(t)$ 与 $P_{target}(t)$ 的接近程度，该值越大，越接近目标性能，网络受自然的影响就越小。

第三节 算例分析

本节建立了一个由 28 个节点、42 个边以及 4 个水库组成的城市供水设施算例。其中，节点代表城市的居民楼，每个节点有不同的高程和流量，边代表居民楼之间连接的管道。本节对该算例的供水网络分区、灾害发生后的城市分布式供水网络的级联失效过程以及城市分布式供水网络性能以及韧性进行分析。图 8-6、图 8-7 展示了节点的高程。

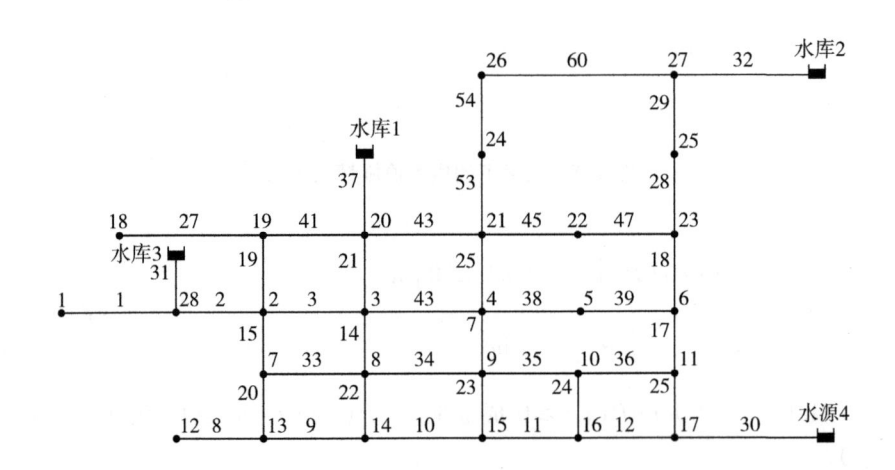

图 8-6　城市供水设施模型

节点 1、节点 18 需水量较大，设为医院、学校，权系数 β 设为 10，其他节点的需水量差别不大，均看作普通用户节点，权系数 β 设为 5。

在分布式供水网络分区的过程中采用 Dijkstra 算法，得到节点与各水库间的最短路径。那么对于供水网络的分区确定应分为五个步骤。

步骤 1：根据 Dijkstra 算法，得到供水网络各节点与源节点间的最短路径。各节点优先选择距离最短的源节点。

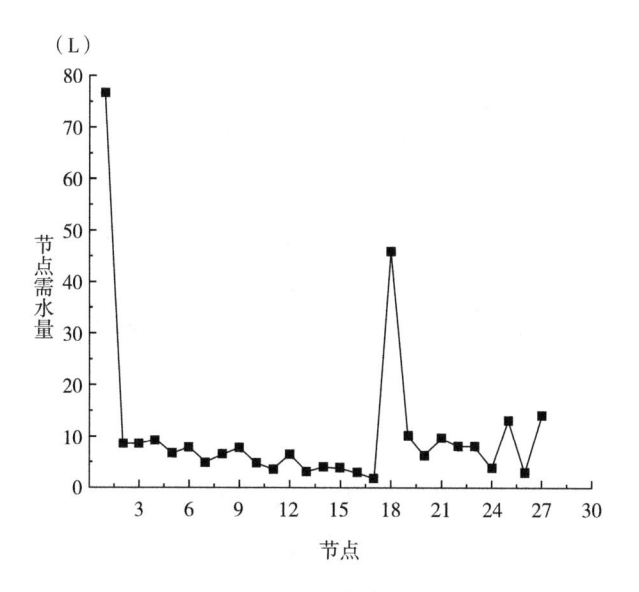

图 8-7　节点流量

步骤 2：终节点如果距离最短的源节点为 i，则编入源节点 i 的集合，从而得到源节点 i 的集合 Ω_i，其中集合 Ω_i 中的节点是按距离由大到小进行排序的。

步骤 3：按照集合中的顺序，把节点编入源节点 i 所供水的分区 i，如果编入分区 i 后，源节点 j 的水压、流量满足需求，则源节点 j 属于分区 i，否则选择距离短的源节点，重复该步骤。

步骤 4：对于节点 j 而言，需要判断到源节点 i 的最短路径中的节点是否已编入其他分区，如果已编入其他分区，则重新计算最短路径，需要满足最短路径上的节点属于分区 i，重新回到步骤 3 进行分配。如果最短路径满足该要求，则跳过该步骤。

步骤 5：将全部节点进行遍历，直至分区完成。

按照该路径分区方法，对供水网络的各节点到源节点的最短路径进行计算，得到图 8-8 的供水网络分区方法。

根据上文提到的供水分区方法，可以得到各节点到源节点间的最短路径，如图 8-9 所示。

通过上述的分区方法可以得到供水网络的分区如图 8-10 所示。

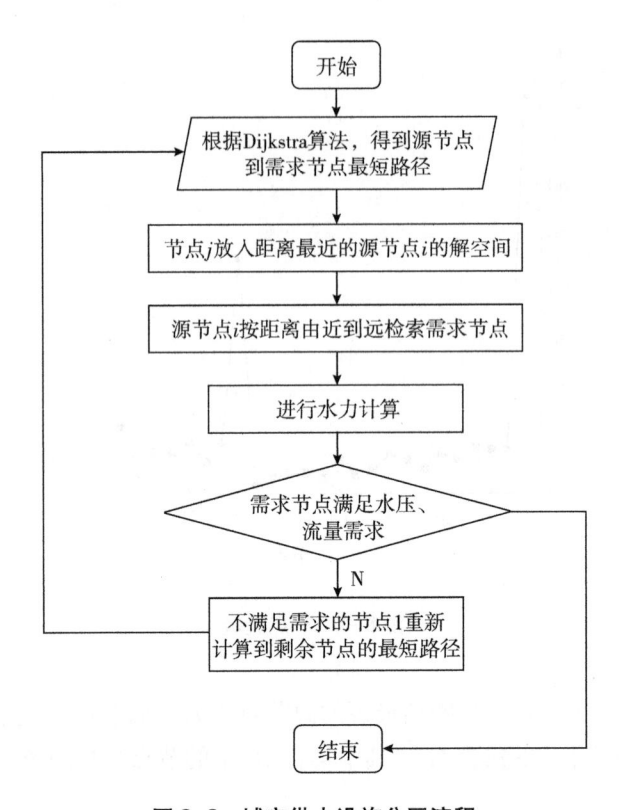

图 8-8 城市供水设施分区流程

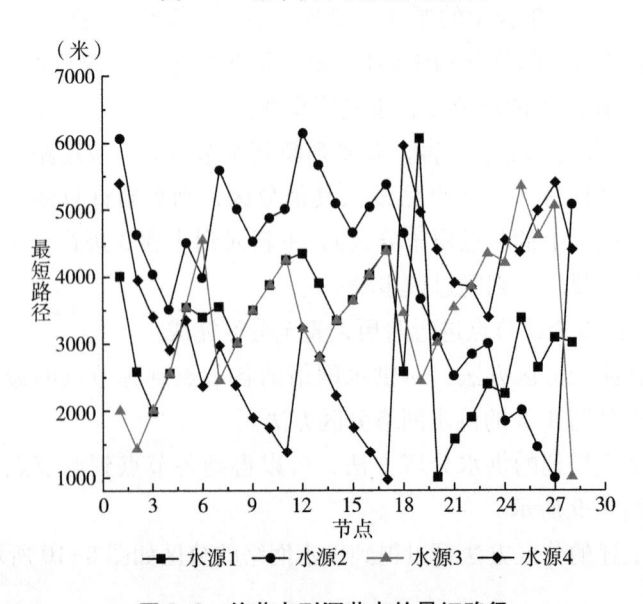

图 8-9 终节点到源节点的最短路径

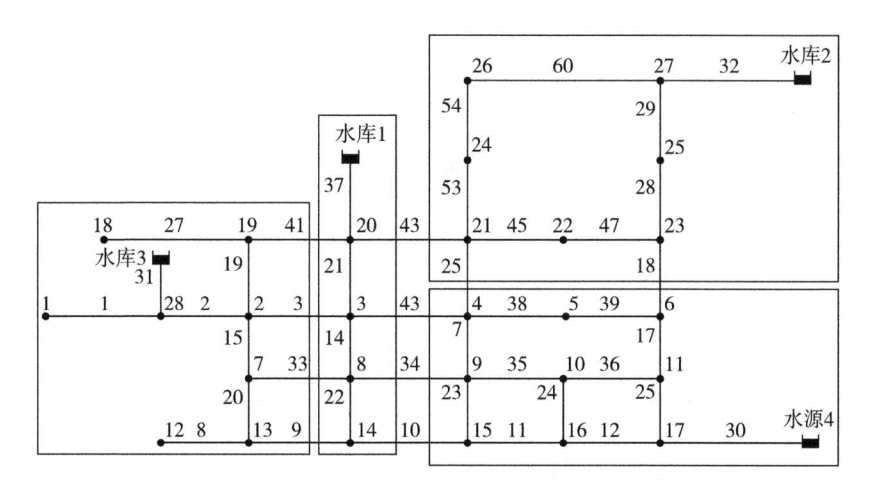

图 8-10 供水网络分区示意

经过水力计算后,各节点均满足水压、流量需求。在后续的仿真过程中,城市供水网络的级联失效的计算均在分区内进行,各分区间互不干扰,最大限度地降低级联失效对供水网络的影响。

在本节的仿真计算中,对灾害影响后的初始失效阶段的选择进行随机抽取,其中节点的最小水压为 16 米,节点的容忍系数为 0.6,管道的摩擦系数为 100。此时,城市分布式供水网络的级联失效的主要过程分为三步。

第一,灾害影响下的初始节点失效,与之相连的边也失效。失效后的节点与边不参与后续的城市供水网络的水力分析。

第二,对城市供水网络进行水力分析,判断是否有新的节点失效,如果失效则重复第一步。

第三,在节点失效的过程中,计算失效节点个数以及系统的性能。

在灾害影响下的初始失效节点如表 8-1 所示。

表 8-1 初始失效节点

分区	初始失效节点
1	7
2	21
3	14
4	9

基于第二节中的级联失效分析方法，可以得到供水网络的最终失效节点，如表 8-2 所示。

表 8-2　　　　　　　　　　失效节点

分区	失效节点
1	7、12、13
2	21、22、24
3	14
4	9、15、16

在这种灾害的影响方式下，我们以分区 2 为例，展示随机攻击下的城市分布式供水网络的级联失效过程（见图 8-11）。

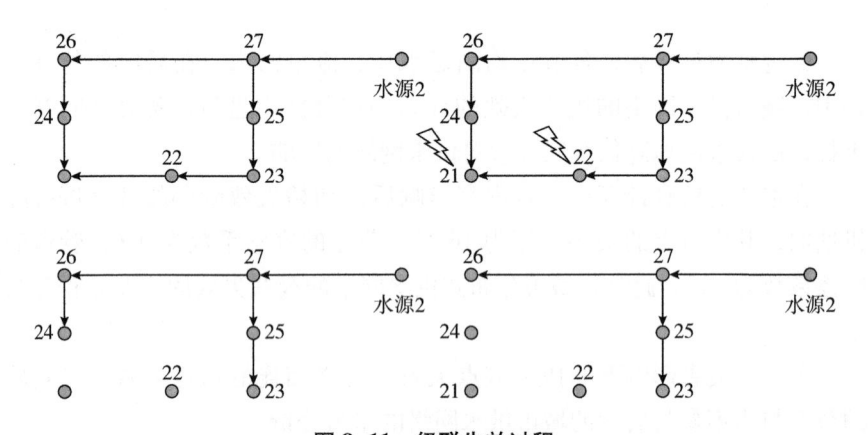

图 8-11　级联失效过程

从图 8-11 中可以看出，在分区 2 中开始正常运行，随后节点 21 失效，从整个网络中移除，同时与之相关联的边也移除。代入水力分析，节点 24 容忍系数较小，进而失效。

对于此种情况下，网络的性能恢复如图 8-12 所示。

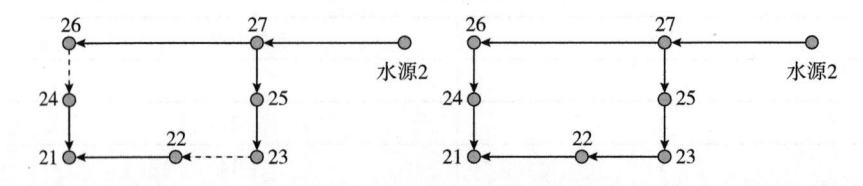

图 8-12　网络性能恢复过程

第八章 自然灾害影响下的供水设施韧性 / 183

从图 8-12 可以看出，网络的性能恢复跟级联失效相对应，恢复从节点 21 开始且网络的性能也在逐渐提升。

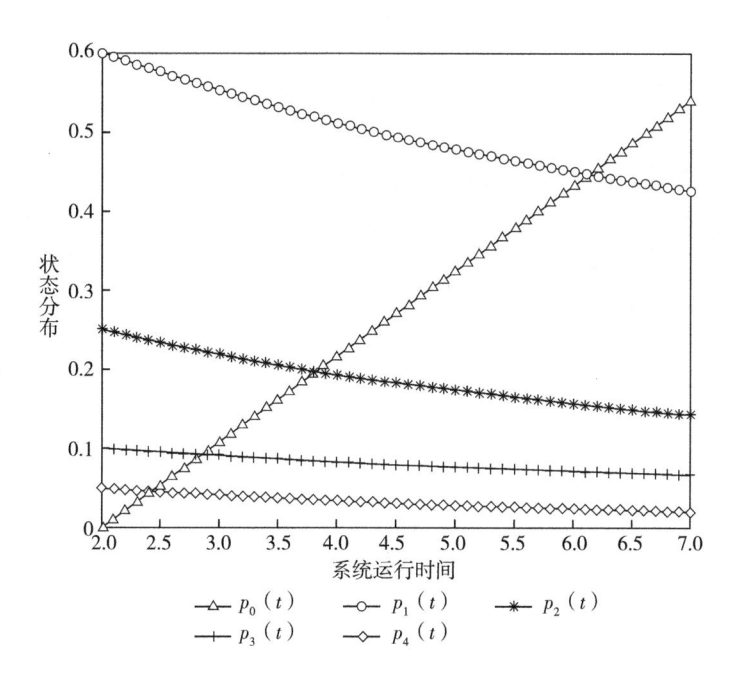

网络在受到灾害的影响后是通过对网络的性能恢复模型进行恢复的。因此，通过对级联失效的案例分析，可以得到最终的期望性能。在该仿真过程中，系统的初始性能状态为 $I = [0, 0.6, 0.25, 0.1, 0.05]$，即决策者认为，网络的性能不可能维持稳定。所以，期望性能为 1 的情况的概率为 0，且网络的性能最低的概率为 0.05。那么对于系统的恢复过程而言，系统的状态分布随时间的推移而发生变化（见图 8-13）。

图 8-13　恢复过程中的网络状态分布

注：p_i 代表性能 i 的分布概率。

在图 8-13 中，网络的 0 性能，即完美性能的概率是逐渐上升的，其他性能的概率逐渐下降。说明随着恢复的推进，网络的性能逐渐提升。

对网络遭受灾害以及恢复的全过程进行分析，可以得到网络的性能曲线如图 8-14 所示。

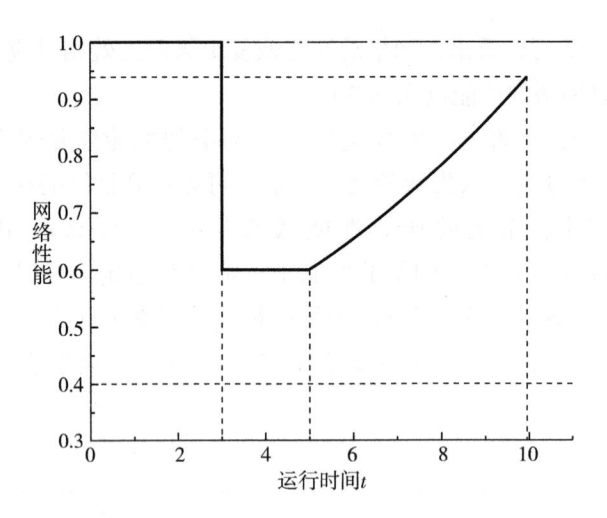

图 8-14 供水网络性能变化

当网络的性能低于此值时,网络基本宣告失效。从网络的性能变化而言,网络在灾害的影响下的性能始终是高于最低性能的,说明网络在受到灾害的冲击下,整体的性能较好。由此可以得到网络的韧性随时间的推移的变化曲线(见图 8-15)。

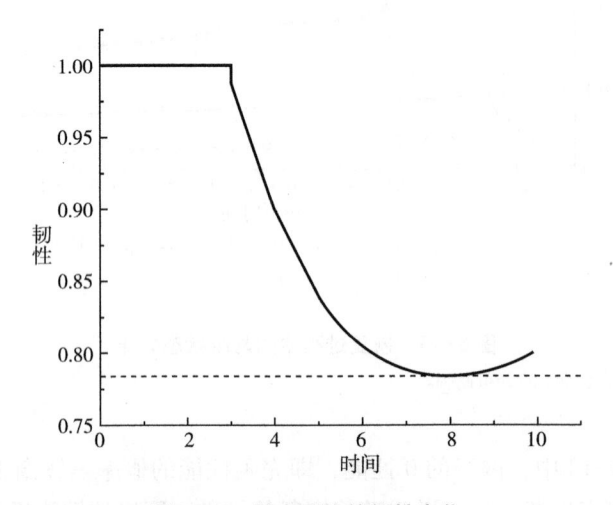

图 8-15 供水网络的韧性变化

由图 8-15 可以看出,供水网络的韧性较好,基本维持在 0.75 以上。在灾害到达后,网络的性能下降,韧性也随之下降。但随着网络的恢复,网络的韧性也随之恢复，并在即将恢复完成的阶段，韧性开始出现上升。从第 5.1 时刻开始，由于维护工作开始，供水网络的韧性的下降速度变缓。对于韧性函数的积分而言，由于供水网络韧性减缓，分子的增量与分母的增量差别变小，即网络的性能开始提升。从第 7.9 时刻开始，供水网络的性能接近完美性能，因此，整体的供水网络韧性出现提升。因此，供水网络抵御灾害的能力较强。

第四节 本章小结

本章给出了分析灾害影响下的城市分布式供水网络韧性的方法。第一，将城市分布式供水网络视为一个由水库、用户、管道组成的网络。通过定义节点的性能，将供水网络在灾害影响下的性能变化划分为四个阶段。同时，提出以能量损失最小为目标函数的城市分布式供水网络的分区方法。第二，为了具体量化城市分布式供水网络在灾害后的性能变化情况，建立城市分布式供水网络的级联失效模型，将节点的流量与水压相联系，以节点的水压作为负载，研究城市分布式供水网络的级联失效过程。值得注意的是，本章在研究城市供水网络在灾害影响下的性能退化过程时，考虑灾害的不同影响方式，将灾害的不同影响方式与级联失效相结合，分析供水网络退化后的性能。第三，依据灾害的不同影响方式提出了灾后的城市分布式供水网络的性能恢复模型。通过上述模型，本章建立了以网络实际性能与期望性能的比值作为指标的韧性模型，综合考虑了供水网络四个阶段的城市分布式供水网络的韧性。

第九章　基于病毒传播模型的医院卫生设施韧性

医院作为应对突发公共卫生事件的主要阵地，其基础设施的建设直接影响卫生事件防控工作的开展。基础设施（Infrastructure）是指为社会生产和居民生活提供公共服务的物质工程设施，是社会赖以生存和发展的一般物质条件（刘涛等，2021）。医院基础设施系统（Health Infrastructure System，HIS）属于基础设施，是指为居民提供医疗服务的物质工程设施，是医院正常运转的基础，也是医疗卫生事业的主要载体（肖宝亮等，2015）。病毒传播对医院基础设施的韧性提出严峻考验，如何在短时间内采取应急措施优化医疗资源供应，最大限度地减少病毒传播带来的生产生活损失，切实满足居民医疗需求，是突发公共卫生事件防控工作亟待解决的重要问题。本章首先以病毒暴发为研究背景，基于传染病模型、级联失效理论和韧性理论，提出考虑节点异质性的病毒传播模型，刻画病毒传播过程；其次，建立医院基础设施级联失效模型，对其失效机理进行分析；再次，提出医院基础设施韧性优化方法，得出韧性的最优修复策略；最后，以某市医院基础设施网络为实例，进行建模仿真。

本章对医院基础设施级联失效机理的分析为医疗机构预测资源供求情况提供方法，以便提前配备应对突发卫生事件冲击的医疗资源。本章对医院基础设施韧性的评估和优化为医疗机构如何采取应急手段增补资源提供决策支持，以尽可能收治更多病人；同时，为相关部门对医疗机构的统一管理以及对医疗资源的合理配置提供思路，保障医院基础设施网络的正常运转。

第一节 考虑节点异质性的病毒传播模型

一 模型指标

现将人群抽象为无标度网络,记作人群网络 $G=(V,E)$。个体抽象为网络节点,用 V 表示。个体之间的接触关系抽象为节点间的连边,用 E 表示。网络节点间的连接矩阵用 $W=[W_{ij}]_{N\times N}$ 表示,当节点 i 与节点 j 有连边时,$i,j=(1,2,\cdots,n)$,$W_{ij}=1$;反之,$W_{ij}=0$。

在病毒传播过程中,不同属性的节点存在不同的表现。本节考虑到节点异质性,从人群网络节点的拓扑结构、活动能力及病毒传播能力三个方面描述节点的不同属性。

节点度数(崔爱香,2014)为某个节点相关联的连边条数,可以表示节点的结构中心性,反映节点与相邻节点之间的相互影响程度。节点度数越大,意味着节点与相邻节点的接触越多,加剧病毒传播的可能性越大。对于节点 i 而言,节点度数为:

$$F(i) = \sum_{j \in V} W_{ij} \tag{9-1}$$

节点活动具有阵发性,可以用活动时间间隔来描述其活动能力(Li, et al., 2018)。节点的活动能力越强,该节点参与病毒传播过程的可能性越高。若节点为易感者,其活动能力越强,则其接触感染者的概率越高。若节点为感染者,其活动能力越强,则其传染他人的能力越强。处于不活动状态的节点不进行任何活动,如传播病毒、就医。而每一次时间间隔结束,节点将出现活跃时间点,此时节点才可以传播病毒。对于节点 i 而言,活动时间间隔序列为 $T_i = \{t_{i1}, t_{i2}, \cdots, t_{iqi}\}$,$t_{iz}(z=1,2,\cdots,q_i)$ 遵循正态分布,q_i 是 T_i 时间内元素的数量。将节点的活动时间间隔的平均值作为节点的活动时间间隔。将活动时间间隔平均值与所有节点的活动时间间隔平均值之和进行比较计算,得出人群的节点活动能力 $A(i)$。具体计算为:

$$A(i) = -\ln \frac{\sum_{z=1}^{p} t_{iz}/p}{\sum_{i=1}^{n} \left(\sum_{z=1}^{p} t_{iz}/p \right)} \tag{9-2}$$

考虑到节点身体素质等因素具有差异性，认为不同节点具有不同的病毒传播能力。设节点 i 的病毒传播能力为 P_i，是一个常数，由遵循正态分布的随机变量产生，$P \sim N(\mu_p, \sigma_p^2)$（当 $P<0$ 时，$P_i=0$；当 $P>0$ 时，$P_i=1$）(Zou, et al., 2004)。一个节点的活动水平将影响其感染传播的能力。活动水平高的节点比活动水平低的节点能更有效地促进病毒的传播 (Xin, et al., 2019)。设节点 i 的有效传播能力为 $\sigma(i)$，即：

$$\sigma_i = \begin{cases} P_i & A_i \geqslant a \\ 0 & 0 \leqslant A_i < a \end{cases} \tag{9-3}$$

其中，a 是所有节点活动能力的平均值，P_i 是节点 i 的传播能力，A_i 是节点 i 的活动能力，σ_i 是节点 i 的有效传播能力。

在病毒传播过程中，一个人以一定的概率感染病毒，这个概率与该人接触的人数和该人的有效传播能力有关。传播概率随着人的接触次数和有效传播能力的增加而增加。因此，节点 i 的传播概率 α_i 可以表示为：

$$\alpha_i = \alpha_0 + \varepsilon F_i \sigma_i \tag{9-4}$$

其中，α_0 是一个给定的基本传播概率，ε 是一个给定的参数，并且 $0 < \alpha_i \leqslant 1$。

二 考虑节点异质性的病毒传播模型

在人群网络中，节点存在易感（Susceptible）、潜伏（Exposed）、发病（Infectious）、治愈（Recovered）、死亡（Dead）五种状态，节点在不同状态之间的状态转移过程表示实际中病毒的人际传播过程（范如国等，2020）。

其中，易感状态 S 表示节点尚未感染病毒。潜伏状态 L 表示节点感染病毒但未出现症状，有传染能力。发病状态 E 表示节点感染病毒且出现症状，有传染能力。治愈状态 R 表示节点接受治疗后康复且终身免疫，无传染能力。死亡状态 D 表示节点发病后死亡，无传染能力。

以人群网络为对象，建立病毒传播模型，如图 9-1 所示。

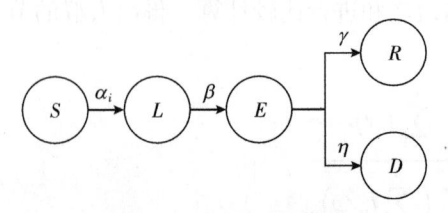

图 9-1 病毒传播模型

本节假设节点之间存在连边是实现病毒传播的条件,且转入治愈和死亡两种状态的节点不再参与网络传播过程。由此,节点的状态转移规则为:在本节中,时间被划分为相同的时段。本节将研究每个时段的个人和医院节点的状态,在每个时期,易感状态的节点 i 以 α_i 的概率被相邻节点传染,转为潜伏状态。潜伏状态节点以 β 的概率发病,转为发病状态。发病状态的节点将在医院里以概率 γ 被治愈,然后转为治愈状态。发病状态的节点可能以 η 的概率因病死亡。在转为治愈状态和死亡状态后,该节点被移除,不再参与人群网络的传播过程。考虑到节点的异质性因素,节点在第 ($k+1$) 个时段的状态概率可表示为:

$$P_i^S(k+1) = S_i^S(k)(1-\alpha_i) \tag{9-5}$$

$$P_i^L(k+1) = S_i^S(k)\alpha(i) + S_i^L(k)(1-\beta) \tag{9-6}$$

$$P_i^E(k+1) = S_i^L(k)\beta + S_i^E(k)(1-\gamma)(1-\eta) \tag{9-7}$$

$$P_i^R(k+1) = S_i^E(k)(\gamma+1) \tag{9-8}$$

$$P_i^D(k+1) = S_i^E(k)(\eta+1) \tag{9-9}$$

其中,传播概率 $\alpha(i)$ 代表节点 i 传播病毒的概率。发病概率 β 是指每期从潜伏状态变为发病状态的节点的比例。治愈概率 γ 是指在一个时期内从发病状态变为恢复状态的节点的比例。死亡概率 η 是指每期从发病状态变为死亡状态的节点的比例。$S_i(k+1) = [S_i^S(k+1), S_i^L(k+1), S_i^E(k+1), S_i^R(k+1), S_i^D(k+1)]$ 是节点 i 在第 k 个时段内的状态向量,其中,$S_i^S(k+1)$、$S_i^L(k+1)$、$S_i^E(k+1)$、$S_i^R(k+1)$、$S_i^D(k+1)$ 皆为 0—1 变量,等于 1 代表节点处于此状态,等于 0 代表节点不处于此状态。$S_i^S(k+1) + S_i^L(k+1) + S_i^E(k+1) + S_i^R(k+1) + S_i^D(k+1) = 1$ 表示节点 i 在第 k 个时段内只能处于某一个状态。

$P_i(k+1) = [P_i^S(k+1), P_i^L(k+1), P_i^E(k+1), P_i^R(k+1), P_i^D(k+1)]$ 是节点 i 在第 k 个时段的状态概率向量,这些概率被归一化,表示一个节点处于五个状态之一的概率,即:

$$P_i^S(k) + P_i^L(k) + P_i^E(k) + P_i^D(k) + P_i^R(k) = 1 \tag{9-10}$$

时间被分为相等的时段,然后在第 ($k+1$) 时段的状态为:

$$S_i(k+1) = MultiRealize[P_i(k+1)] \tag{9-11}$$

其中,$MultiRealize[P_i(k+1)]$ 是根据 $P_i(k+1)$ 的概率分布随机实现节点 i 的状态。

第二节 考虑节点异质性的级联失效模型

一 模型假设

一是考虑现实中人群就近看病的行为,假设初始时刻所有人的第一选择为最近的医院。二是人群沿着医院间的交通道路移动。三是人群能够获取交通路况信息及医院信息,每个人获取信息的能力相同。这些信息包括某时刻交通道路的流量、医院剩余容量、道路结构等。四是不考虑大范围消毒、防疫宣传等介入行为,人群仅发生日常活动、发现症状及时就医、选择医院等事件。五是入院治疗是先进入先服务过程。六是入院率大于治愈率时,病毒暴发。七是正常情况下单位时间入院的人数和出院人数相等,整个医院网络的总流量是固定值;当某一处或多处的医院节点暴发率超过阈值时,入院人数多于出院人数,医院网络的总流量上升,且流量增量足够大。此时相应医院节点受到攻击。

二 医院基础设施级联失效指标

将某市的医院作为节点,记作 H。医院间的交通道路作为节点连边,记作 L。建立医院基础设施网络,记作 $U=(H, L)$。医院基础设施网络中共有 m 个医院,医院节点间的连边矩阵为 $W=[M_{rs}]_{m \times m}$,当医院节点 r 与医院节点 s 有连边时 $(r, s=1, 2, \cdots, m)$,$M_{rs}=1$;反之,$M_{rs}=0$。

医院节点具有相对应的管辖人群,运用最邻近分类将人群节点就近划分给医院节点,多人对应一家医院,一家医院管辖多人,医院节点 r 管辖的病人数量为 I_r(见图9-2)。发病者发病后将首先选择管辖自己的医院进行就诊,此时的发病者作为医院节点的负载进入医院网络。

入院率定义为单位时间医院管辖人群中潜伏状态转为发病状态的人口所占比重,记作 $\varphi_r(k)$。出院率定义为单位时间医院管辖人群中发病状态转为治愈状态的人口所占比重,记作 $\omega_r(k)$。

暴发率为医院节点是否受到病毒攻击的指标依据,定义为入院率和出院率的比值,记作 μ_r。若暴发率超过一定阈值,医院节点受到攻击。节点受到攻击用于体现管辖人群中发病者增加速度大于治愈速度的情况,可表示为:

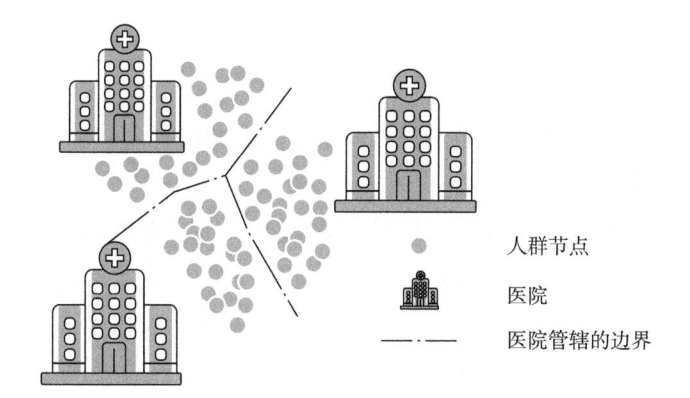

图 9-2 最邻近分配后医院管辖的人群区域

$$\mu_r(k) = \frac{\varphi_r(k)}{\omega_r(k)} \tag{9-12}$$

设暴发率阈值为 1，当一个或多个医院节点的暴发率大于 1，入院人数大于出院人数，医院网络的总流量上升时，表示相应的医院节点受到了攻击。

基本再生数指的是量化传染病传播的能力，是一个宏观的概念，在传染病模型中被广泛使用。基本再生数取决于一家医院的暴发率。基本回流数与医院的暴发率成正比。暴发率是单位时间内医院入院人数与出院人数的比值，代表一段时间内病毒暴发的平均水平，这个指标已经包含需求波动的影响。

医院的状态是医务人员和各类医疗资源互动的综合整体效果。医院状态的一个直观表现是医院的暴发率。在正常情况下，医院基础设施处于平衡状态，即单位时间内医疗资源的需求和供给基本相等，出院率与入院率相等，暴发率等于 1。当暴发率大于 1 时，单位时间内的医疗资源供给不足，反映出这一时期病毒暴发活跃。

节点负载 Q_r 和节点容量 C_r 用于描述网络失效过程中节点的工作负载和工作能力，超出负载 $d_r(k)$ 指的是超过节点容量部分的节点负载，需要分配至新的节点可表示为：

$$d_r(k) = Q_r(k) - C_r \tag{9-13}$$

医院基础设施由人工构建，配备的床位等资源数量需要考虑构建成本和周边居住人群需求，因此，假设节点容量与医院初始负载成正比

(Albert, et al., 2000), 即:

$$C_r = I_r(1+\rho_0) \tag{9-14}$$

其中,ρ_0为控制节点容量的可调参数,$\rho_0 \geq 0$。

三 级联失效过程分析

在医院基础设施网络中,医院节点共有正常、失效两种状态,正常表示医院尚存空闲医疗资源的正常运作状态,失效表示医院接收患者过多造成医疗资源供不应求的状态。本书将节点负载类比为医院接收的发病者数量,节点容量类比为医院原有的床位、医疗设备等医疗资源数量。通过比较节点负载和节点容量的相对大小,判断得出节点的状态。当节点负载超过节点容量时,发病者数量过多,医疗资源数量供不应求,节点失效。

由此可知,节点失效的具体过程为:当节点的暴发率超过1时,节点将受到病毒攻击,此时节点内新增的发病者数多于治愈者数,产生负载增量;节点接收负载增量后,若节点的负载超过其容量,该节点失效,反之,该节点状态正常。

为反映医院的实际供求机制,根据实际情况处理失效节点的负载。现实中,医院接收的病人数量达到饱和后,该医院不会被弃用,而是继续治疗已接收的病人。该医院与其他医院相连的交通道路也不会被弃用。由于该医院没有剩余的床位、医疗设备等资源,新增发病者无法在该处就诊,这些发病者将前往其他医院就诊。医院内已经接受治疗、占有床位的发病者将在原地继续治疗,直到治愈出院或死亡。

因此,本章将失效节点的处理规则设定为失效节点不被移除,而是作为不再接收负载的转运节点。它可以发出负载,也可以作为其他负载移动的途经节点。节点容量范围内的负载被吸收,不再参与后续过程。将超过节点容量部分的负载看作没有被医院收治,需要重新分配。

没有被医院收治的病人更有可能选择最近的、有更多剩余容量的医院作为目的地。将旅行时间和剩余容量一起考虑,此时,在医院节点r失效的情况下医院s的吸引力指数为A_s。为了使过剩负载转移到其他正常节点进行治疗的利益最大化,考虑目的地选择的再分配方法被执行,即:

$$A_s^r(k) = \frac{C_s - Q_s(k)}{T_{r \to s}} \tag{9-15}$$

$$\delta_{r \to s}(k) = \frac{A_s^r(k)}{\sum_{s \in H_1(k)} A_s^r(k)} \qquad (9-16)$$

$$\sum_{s \in H_1(k)} \delta_{r \to s}(k) = 1 \qquad (9-17)$$

其中，$A_s^r(k)$ 是节点 s 对失效节点 r 的吸引力指数，C_s 是医院节点 s 的容量，$Q_s(k)$ 是医院节点 r 在时段 k 的负载，$T_r \to s$ 是失效节点 r 到节点 s 的最短旅行时间，$\delta_{r \to s}(k)$ 为从失效节点 r 到节点 s 的负载量与节点 r 的过剩负载量之比，$H_1(k)$ 为 k 时段正常医院节点的集合。

所有超出负载从当前所在失效节点出发，并且满足起点流量守恒条件，即：

$$d_{r \to s}(k) = d_r(k)\delta_{r \to s}(k) \qquad (9-18)$$

$$\sum_{s \in H_1(k)} d_{r \to s}(k) = d_r(k) \qquad (9-19)$$

其中，$d_r(k)$ 代表失效节点 r 处需要移走的超出负载量，$d_{r \to s}(k)$ 表示需要从失效节点 r 移动到节点 s 的超出负载量。

为所有超出负载选定目的地节点后，需要继续选定前往目的地节点的最短路径以完成配流。配流模型一般用 BPR 阻抗函数来描述拥挤效应，设置的阻抗与出行时间、道路拥挤程度相关，即：

$$T_a(x_a) = T_a(0)\left(1 + \rho_1 \left(\frac{x_a}{C_a}\right)^{\rho_2}\right) \qquad (9-20)$$

其中，$T_a(x_a)$ 为选择途经路段 a 的实际出行时间，$T_a(0)$ 为路段 a 无人途经时的出行时间，x_a 为选择途经路段 a 的超出负载量，$x_a \geq 0$。C_a 为路段 a 的交通容量，ρ_1、ρ_2 为可调参数。

基于式（9-20）及用户平衡配流模型（周振宇，2015），构建配流方法为：

$$\min Z(x) = \min \sum_{a \in A} \int_0^{x_a} T_a(w) \mathrm{d}w \qquad (9-21)$$

$$\sum_{l \in L_{r \to s}} h_{r \to s}^l(k) = d_{r \to s}(k) \qquad (9-22)$$

$$x_a = \sum_{l \in L_{r \to s}} \sum_{r, s \in V} D_{r \to s}^{a, l}(k) h_{r \to s}^l(k) \qquad (9-23)$$

其中，A 为路段集合；$T_a(\cdot)$ 为道路出行成本；$L_{r \to s}$ 是节点 r 和节点 s 之间可行路线的集合，l 是 $L_{r \to s}$ 中的一条路线，$h_{r \to s}^l(k)$ 是节点 r 和节点 s

之间第 l 条路线在第 k 时段的超出负载,$h_{r\to s}^{l}(k)\geqslant 0$。式(9-22)表示节点 r 到节点 s 的超额负载是所有可能路线的超额负载之和。$D_{r\to s}^{a,l}(k)$ 表示节点 r 和节点 s 之间的第 l 条路线在时段 k 是否选择路段 a,如果第 l 条路线包含路段 a,则 $D_{r\to s}^{a,l}(k)=1$;否则,$D_{r\to s}^{a,l}(k)=0$。

四 级联失效执行步骤

医院基础设施网络级联失效模型具体执行过程分为六步。

第一步:在最初的时刻,随机选择少量的个体并将其设定为潜伏状态的病人,之后开始传播病毒。此时,医院基础设施网络被建立。根据近邻分类法,将人群分类到不同的医院节点。

第二步:确定所有病人节点的状态。具有感染状态的病人根据近邻分类法进入其所在集聚区的相关医院节点。如果对应的医院节点没有失效,患者负载可以顺利进入对应的医院。如果医院节点失效,则视为负载过重,进入第五阶段。

第三步:判断医院节点的暴发率是否超过阈值。当一个或多个医院节点的暴发率 μ_r 超过阈值时,可认为该医院节点受到攻击。如果所有医院的暴发率都低于阈值,则没有节点会被攻击。

第四步:确定被攻击的医院节点是否失效。医院节点被攻击,进入医院网络的新病人数量增加。医院网络的负载增量将进入被攻击的医院节点 r。当被攻击的医院节点 r 的负载 Q_r 高于其容量 C_r 时,医院节点 r 被视为失效,失效节点不再接收负载。输送负载的能力仍被保留,因此,容量范围内的负载被吸收,而多余的负载被重新分配。如果所有节点的负载都小于容量,不会再产生失效节点。

第五步:目的地节点选择和多余负载的流量重新分配。考虑用目的地选择的用户平衡分配方法来重新分配过剩负载。选择到达时间较短、剩余容量较大的新医院节点作为过剩负载的目的地并选择通往新医院节点的最短路径,完成流量分配。

第六步:判断级联失效是否终止。如果重新分配后所有节点的负载不超过节点容量,则级联失效终止。如果有一个新的节点,其负载大于重新分配后的节点容量,将产生一个新的失效节点,医院网络将被更新,并返回第二步。

在上述六个步骤中,第一步在初始时刻执行,第二步至第六步在每个时段执行一次。

第三节 病毒传播下医院基础设施韧性优化

一 医院基础设施的节点修复

本节分别对节点受到攻击和节点失效进行定义，节点受到攻击是指暴发率 μ_r 大于 1 的情况，攻击后尚未修复的节点的暴发率将持续大于 1；节点失效是指节点负载大于节点容量的情况，其中，节点容量是一个有限固定数值。可以发现，某个节点受到攻击后，该节点每单位时间的新增发病者多于新增治愈者，节点负载逐渐增加且在有限时间内超过节点容量，从而使该节点在有限时间内失效。

某节点失效后，该节点成为可被修复的对象，因此，本章的分析研究仅针对失效后的节点。节点修复定义为对失效节点执行修复措施，使其恢复至正常状态的过程。若仅通过增加节点容量来修复失效节点，失效节点固然能在短期内继续接收更多发病者，节点性能得到短期提升。但是其暴发率仍然过高，每单位时间的新增发病者多于新增治愈者，节点负载必然在有限时间内再次超过节点容量。因此，为了修复失效节点，应该同时采取降低暴发率和增加节点容量的措施，即让暴发率降低至 1 以下，使其恢复正常状态；减少转出负载数量，减少人群流动。具体的修复措施包括两个方面。

一是增加防护服、消毒剂等医疗资源。这类医疗资源将在短期内消耗完毕，需要多次向医院供应。不断供应增加这类资源在失效节点中的库存将会提升出院率 γ，提升值为 $\Delta\gamma$，从而降低暴发率，使节点发生状态转移。

二是通过在医院邻近处征用酒店等建筑以增加床位，节点容量 C 增加，节点能容纳更多病人，从而减少节点转出的负载数量。增加的床位被看作与原有失效节点的床位处于同一地理位置。每个节点能够增加的节点容量 ΔC 为一个有限固定值。

单位时间内一次修复措施只能对单个节点执行，即单位时间内只有一个节点能得到修复，其他节点不执行任何措施。某节点执行多次修复措施后，暴发率逐渐降低，直到降低至 1 以下，节点修复为正常状态。

二 医院基础设施的节点修复效益

对于单个节点而言,当节点暴发率大于 1 时,单位时间新增发病者多于新增治愈者,二者的差值大于 0,为方便表示,将该差值记为时刻 t 的修复需求 $\Delta D_r(k)$,即:

$$\Delta D_r(k) = (\varphi_r(k) - \omega_r(k)) N_r \tag{9-24}$$

其中,N_r 表示状态节点的管辖居民人数,$\varphi_r(k) - \omega_r(k)$ 表示时刻 t 医院节点 r 的入院率与出院率的差值。

在时刻 t,若对单个节点实施执行措施、不执行措施两种行为,可能产生三种不同的效果。

行为效果 1:对失效节点不执行措施。所有的超出负载都转移到其他正常状态的医院。节点 r 的转出负载为 $\Delta D_r(k) = \sum_{s \in H_1} d_{r \to s}(k)$。$\sum_{s \in H_1} d_{r \to s}(k)$ 表示时段 k 从节点 r 转移到正常节点的超出负载(见图 9-3)。

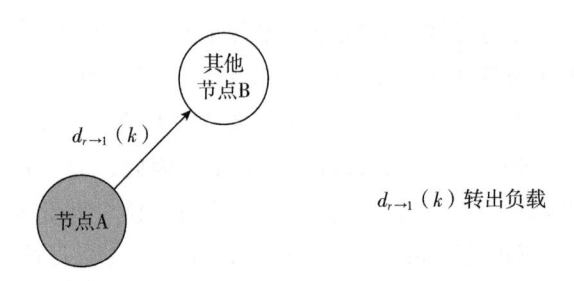

图 9-3 行为效果 1

行为效果 2:对节点执行措施,有转出负载和转入负载(见图 9-4)。

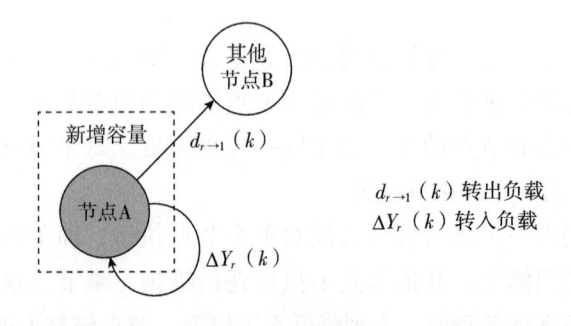

图 9-4 行为效果 2

在对失效节点执行恢复措施后,失效医院的容量增加了 $\Delta C_r(k)$。新增加的容量 $\Delta C_r(k)<\Delta D_r(k)$,节点 r 不能容纳的负载 d_{ri} 被转出并负载到医院节点 i。在这种情况下,$\Delta Y_r(k)$ 是转入负载,$\Delta Y_r(k)=\Delta C_r(k)$。$\sum_{s\in H_1}d_{r\to s}(k)$ 代表时段 k 从节点 r 转移到正常节点 s 的超出负载,$\sum_{s\in H_1}d_{r\to s}(k)+\Delta Y_r(k)=\Delta D_r(k)$。

行为效果 3:对节点执行措施,只有转入负载(见图 9-5)。

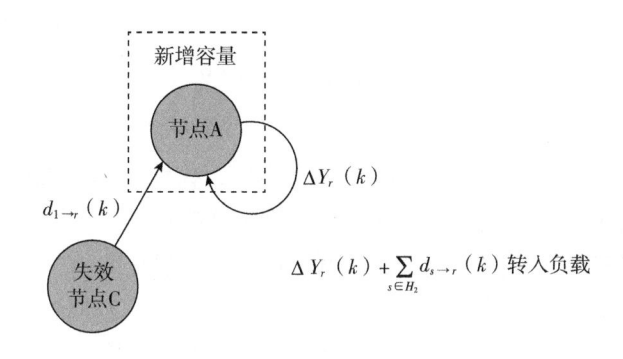

图 9-5 行为效果 3

在对失效节点执行恢复措施后,失效节点的容量增加。新增加的容量 $\Delta D_r(k)$ 能够容纳全部的恢复需求,而且可能有空余的容量,可以用来容纳从其他失效节点转移过来的负载 $d_{s\to r}$。在这种情况下,$\sum_{s\in H_2}d_{s\to r}(k)+\Delta Y_r(k)$ 是转入负载,并且 $\Delta Y_r(k)=\Delta D_r(k)$。$\Delta Y_r(k)$ 是医院节点 r 从自身转入的负载量,$\sum_{s\in H_2}d_s\to r(k)$ 代表时段 k 从失效节点 s 转入节点 r 的超出负载。

一家医院将病人转移到其他医院,表明该医院没有能力接收其服务范围内的所有病人,可以认为是该医院的性能损失。如果该医院能够满足其服务范围内所有病人的接入需求,甚至接收其他节点的病人,这可以视为该医院的性能提高。因此,一家医院的性能损失可以用转出负载来表示。转出负载越多,性能损失就越大。一家医院性能的提高可以用转入负载来表示。转入负载越多,性能增加越多。

韧性理论被用来描述节点应对紧急情况的能力以及量化修复措施在一定时期内对节点性能的恢复累积效果。在本章中,医院节点弹性被定

义为时段 k 节点的累积性能增益与性能损失的比率。该比率越大,节点的弹性越大。医院节点 r 在时段 k 的弹性计算方式为:

$$g^r(k) = \sum_{p=0}^{k} \frac{\Delta Y_r(p) + \sum_{s \in H_2} d_{s \to r}(p)}{\sum_{s \in H_1} d_{r \to s}(p)} \tag{9-25}$$

其中,k 为整数,且 $k>0$,$g^r(k)$ 表示医院节点 r 在时段 k 的韧性。$\Delta Y_r(p)$ 表示时段 p 从自身转入的负载,p 为整数,$p>0$。$\sum_{s \in H_2} d_{s \to r}(p)$ 表示在时段 p 从失效节点 s 转入节点 r 的多余负载。$\sum_{s \in H_1} d_{r \to s}(p)$ 代表在时段 p 从节点 r 转移到正常节点 s 的过剩载荷。从式(9-25)可以看出,医院韧性 $g^r(k)$ 随 $\Delta Y_r(p)$ 和 $\sum_{s \in H_2} d_{s \to r}(p)$ 的增加而增加并随 $\sum_{s \in H_1} d_{r \to s}(p)$ 的减少而减少。进入医院的能力和速度可以影响这三个指标,韧性作为医院的固有属性,可以通过实施本章第四节中的两种恢复措施来改善。

三 基于马尔可夫过程的医院基础设施韧性优化

在修复过程中,节点的状态不只有正常和失效两种状态,暴发率逐渐降低的修复过程可被离散为暴发率不同的多种状态(Zeng, et al., 2021)。设 $S(t)$ 为时刻 t 的节点状态,用于反映医院的修复程度,$S(t) \in S = \{0, 1, 2, \cdots, m\}$。状态集合 S 中各值对应从高到低的节点暴发率水平,$S(t) = m$ 对应节点失效时的暴发率水平,此时节点暴发率最大。$S(t) \in \{1, 2, \cdots, m-1\}$ 是失效状态和正常工作状态之间的中间状态,对应开始修复后尚未恢复正常状态前节点大于 1 的暴发率水平。$S(t) = 0$ 表示完成修复节点恢复正常状态,对应节点暴发率小于或等于 1 的水平。反映修复程度变化的节点状态转移过程如图 9-6 所示。

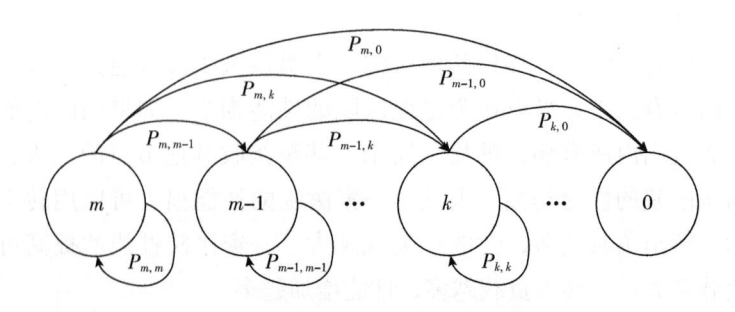

图 9-6 修复过程中节点状态转移过程

为使节点的性能损失尽可能小、修复尽可能快，现引入马尔可夫决策（MDP）的方法对节点韧性进行优化。马尔可夫决策方法是一个四元组的形式，即$\{S, (B(i), i \in S), P, R\}$。

首先，S是节点所有可能状态的集合，$S(t) \in S = \{0, 1, 2, \cdots, m\}$。

其次，$B(i) = \{0, 1\}$是节点处于状态i时可能选取的所有行为的集合，$b(i) = 0$表示不执行措施，$b(i) = 1$表示执行修复措施。

行为规则$\pi(b|i)$表示时刻t节点处于i状态下选择执行$b(i)$这一行为的概率，可表示为：

$$\pi(b|i) = P(b(i) | S(k) = i) \tag{9-26}$$

所有时刻的行为规则$\pi(b|i)$形成一个序列，被称为行为策略π。

再次，$P(j|i, b) = P(S(k+1) = j | S(k) = i, b(i))$表示时刻$k$节点处于$i$状态且执行行为$b(i)$的条件下，时刻$k+1$转移到状态$j$的概率，其概率矩阵为：

$$P(j|i, b) = \begin{bmatrix} P(0|0, a^{00}) & P(0|1, a^{10}) & \cdots & P(0|m, a^{m0}) \\ \vdots & \vdots & \ddots & \vdots \\ P(m|0, a^{0m}) & P(m|1, a^{1m}) & \cdots & P(m|m, a^{mm}) \end{bmatrix} \tag{9-27}$$

其中，节点只能从低修复程度向高修复程度变化，且$P(j|i, a) = \begin{cases} P(j|i, a) & i \geq j \\ 0 & i < j \end{cases}$。

最后，$R(t)$是报酬函数，是时刻t节点由状态i转移到状态j后获得的奖励值，本书将其定义为时刻t所有节点的性能修复量之和，即：

$$R(k) = \sum_{r \in H} g^r(k) = \sum_{r \in H} \sum_{p=0}^{k} \frac{\Delta Y_r(p) + \sum_{s \in H_2} d_{s \to r}(p)}{\sum_{s \in H_1} d_{r \to s}(p)} \tag{9-28}$$

在时段k对一个节点采取的行动只与该节点在时段k的状态有关，与前一时段无关（见图9-7）。

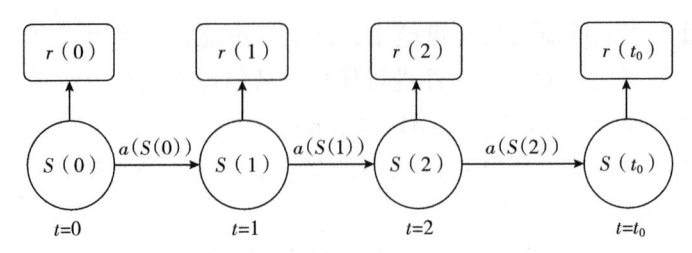

图 9-7 马尔可夫决策过程

马尔可夫决策过程的具体步骤如图 9-8 所示。

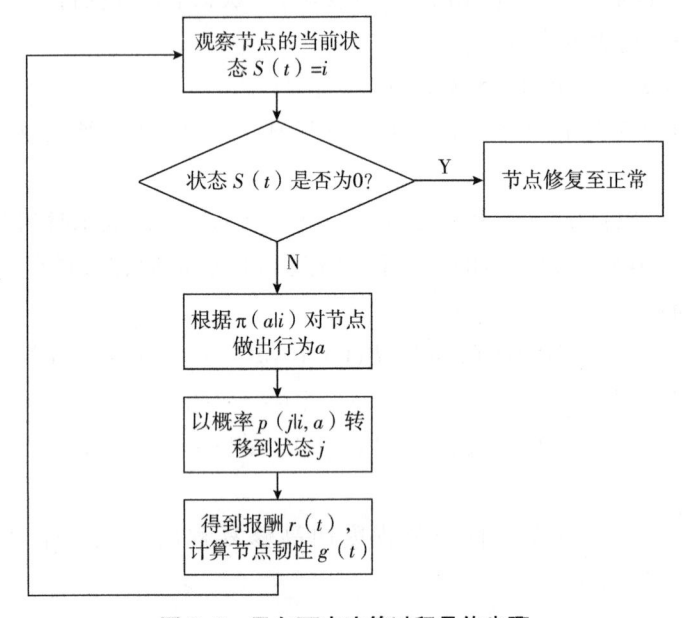

图 9-8 马尔可夫决策过程具体步骤

以所有节点的韧性之和最大为目标，依次选取每一时刻的行为，得到韧性最优的节点修复策略，即：

$$\max R(k) = \sum_{r \in H} g^r(k) = \sum_{r \in H} \sum_{p=0}^{k} \frac{\Delta Y_r(p) + \sum_{s \in H_2} d_{s \to r}(p)}{\sum_{s \in H_1} d_{r \to s}(p)} \quad (9-29)$$

其中，k 为整数，且 $k>0$，$g^r(k)$ 表示医院节点 r 在时段 k 的弹性。$\Delta Y_r(p)$ 表示时段 p 从自身转入的负载，p 为整数，$p>0$。$\sum_{s \in H_2} d_{s \to r}(p)$ 表示时段 p 从失效节点 s 转入节点 r 的超出负载。$\sum_{s \in H_1} d_{r \to s}(p)$ 代表时段 p 从节点 r 转移到正常节点 s 的超出负载，H 代表所有医院节点的集合，$R(k)$ 是 HIS

的弹性，也是 HIS 的奖励函数。

基于病毒传播模型、级联失效模型和弹性优化模型可以得到基于马尔可夫奖励过程的韧性优化框架（见图 9-9）。

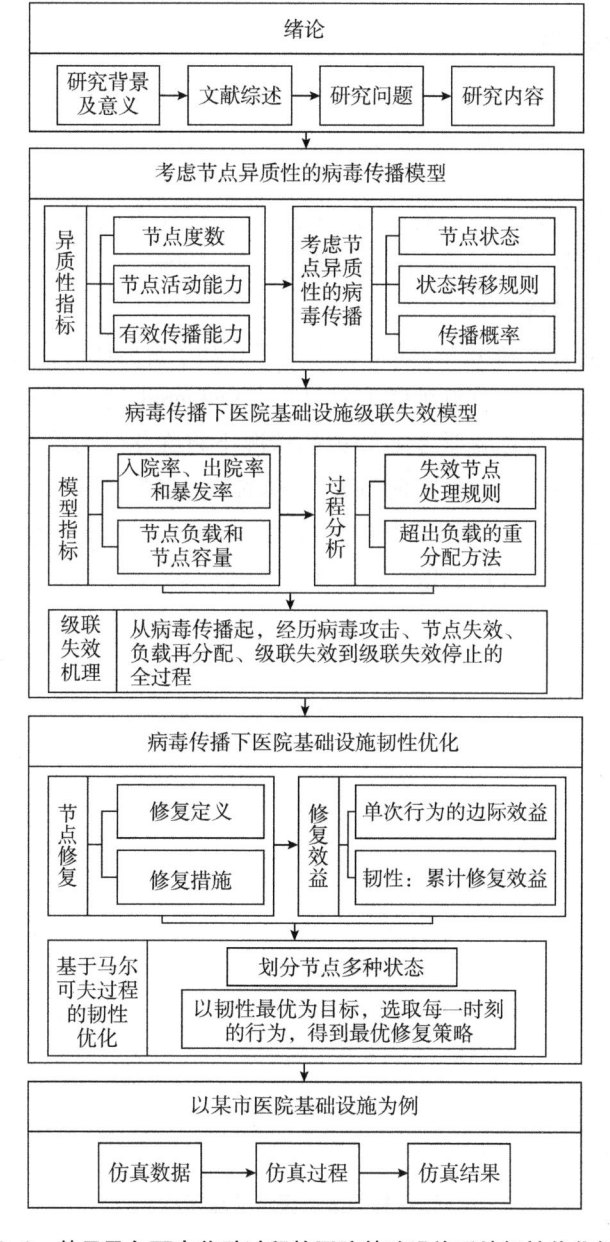

图 9-9　基于马尔可夫奖励过程的医院基础设施系统韧性优化框架

第四节 算例分析

一 仿真数据

本章使用某市医院病例调查数据,某市患者的潜伏期为 2—21 天,中位时间为 7.8 天,住院日为 8—29 天,中位时间为 18.4 天(王智慧等,2020)。假设人群中病毒的基础传播概率为 5%,死亡率为 0.4%;居民个体接触人数服从帕累托分布,活动能力和传播能力服从正态分布;对节点执行单次修复措施时容量增量为原有容量的 4%。

二 仿真过程

收集数据后,利用 Anylogic 软件,建立基于智能体的仿真模型,实现人群病毒传播、医院节点级联失效过程。Pathmind 是一个 SaaS 平台,使企业能够在没有数据科学专业知识的情况下将强化学习应用于现实世界的场景,该平台被整合以实现 MDP 驱动的节点韧性优化。

步骤一:构建某市医院基础设施网络。建立 Community、Hospital 智能体,表示人群居住区和医院。如图 9-10 所示。

图 9-10 某市医院节点示意

注:在 GIS 中,建筑图标 表示医院,图标之间通过交通道路连接。

可将两区的医院作为节点，将连接道路作为节点连边，建立某市医院基础设施网络，如图 9-11 所示。

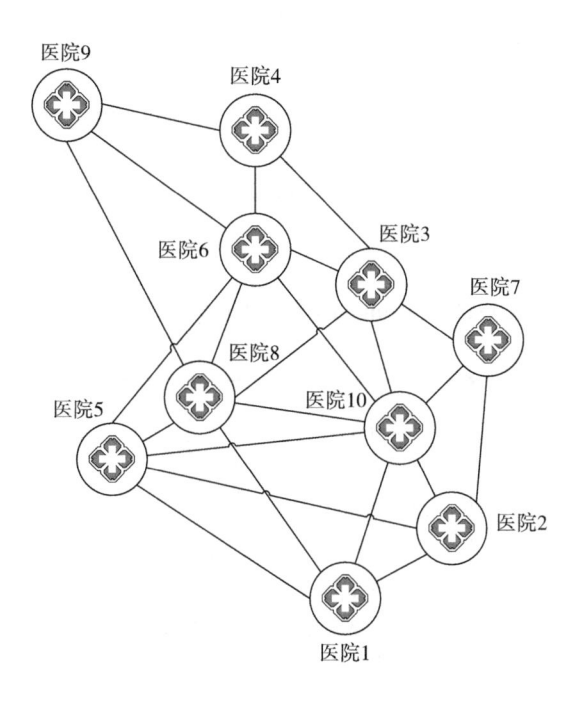

图 9-11　某市医院基础设施网络

步骤二：对智能体进行细化。为实现病毒传播、级联失效过程，设定 Community、Hospital 智能体内部属性和功能。如图 9-12 所示，Community 智能体有不同的区域名称、区域人口，含有代表居住人群的 People 智能体。Hospital 智能体有不同的节点名称、节点容量并设置有当前病人数量、是否处于失效状态、入院率、出院率四个变量，记录各节点运行情况。其中，当前病人数量表示当前节点负载，用于判定节点状态是否失效。

如图 9-13 所示，对于 Community 智能体内的每个人而言，每日接触人数、活动能力、传播能力不同。"状态表"表示人群内的病毒传播过程，经历易感、潜伏、发病状态后，发病状态个体将调用"寻找医院"函数寻找距离最近、未失效的医院节点并沿着交通道路前往进入移动状态。到达节点后开始治疗，而后以一定的概率进入终止死亡状态，或以一段延迟时间进入终止治愈状态。

○ 名字

○ 人群

⊕ people智能体[..]

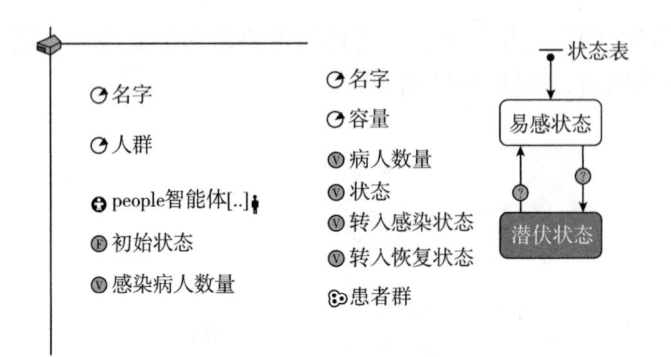

ⓟ 初始状态

ⓥ 感染病人数量

○ 名字

○ 容量

ⓥ 病人数量

ⓥ 状态

ⓥ 转入感染状态

ⓥ 转入恢复状态

⊗ 患者群

状态表
易感状态
潜伏状态

图 9-12 Community 智能体和 Hospital 智能体

○ 每日接触人数

○ 活动能力

○ 传播能力

○ 拥有者

ⓕ 寻找医院

⊗ 正常状态医院

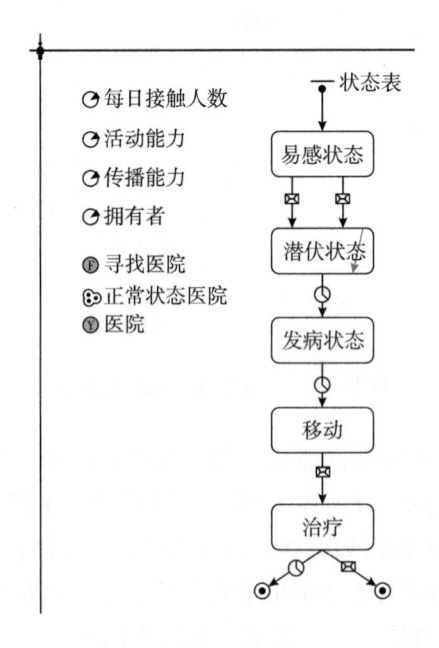

ⓥ 医院

状态表
易感状态
潜伏状态
发病状态
移动
治疗

图 9-13 People 智能体

级联失效过程主要反映为"寻找医院"函数。发病者个体调用"寻找医院"函数时，将所有医院节点存入图 9-13 中的正常状态医院集合中并在集合中寻找最近节点。若最近的医院节点进入失效状态，则将其从集合中删除，以距离最近为目标继续寻找集合中最适节点，此处省略了对沿途流量阻抗的考虑。找到后调用完毕，发病者个体前往最适节点。

步骤三：输出级联失效过程中节点属性值数据，集成 Pathmind 并进行韧性优化。记录每一单位时间医院节点的入院率、出院率、节点负载、节点是否失效几个指标并输出，随机选取时间点为第 15 单位时间、第 35 单位时间、第 55 单位时间的数据。

根据处于不同范围的节点暴发率将节点划分为 6 个状态，如表 9-1 所示。对于修复过程中的医院节点，设置其在 6 个状态间以一定的概率进行转移的状态。

表 9-1　　　　　　　　修复过程中节点状态划分标准

比值范围	≥1.2	1.15—1.2	1.1—1.15	1.05—1.1	1—1.05	≤1
节点状态	5	4	3	2	1	0

为处于 i 状态下做出 a 行为后转移到 j 状态的概率 $P(j|i,a)$ 赋值如下：

$$P(j|i,a) = \begin{bmatrix} P(0|0,a^{00}) & P(0|1,a^{10}) & P(0|2,a^{20}) & P(0|3,a^{30}) & P(0|4,a^{40}) & P(0|5,a^{50}) \\ 0 & P(1|1,a^{11}) & P(1|2,a^{21}) & P(1|3,a^{31}) & P(1|4,a^{41}) & P(1|5,a^{51}) \\ 0 & 0 & P(2|2,a^{22}) & P(2|3,a^{32}) & P(2|4,a^{42}) & P(2|5,a^{52}) \\ 0 & 0 & 0 & P(3|3,a^{33}) & P(3|4,a^{43}) & P(3|5,a^{53}) \\ 0 & 0 & 0 & 0 & P(4|4,a^{44}) & P(4|5,a^{54}) \\ 0 & 0 & 0 & 0 & 0 & P(5|5,a^{55}) \end{bmatrix}$$

$$= \begin{bmatrix} 1 & 0.40 & 0.10 & 0.05 & 0.05 & 0.01 \\ 0 & 0.60 & 0.30 & 0.20 & 0.10 & 0.09 \\ 0 & 0 & 0.60 & 0.30 & 0.20 & 0.10 \\ 0 & 0 & 0 & 0.45 & 0.30 & 0.20 \\ 0 & 0 & 0 & 0 & 0.35 & 0.30 \\ 0 & 0 & 0 & 0 & 0 & 0.30 \end{bmatrix}$$

使用 Pathmind Helper 将强化学习引入 Anylogic 中，从选取时间点开始，对节点当前状态、暴发率进行观察，对节点做出行为。设置每次仅能对一个节点进行修复，对每一时刻做出不同行为的边际效益进行计算。

步骤四：将仿真模型上传至 Pathmind 云端，以所有节点修复的累计效益最大为目标，训练得到韧性最优的行为策略。下载 Pathmind 训练好的策略，在 Anylogic 中验证最优。

三　仿真结果

由图 9-14、图 9-15、图 9-16 可以看出，随着时间的推移，失效医院节点数量不断增加，从第 15 单位时间的 2 个，变为第 35 单位时间的 3 个，最终变为第 55 单位时间的 5 个，产生了级联失效效应。

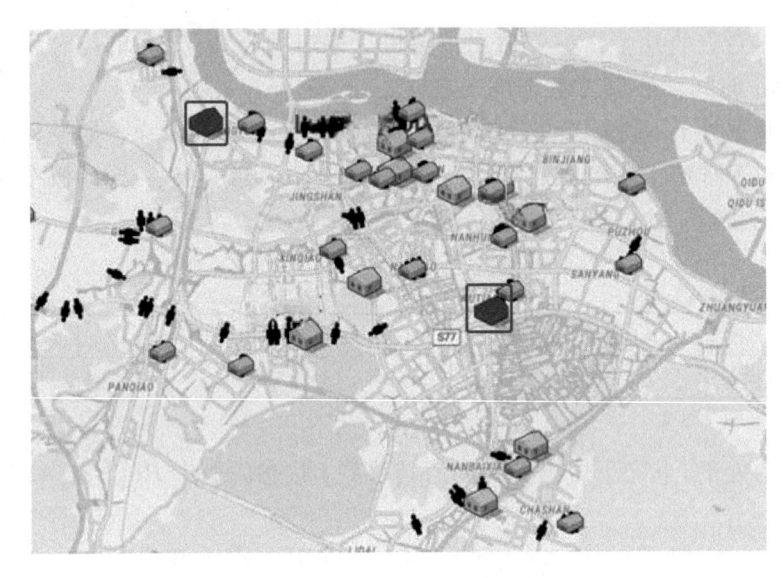

图 9-14　第 15 时段的级联失效结果

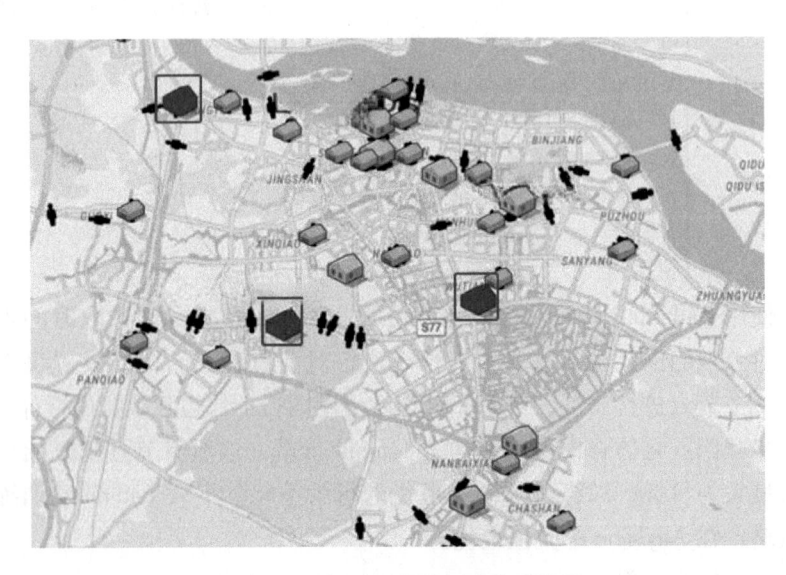

注：🏠—医院；🏘—人群居住地；👤—发病者；⬛—失效节点。其中，人物图标👤在道路上行走表示发病者为了寻求治疗，离开居住地前往医院。

图 9-15　第 35 时段的级联失效结果

注：🏠—医院；🏘—人群居住地；👤—发病者；⬛—失效节点。其中，人物图标👤在道路上行走表示发病者为了寻求治疗，离开居住地前往医院。

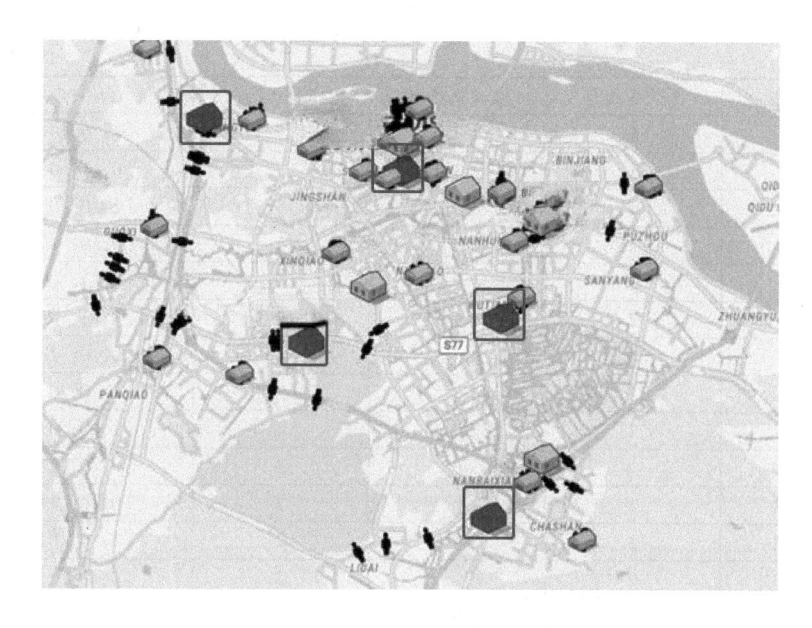

图 9-16 第 55 时段的级联失效结果

注：🏠—医院；🏘—人群居住地；🚶—发病者；⬢—失效节点。其中，人物图标🚶在道路上行走表示发病者为了寻求治疗，离开居住地前往医院。

从图 9-14 至图 9-16 中可以看出，如果不实施恢复行动，医院基础设施网络将遭受严重的级联失效。因此，有必要及时对医院基础设施网络实施修复行动。以第 35 期的级联失效案例为例，计算出最优的恢复策略，以保证其韧性。在第 35 期的失效节点分别是医院 5、医院 9 和医院 10。处于状态 5 的三个节点，其暴发率都大于 1.2。以所有节点的韧性之和最大化为目标，基于 MDP，得到恢复策略，如表 9-2 所示。其中，[1，0，0]、[0，1，0] 和 [0，0，1] 分别代表当前步骤中对医院 5、医院 9 和医院 10 执行的修复措施。我们在每一步应该修复哪个节点？这个问题由表 9-2 中的修复策略来解决。每一步只修复一个失败的节点，节点状态在下一步发生变化。由于医院状态的变化是一个随机的过程，总共采取了 15 步的修复策略，将三个失效节点恢复到正常状态 0。

表 9-2　　　　　　　　　　韧性最优的行为策略

步骤	医院 5 状态	医院 9 状态	医院 10 状态	决策（下一步生效）
0	5	5	5	[0，1，0]

续表

步骤	医院 5 状态	医院 9 状态	医院 10 状态	决策（下一步生效）
1	5	3	5	[1, 0, 0]
2	4	3	5	[0, 1, 0]
3	4	2	5	[1, 0, 0]
4	2	2	5	[0, 0, 1]
5	2	2	4	[0, 1, 0]
6	2	1	4	[0, 1, 0]
7	2	0	4	[0, 0, 1]
8	2	0	3	[1, 0, 0]
9	2	0	3	[1, 0, 0]
10	1	0	3	[0, 0, 1]
11	1	0	2	[0, 0, 1]
12	1	0	2	[1, 0, 0]
13	0	0	2	[0, 0, 1]
14	0	0	1	[0, 0, 1]
15	0	0	0	

图 9-17 直观地说明了第 35 期的修复措施，其中，行动 1、行动 2 和行动 3 分别代表在当前步骤中对医院 5、医院 9 和医院 10 执行修复策略。

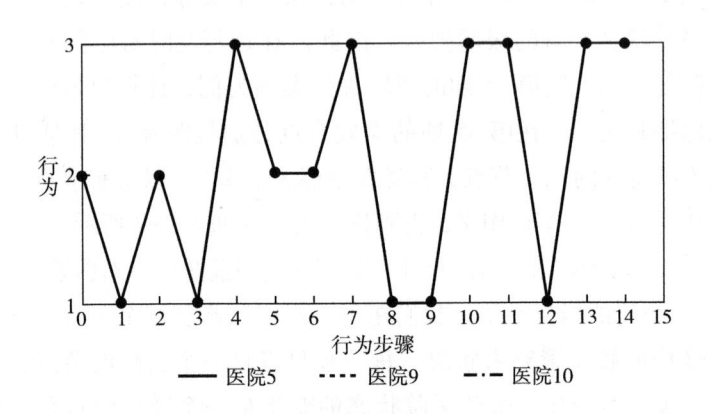

图 9-17 行为策略中的每一步行为

应用最优行为策略后的韧性修复效果体现于图 9-18、图 9-19、图 9-20。可以看到，先是医院 9 恢复正常，继而医院 5 恢复正常，最后医院 10 恢复正常。

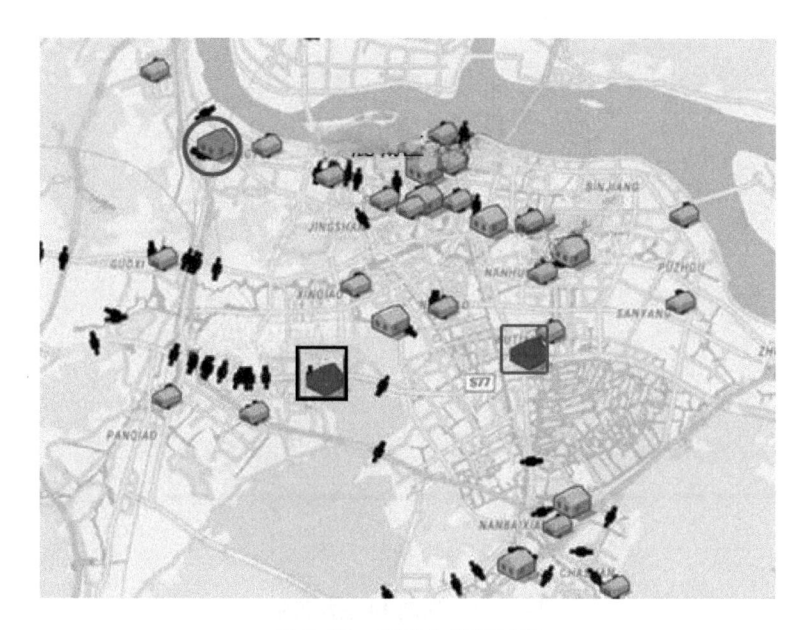

第九章　基于病毒传播模型的医院卫生设施韧性 / 209

图 9-18　医院 9 恢复正常

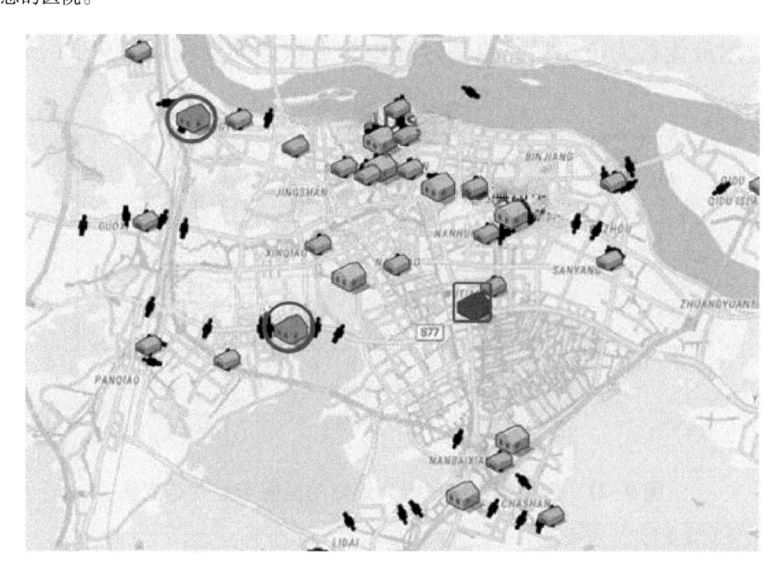

注：🏥—医院；🏘—人群居住地；🚶—发病者；⬛—已失效的医院；⭕—已修复为正常状态的医院。

图 9-19　医院 5 恢复正常

注：🏥—医院；🏘—人群居住地；🚶—发病者；⬛—已失效的医院；⭕—已修复为正常状态的医院。

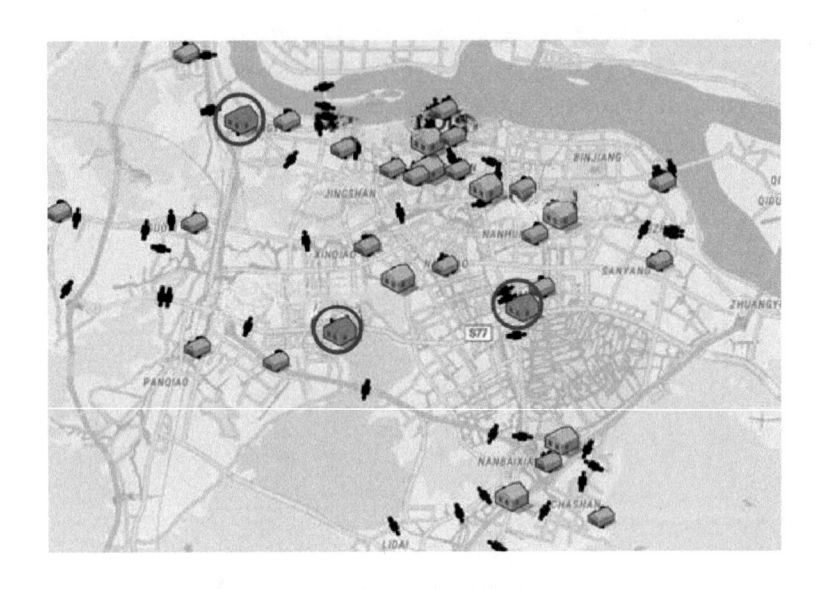

210 / 基于重要度的基础设施韧性研究

图 9-20 医院 10 恢复正常

注：▭—医院；▱—人群居住地；▬—发病者；◉—已失效的医院；◉—已修复为正常状态的医院。

应用最优行为策略后，修复过程中节点状态的变化如图 9-21 所示。

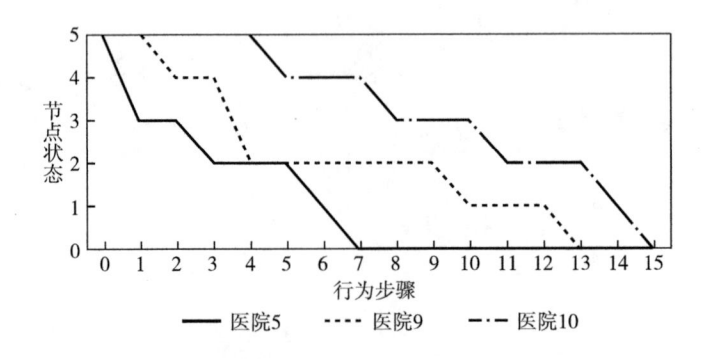

图 9-21 应用韧性最优行为策略的医院节点状态变化

从图 9-21 可以看到，三个失效节点在第 35 期的状态变化。节点 9 第一个恢复到正常状态，节点 5 第二个恢复到正常状态，而节点 10 最后一个恢复到正常状态。

第五节　本章小结

本章主要分析了医院基础设施系统在应急管理下的韧性问题。第一，如果失效节点没有得到及时修复，HIS 会发生级联失效。因此，医院管理者应及时评估 HIS 的状态，及时采取增加床位、加快就医速度等措施，减少损失。第二，管理者应关注医院的状态。医院一方面是 HIS 的单一节点，另一方面是由员工、患者和各种医疗资源相互作用的系统。有很多指标可以从不同的角度评价 HIS 的状态。本章提出了暴发率的概念，从病人的角度来评价医院的状态，它可以衡量在一段时间内 HIS 的攻击情况。因此，医院管理者不仅要考虑入院病人的数量，也要考虑出院病人的数量。此外，本章还讨论了医院维护后的三种情况，为管理者评估 HIS 的实际状况提供依据。第三，HIS 的管理者在做修复决策时应关注医院基础设施网络的性能。在做出维护决策时，有许多优化目标。韧性作为衡量系统抵御外部风险能力的指标，可以减少系统不可避免的中断带来的风险。根据韧性优化模型确定恢复措施可以确保 HIS 的最大韧性，即 HIS 在灾难发生后为病人服务的最大能力。因此，HIS 的管理者可以以优化整个系统的韧性为目标来管理风险。

第十章 环境绿化养护机器人设施韧性

随着我国城市化水平的不断提高，城市绿化养护工作成为社会公共服务的重要项目，是城市现代文明程度的重要标志之一，各城市在发展过程中都越来越重视城市绿化养护工作。同时，"韧性"这一概念被引入城市系统中，可以用于研究城市基础设施系统在遭受干扰之后的变化。另外，城市绿化养护机器人在实际作业过程中会受到多种复杂环境的影响，该影响对各部件退化过程的作用不尽相同。当城市绿化养护机器人部件状态退化到某个阈值水平时，故障发生，此时需要对某些部件进行预防性维护，从而提升机器人定位精度和系统可靠性。但是，目前各地市绿化养护更多地关注质量、效益方面，忽视了针对城市绿化系统可靠性与韧性的相关研究，此外，现有研究通常忽略外界环境不确定性对城市绿化养护机器人可靠性的影响，鲜有考虑不同环境因素重要度的变化对机器人部件维护策略的影响。基于以上背景，本章基于重要度对城市绿化养护机器人进行韧性研究分析，建立了考虑环境因素的养护机器人退化过程模型，提出环境韧性重要度和对城市绿化养护机器人的预防性维护策略。城市绿化工作是城市基础设施系统非常重要的组成部分，做好城市园林绿化养护管理工作，既有生态价值，又能为城市带来更多的经济效益，城市绿化养护机器人作为城市绿化工作的主力军，降低性能变化造成的影响对城市绿化系统的研究至关重要。

第一节 绿化养护机器人

养护机器人是由机械本体、电气系统、包括软件和硬件在内的控制系统构成的复杂系统，其核心部件包括减速器、伺服电机、伺服驱动器、示教器、控制柜、机器人本体，每个系统出现的故障模式均不相同。养护机器人的正常工作需要建立在系统内各个部件正常运行的基础上，一旦某一部件出现故障将影响整个系统的运行。因此，以六轴养护机器人为例，将其主要部件以框图形式列出，如图10-1所示。

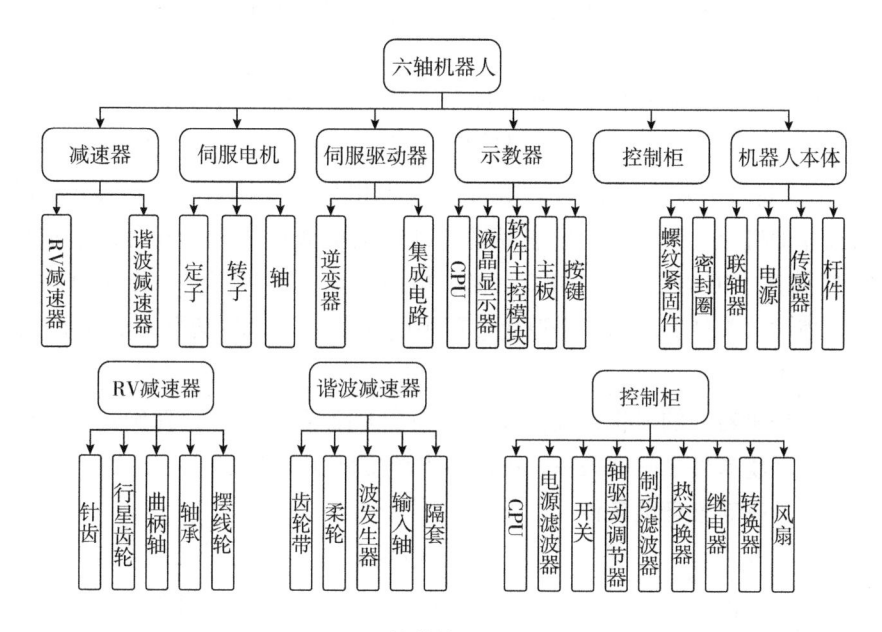

图10-1　六轴养护机器人系统部件

城市绿化养护机器人在工作时受多种环境因素的影响，潮湿或泥泞的地形、粉尘、振动和冲击、腐蚀、有毒条件（如辐射）等极端条件均会对其定位精度和寿命产生较大影响。例如，养护机器人在低温环境下作业时，经常会出现润滑脂冻结、启动速度慢等现象，影响城市养护工作的整体生产效率；暴露在潮湿环境中的机械部件可能会出现腐蚀或蚀刻。因此，应充分考虑环境不确定性对城市绿化养护机器人的影响，开展预防性维护研究，确保养护机器人在复杂环境条件下正常运行。

第二节　考虑环境因素的养护机器人退化建模和重要度分析

一般来说，养护机器人的许多部件不会发生灾难性的故障，而是随着时间的推移发生退化,也就是说,一个部件的临界状态通常会随着时间的推移而变化,会受到许多因素的影响,如部件的可靠性、退化过程、系统设计和环境条件。部件对系统可靠性的关键性可以用重要度来量化,部件的临界性通常取决于退化水平、由退化引起的故障阈值水平、动态环境条件和系统配置。

假设养护机器人有 n 个部件且部件之间相互独立,部件 i 的退化过程表示为 $(X_j^{(i)})_{j=1,2,\cdots,k}$,当与该部件相关的任何退化过程 k_i 达到阈值水平 $n_j^{(i)}$ 时,部件 i 失效,即部件 i 由于多维退化具有多种竞争失效模式。以六轴养护机器人为例,其伺服驱动器部件的失效模式共有 6 种,分别是 IGBT 过压、IGBT 过热、IGBT 过流、电阻短路、电阻开路、集成电路故障,当与该部件关联的 6 个退化过程中的任何一个达到某个阈值水平时,该部件失效。

养护机器人的退化过程被建模为一个 k 维 Wiener 过程并确定了退化过程与环境条件之间的关系,由此得出环境韧性重要度。

一 确定性环境条件

$e_t : [0, \infty) \to R$ 是一个时变的实值函数,它指定了时刻 t 的环境条件。在确定的环境条件下,$e_t = e_0$,$t \geq 0$。将部件 i 的退化过程 j 建模为:

$$\mathrm{d}X_j^{(i)}(t; e_0) = \mu_{j,0}^{(i)} \mathrm{d}t + \sigma_{j,0}^{(i)} \mathrm{d}B_t \tag{10-1}$$

其中,$B_t(t \geq 0)$ 为标准布朗运动,$\mu_{j,0}^{(i)}$ 和 $\sigma_{j,0}^{(i)}$ 分别为恒定环境 e_0 条件下养护机器人部件 i 退化过程 j 的退化率和恢复率,在实际应用中,恒定环境条件下的退化率通常由物理失效决定并可以通过退化试验来模拟;而恢复率是指在每单位时间内退化量变化的期望值,广义 Wiener 过程具有不变的期望恢复率。

若考虑环境变化,退化过程 j 的条件下养护机器人部件 i 的韧性可以用 $k_j^{(i)}(e_t)$ 表示,即:

$$k_j^{(i)}(e_t) = \frac{\sigma_j^{(i)}(t, e_t)}{\mu_j^{(i)}(t, e_t)} \tag{10-2}$$

其中,$\mu_j^{(i)}(t, e_t)$ 和 $\sigma_j^{(i)}(t, e_t)$ 分别为在时刻 t 环境 e_t 条件下部件 i 退化过程 j 的退化率和恢复率。

设 $x_j^{(i)}(0)$ 为部件 i 退化过程 j 的初始退化水平,则环境 e_t 条件下养护机器人的退化过程为:

$$X_j^{(i)}(t;e_0) = x_j^{(i)}(0) + \int_0^t \mathrm{d}X_j^{(i)}(x;e_0)$$
$$= x_j^{(i)}(0) + \int_0^t \mu_{j,0}^{(i)} k_j^{(i)}(e_x)\mathrm{d}x + \int_0^t \sigma_{j,0}^{(i)} \left(k_j^{(i)}(e_x)\right)^{\frac{1}{2}} \mathrm{d}B_x$$
(10-3)

令 $X_j^{(i)}(t;e_0)$ 第一次达到阈值水平 $n_j^{(i)}$ 的时间为 $T_j^{(i)} = \inf(t; X_j^{(i)}(t; e_0) \geqslant n_j^{(i)})$，当环境条件不随时间的推移而发生变化时，$T_j^{(i)}$ 服从逆高斯分布。由于部件 i 含有多维退化过程，具有多种竞争失效模式的特征，因此，将部件 i 的寿命定义为 $T^{(i)} = \min\limits_{j=1,2,\cdots,k_i} T_j^{(i)}$。

由于 e_t 是确定的，与部件 i 相关的退化过程 k_i 的退化率和恢复率也是确定的，其韧性也是确定的。因此，养护机器人部件 i 的可靠度为：

$$R^{(i)}\left(t; k_j^{(i)}(e_t)\right) = \Pr\left(T^{(i)} > t; k_j^{(i)}(e_t)\right)$$
$$= \prod_{i=1}^{k_i} \left(1 - F_{T_j^{(i)}}(t; k_j^{(i)}(e_t))\right) \quad (10\text{-}4)$$

为方便表示，设当养护机器人部件 i 正常工作时，$Z^{(i)}(t) = 1$；当部件 i 失效时，$Z^{(i)}(t) = 0$，且 $Z(t) = (Z^{(1)}(t), Z^{(2)}(t), \cdots, Z^{(n)}(t))$，则系统结构函数 $\varphi(Z(t))$ 为：

$$\varphi(Z(t)) = \begin{cases} 1, & \text{系统工作} \\ 0, & \text{系统失效} \end{cases} \quad (10\text{-}5)$$

由此，定义确定性环境条件下具有多维退化过程的养护机器人部件 i 的环境韧性重要度为：

$$BIM^{(i)}\left(t; k_j^{(i)}(e_t)\right) = \frac{\partial R\left(t; k_j^{(i)}(e_t)\right)}{\partial R^{(i)}\left(t; k_j^{(i)}(e_t)\right)} \quad (10\text{-}6)$$

二 随机性环境条件

当 e_t 随机时，与养护机器人部件 i 相关的退化过程 k_i 的退化率和恢复率也是随机的。此外，由于退化过程 k_i 的退化率和恢复率具有相同的环境条件，即韧性具有相同的环境条件，退化过程 k_i 不再具有统计独立性。

设环境条件为 $e_t = \hat{e}_t + b_t$，其中，b_t 为随机过程，$\hat{e}_t$ 是时刻 t 预测的环境条件。b_t 取值依情况而定。假设 b_t 是一个布朗运动，漂移系数为0，扩散系数为 σ_e。如果 $b_t = (\sigma_e B_t)_{t \geqslant 0}$ 且 $\varepsilon_{t_n} = 0$，则 e_t 是一个布朗运动，其均

值函数为 $\hat{e}_t$，波动为 b_t，即 b_t 是一个正态随机过程。

随机环境条件下养护机器人部件 i 的环境韧性重要度可以用蒙特卡罗方法计算得到，即：

$$BIM^{(i)}\left(t;\ k_j^{(i)}(e_t)\right) \approx \widehat{BIM}^{(i)}\left(t;\ k_j^{(i)}(e_t)\right) = \frac{1}{N}\sum_{p=1}^{N} BIM^{(i)}\left(t;\ k_j^{(i)}(\hat{e}_t)\right) \tag{10-7}$$

第三节　基于环境韧性重要度的养护机器人预防性维护

假设可以观察到与定位精度相对应的系统中各个部件的状态，提出针对养护机器人的预防性维护策略，以实现更为精准的预防性维护和最大化预期的系统定位精度，本节基于上节提出的环境韧性重要度，结合联合重要度的概念，将当部件 i 被维护时部件 q 对系统可靠性的影响表示为：

$$BIM_{i|q}\left(t;\ k_j^{(i)}(e_t)\right) = \frac{\partial^2 R\left(t;\ k_j^{(i)}(e_t)\right)}{\partial R^{(i)}\left(t;\ k_j^{(i)}(e_t)\right)\partial R^{(q)}\left(t;\ k_j^{(i)}(e_t)\right)} \tag{10-8}$$

令 $Y_i(t)$ 表示养护机器人的部件 i 在时刻 t 的状态，$Y_i(t) = 0, 1, 2, \cdots, M_i$，其中，0 代表故障的状态，$M_i$ 代表完好的状态，其余的状态是按从完好到故障的降序排列；$Y(t) = \left(Y_1(t),\ Y_2(t),\ \cdots,\ Y_n(t)\right)$ 表示部件的状态向量；$\Phi(Y(t))$ 为系统结构函数。假设状态 n^i 是部件 i 的阈值状态，一旦部件 i 状态退化到 n^i 以下，就会立即出现某性能症状并引起注意。假设观察到的状态为 $(n_0)^i$，当部件 i 的状态低于 n^i 时，则 $(n_0)^i < n^i$。

一旦养护机器人部件的状态退化到阈值状态以下，则需要找到相应的部件并必须进行维护。在这种情况下，需要考虑维护的部件可能是关键的或非关键的。假设维护的部件是关键部件，系统则必须停止工作。此时，可以在所有其他部件上执行预防性维护。如果维护的部件不是关键部件，则系统不必停止工作。此时，预防性维护可以在非关键部件上执行。

第十章　环境绿化养护机器人设施韧性 / 217

假设部件 i 的状态退化到其阈值状态 n^i 以下，即 $(<n)^i$。根据上述维护策略，将部件 i 和部件 q 的联合环境韧性重要度用 $R_{i|q}(t; k_j^{(i)}(e_t))$ 表示，并以此量化当部件 i 被维护时部件 q 对系统可靠性的影响，即：

$$R_{i|q}(t; k_j^{(i)}(e_t)) = H_{i|q} BIM_{i|q}(t; k_j^{(i)}(e_t)) \tag{10-9}$$

$$H_{i|q} = \begin{cases} 1, & \Phi((<n)^i, Y(t)) < N \\ 1, & \Phi((<n)^i, Y(t)) \geq N \text{ 和} \\ & q \in \{q | \Phi((<n)^i, (<n)^q, X(t)) \geq N\} \\ 0, & \text{其他} \end{cases}$$

其中，$(<n)^i$ 表示部件 i 的状态退化到阈值状态 n^i 以下。$(<n)^q$ 表示部件 q 的状态退化到阈值状态 n^q 以下。如果部件 i 的状态退化到 n^i 以下，则会导致系统结构函数 $\Phi(\cdot)$ 的值减小到阈值状态 N 以下，即 $\Phi((<n)^i, Y(t)) < N$，此时部件 i 至关重要，系统停止运行。因此，可对其他所有部件 $q \in \{1, \cdots, q-1, q+1, \cdots, n\}$ 执行预防性维护。如果 $\Phi((<n)^i, Y(t)) \geq N$，则部件 i 是非关键的。因此，可以对其他非关键部件进行预防性维护。

在对部件 i 进行维护时，应首先选择具有最大 $R_{i|q}(t; k_j^{(i)}(e_t))$ 的部件 q 执行预防性维护，以便最大限度地提高系统定位精度。同时，应按照部件 $R_{i|q}(t; k_j^{(i)}(e_t))$ 的排名制定预防性维护顺序。

考虑到有限的维护成本，在固定的总维护成本 C 的情况下，应该确定一组需要预防性维护的部件，以最大限度地提高系统的预期性能。

首先，当养护机器人各部件的预防性维护成本相同时，可根据 $R_{i|q}(t; k_j^{(i)}(e_t))$ 对部件重要性度量的排名来确定预防性维护的部件。

其次，当养护机器人各部件预防性维护成本不同时，重要度较大的部件可能导致较高的维护成本。此时，用 $R_{i|q}(t; k_j^{(i)}(e_t))$ 将预防性维护优先级分配给具有较大重要度的部件并不总是最优的。因此，需要解决以下整数规划问题对部件 i 进行维护：

$$\max_{z_q} \sum_{q \neq i} R_{i|q}(t; k_j^{(i)}(e_t)) \cdot z_q \tag{10-10}$$

$$\text{s.t. } c_i + \sum_{q \neq i} c_q z_q \leq C \, \& \, z_q \in \{0, 1\}$$

其中，c_i 是部件 i 的维护成本；c_q 表示部件 q 的维护成本；z_q 是 q 部件的预防性维护变量，表示是否维护部件 q 的决策变量。z_q 只能采用 0 和 1 之间的值，当 $z_q = 1$ 时，表示对部件 q 进行预防性维护，反之不进行维护。

第四节 仿真验证

养护机器人每个部件的失效模式不相同，且每个失效模式与退化过程相关。表 10-1 显示了每个部件的主要失效模式。

表 10-1　　养护工业机器人各部件的主要失效模式

编号	名称	编号	名称
A1	针齿破坏	D1	CPU 故障
A2	行星齿轮破坏	D2	液晶显示屏故障
A3	曲柄轴失效	D3	软件主控模块故障
A4	轴承失效	D4	主板故障
A5	摆线轮失效	D5	按键失灵
A6	密封失效	D6	示教器系统故障
A7	齿形带传送失效	E1	转换器故障
B1	定子故障	E2	热交换器故障
B2	转子故障	E3	风扇故障
B3	轴承磨损	E4	总线通信故障
B4	轴承开裂	E5	I/O 模块故障
B5	转轴挠度过大	E6	继电器故障
C1	IGBT 过压	F1	垫圈磨损
C2	IGBT 过热	F2	密封圈老化
C3	IGBT 过流	F3	联轴器失效

续表

编号	名称	编号	名称
C4	电阻短路	F4	电源故障
C5	电阻开路	F5	传感器故障
C6	集成电路故障	F6	杆件强度不足

假设环境条件是确定的,并且在 $t=30$ 之前完全已知,此时,环境条件由分段函数 e_t 可表示为:

$$e_t = \begin{cases} 6, & 0 \leqslant t < 10 \\ 7, & 10 \leqslant t < 30 \end{cases}$$

本案例中使用的具体参数值如表 10-2 所示。在部件临界点分析的情况下,养护机器人是一个可修复的系统,其部件并不完全是新的,所以,本案例假设伺服电机、伺服驱动器、示教器和机器人本体的初始退化水平大于零。

表 10-2　　　　　　　仿真参数值

故障模式	$\mu_{j,0}^{(i)}$	$\sigma_{j,0}^{(i)}$	初始退化水平 $x_j^{(i)}(0)$	$n_j^{(i)}$
减速器			
A1	1	0.5	0	11
A2	1	0.8	0	11
A3	0.8	1	0	11
A4	0.8	0.7	0	11
A5	1	1	0	11
A6	0.9	0.6	0	11
A7	0.7	1.5	0	11
伺服电机			
B1	0.8	0.5	1	12
B2	0.7	1	1	12
B3	0.6	1	1	12
B4	1.1	0.5	1	12
B5	0.5	1	1	12

续表

故障模式	$\mu_{j,0}^{(i)}$	$\sigma_{j,0}^{(i)}$	初始退化水平 $x_j^{(i)}(0)$	$n_j^{(i)}$
伺服驱动器					
C1	0.7	1	4	15
C2	0.9	0.8	4	15
C3	1	0.5	4	15
C4	0.5	1	4	15
C5	0.8	1.1	4	15
C6	0.6	1	4	15
示教器					
D1	1.1	0.7	2	13
D2	1.3	0.9	2	13
D3	0.6	1.3	2	13
D4	1.4	0.7	2	13
D5	1	1	2	13
D6	0.9	0.5	2	13
控制柜					
E1	0.8	1.2	0	11
E2	0.7	0.7	0	11
E3	0.5	1.4	0	11
E4	0.9	1.1	0	11
E5	1	1	0	11
E6	1.1	0.7	0	11
机器人本体					
F1	1.5	0.5	3	14
F2	0.5	1.3	3	14
F3	1	1	3	14
F4	1.2	1.1	3	14
F5	1	1	3	14
F6	0.7	1	3	14

对所构建的预防性维护策略模型进行仿真分析，将各部件参数进行分析可以得出在某一部件失效的情况下，其他各部件的联合环境韧性重

要度。其仿真结果如图 10-2 所示。

(a)

(b)

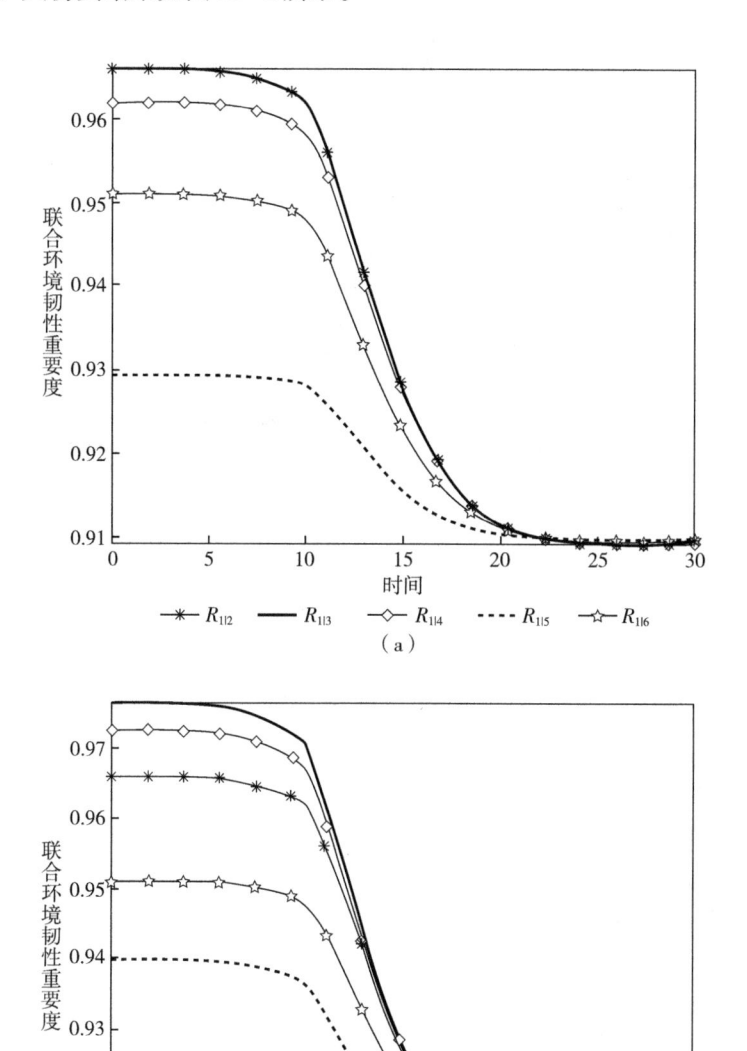

图 10-2　不同失效情形下各组部件的联合环境韧性重要度

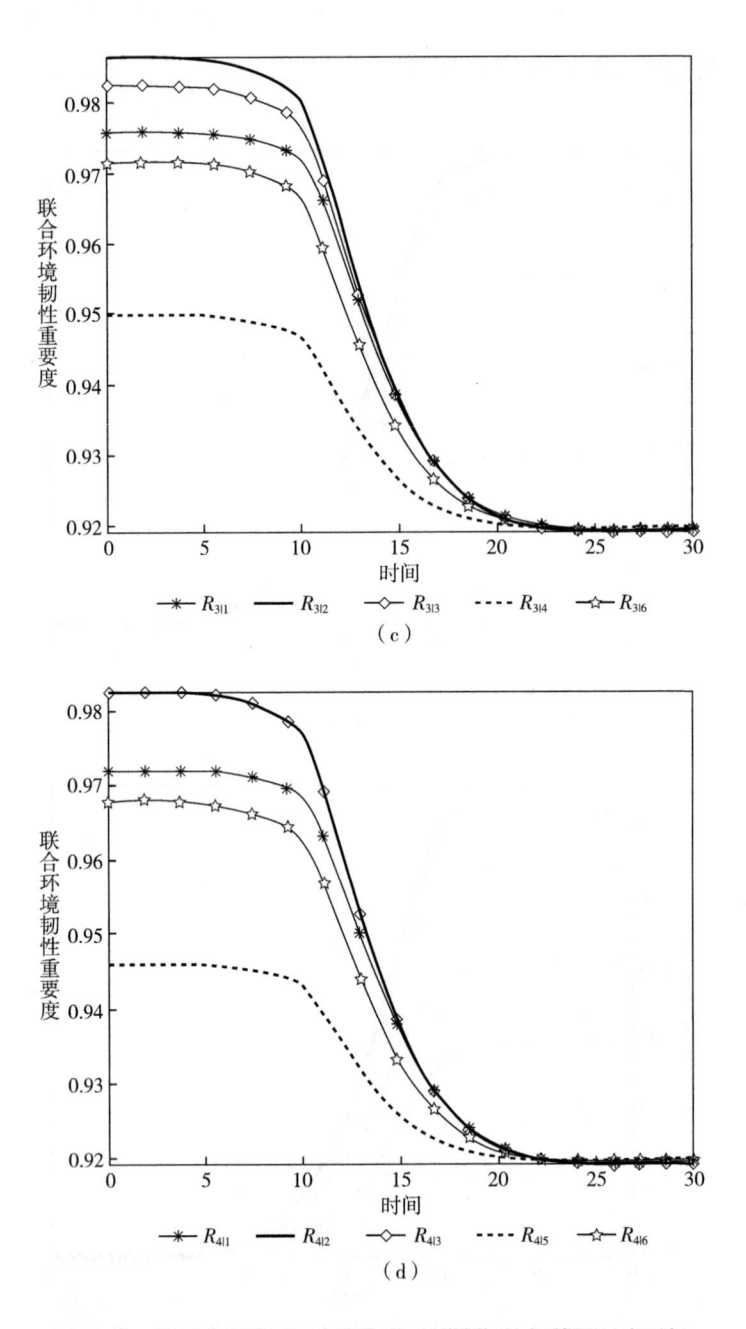

图 10-2 不同失效情形下各组部件的联合环境韧性重要度（续）

(e)

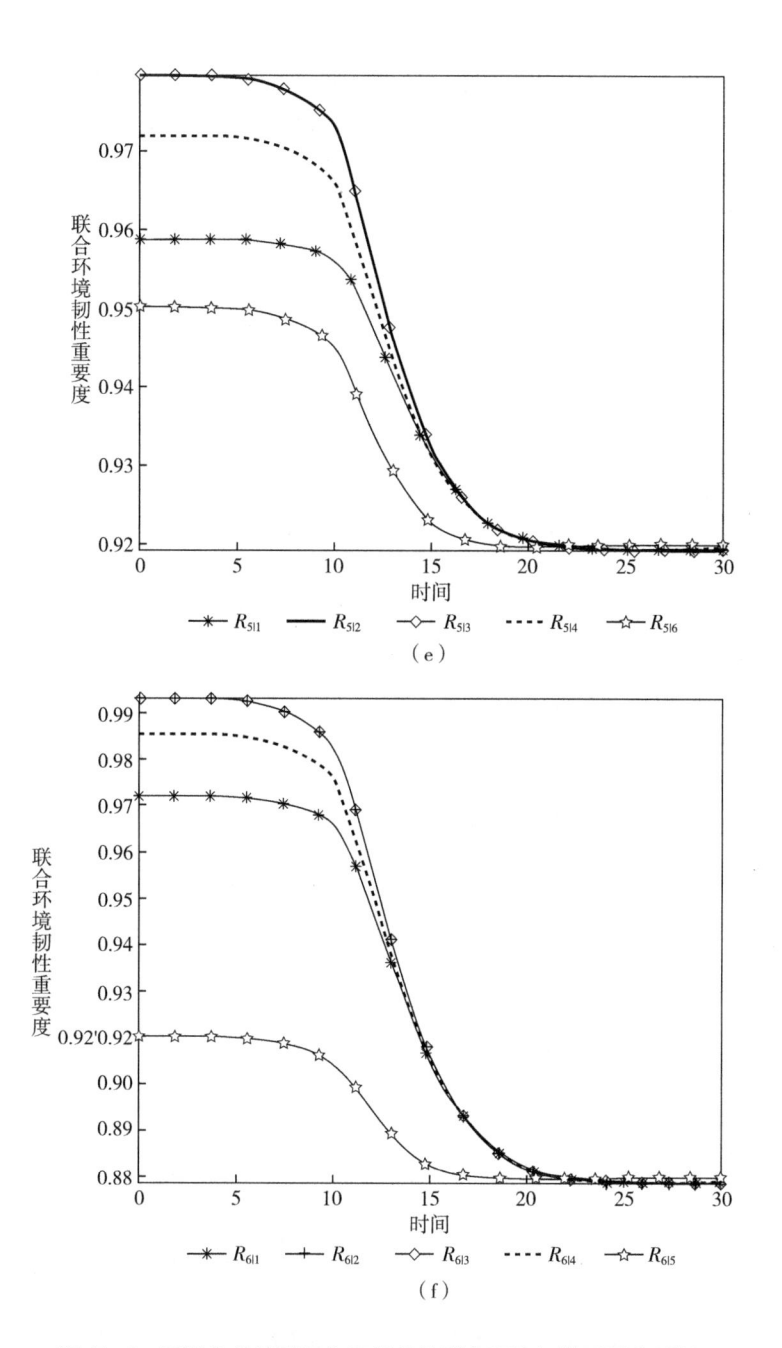

(f)

图 10-2　不同失效情形下各组部件的联合环境韧性重要度（续）

由图 10-2 可知，当存在某一部件退化至阈值以下时，其余部件的重要度值均是先不变再下降后趋于平缓的趋势。另外，在动量轮和红外地球敏感器失效的情况下，在 $0 \leqslant t < 30$ 的时间区间内，星敏感器和太阳敏感器的重要度值几乎相同。由此可知，在某一部件失效时其余各部件的重要度值的综合排名如表 10-3 所示。

表 10-3　　不同失效情形下各组部件的联合环境韧性重要度排序

	减速器	伺服电机	驱动器	示教器	控制柜	本体
减速器失效	—	1	2	3	5	4
伺服电机失效	3	—	1	2	5	4
驱动器失效	3	1	—	2	5	4
示教器失效	3	1	2	—	5	4
控制柜失效	4	1	2	3	—	5
本体失效	4	1	2	3	5	—

考虑到由于维护以及预防性维护存在一定的成本控制，不同的总维护成本可能会有不同的预防性维护方案。养护机器人主要部件的维护和预防性维护成本如表 10-4 所示。

表 10-4　　各部件维护和预防性维护成本

No.	部件	维护成本	预防性维护成本
1	减速器	7000	2200
2	伺服电机	4000	1800
3	伺服驱动器	3900	1700
4	示教器	2600	1400
5	控制柜	3500	1500
6	机器人本体	3000	1000

由表 10-4 可以看出，在不同时刻 t，存在当某一部件失效时，在不同的总维护成本的限制下对预防性部件集进行选择的情况。以 $t=10$ 时减速器失效对其他部件进行预防性维护为例进行仿真，结果如图 10-3 所示。

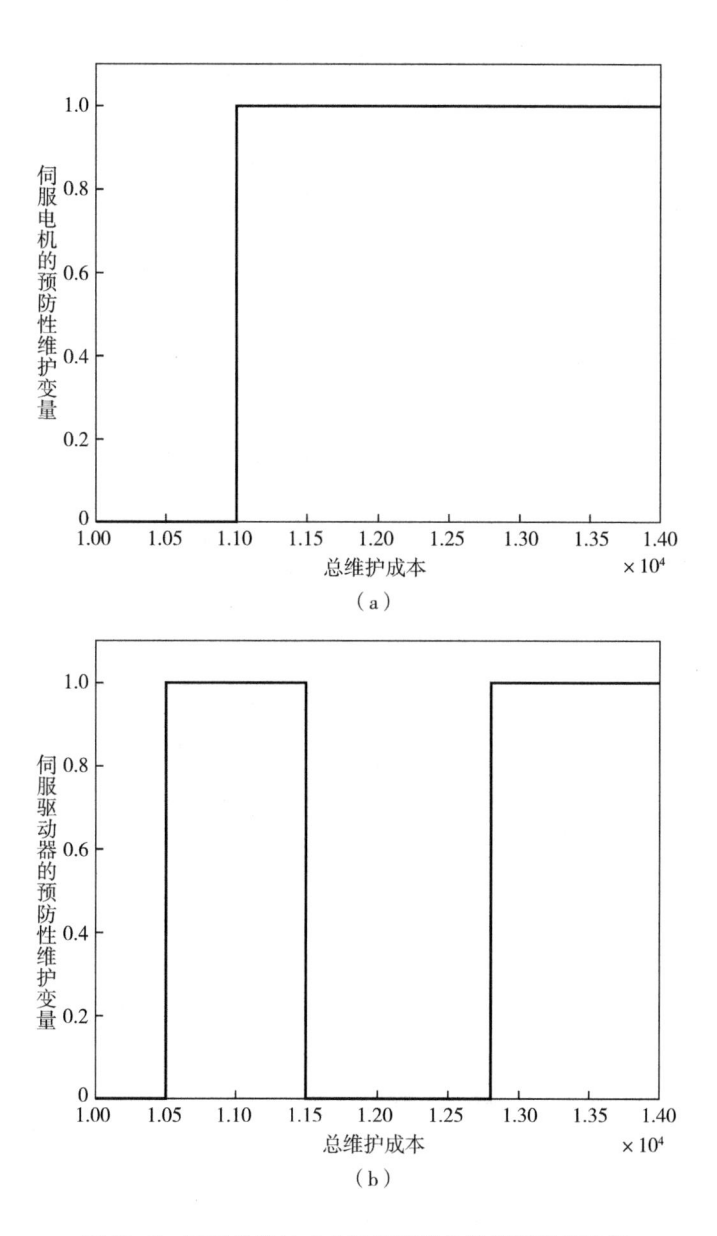

图 10-3　不同总维护成本下的预防性维护部件集选择

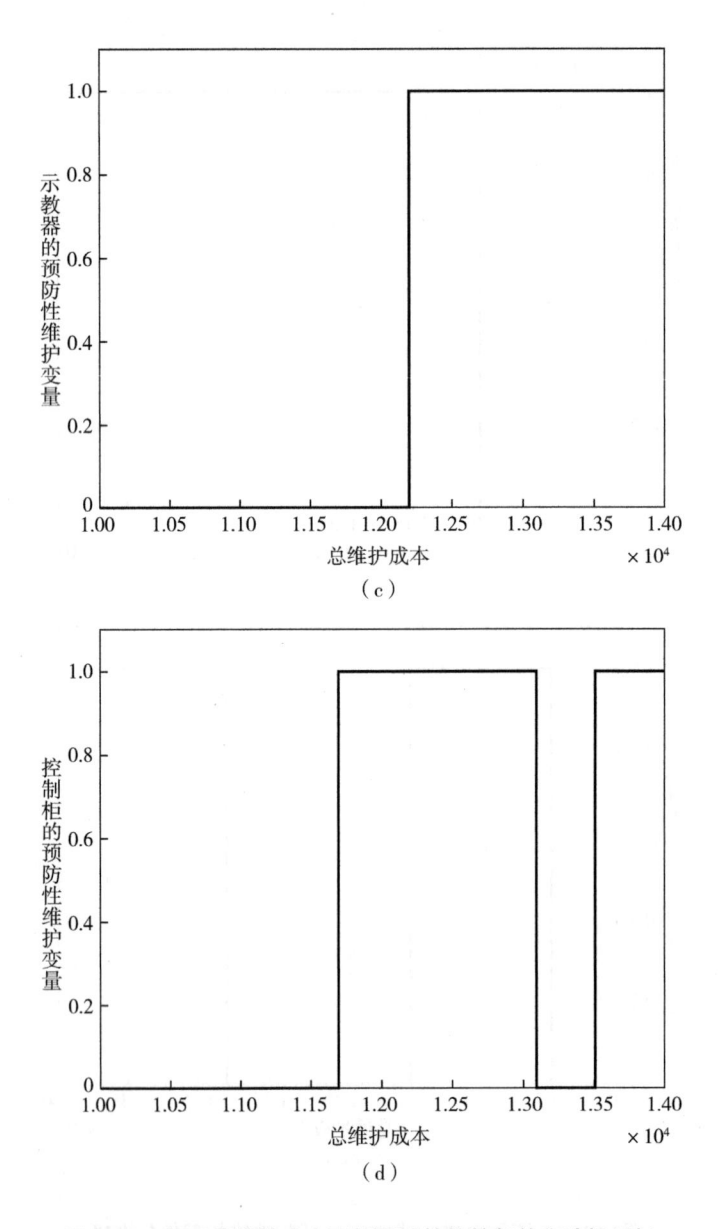

图 10-3 不同总维护成本下的预防性维护部件集选择(续)

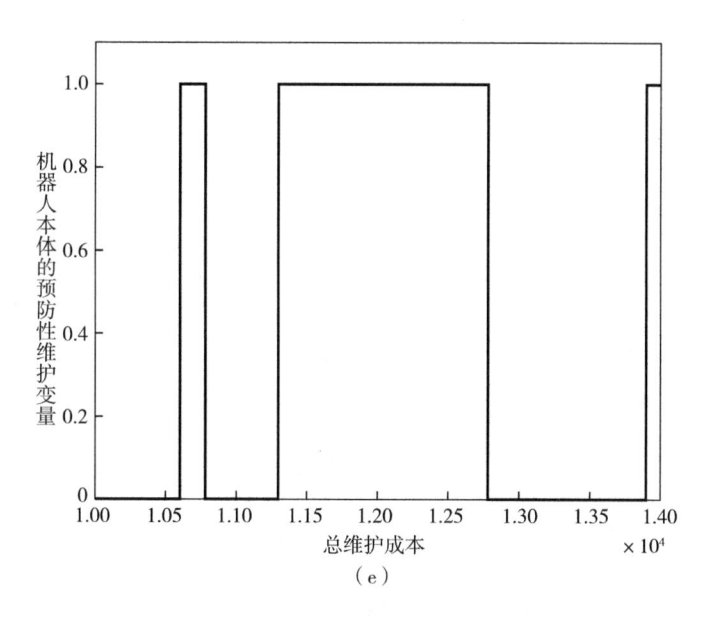

图 10-3 不同总维护成本下的预防性维护部件集选择（续）

从图 10-3 可知，基于对预防性维护成本的限制以及部件维护优先级的考虑，虽然伺服电机和伺服驱动器有着较高的预防性维护成本，但是较高的部件维护优先级让这两个部件不论总维护成本如何变化都是预防性维护部件集的优先选择。另外，虽然机器人本体的部件维护优先级排名靠后，但是由于预防性维护成本最低，当剩余维护费用不足以支撑其他高优先级组件维护时，会选择机器人本体进入预防性维护部件集。

以 $t=10$ 时减速器失效且总维护成本为 11200 元这一情况为例，当确定预防性维护部件集为伺服电机和驱动器之后，分析此预防性维护策略对于系统可靠性的影响。预防性维护前后各个部件的可靠性随运行时间的推移变化曲线如图 10-4 和图 10-5 所示。$t=10$ 时各部件的可靠性数值如表 10-5 所示。通过对比可知，预防性维护策略对于系统可靠性的提高有显著作用。

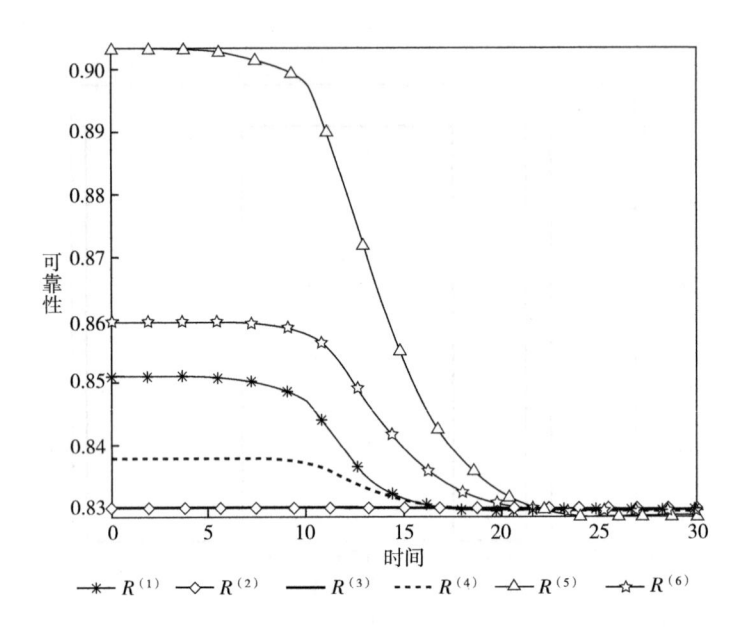

图 10-4　预防性维护前各部件的可靠性

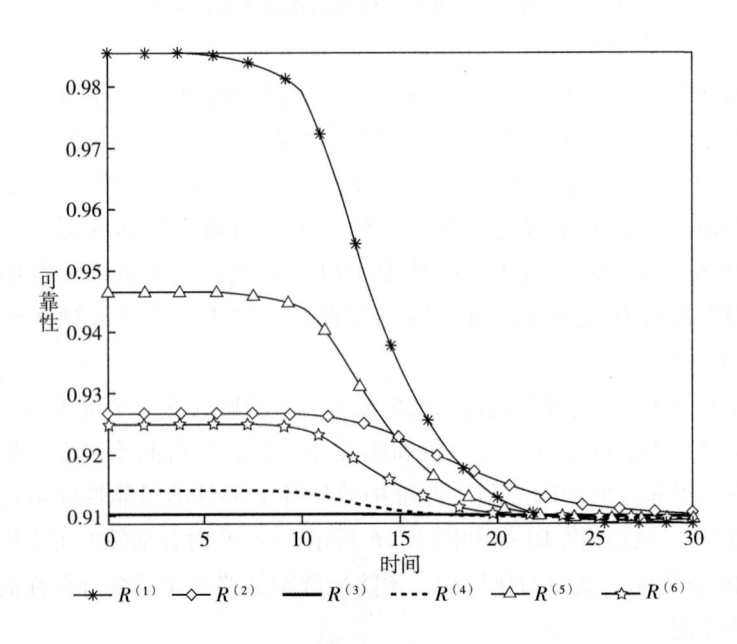

图 10-5　预防性维护后各部件的可靠性

表 10-5　　　　　　　　　　$t=10$ 时各部件的可靠性数值

部件可靠性	预防性维护前	预防性维护后
减速器 $R^{(1)}$	0.847	0.978
伺服电机 $R^{(2)}$	0.831	0.927
伺服驱动器 $R^{(3)}$	0.830	0.910
示教器 $R^{(4)}$	0.838	0.914
控制柜 $R^{(5)}$	0.898	0.945
机器人本体 $R^{(6)}$	0.860	0.926

第五节　本章小结

本章以养护机器人为背景，结合机器人实际服役工作环境复杂多变的特点，得到确定性环境条件和随机性环境条件下具有多维退化过程的养护机器人部件的环境韧性重要度。基于多部件联合环境韧性重要度，确定部件的维护优先级，考虑不同故障时间点和不同总维护成本，在有限资源的情况下，利用提出的环境重要度从维护经济性角度对养护机器人系统进行薄弱环节分析，得到养护机器人的最优预防性维护部件集。同时，对维护前后的机器人可靠性进行对比分析，表明所提方法可有效提升养护机器人的服役寿命，为实现精准预防性维护、最大化城市绿化养护机器人在冲击环境下的韧性提供理论支撑。

参考文献

一　中文文献

崔爱香：《复杂网络建模及其传播动力学研究》，博士学位论文，电子科技大学，2014年。

杜少丹：《电子元器件失效机理研究及失效分析信息管理系统实现》，硕士学位论文，华南理工大学，2015年。

杜胜利等：《城市污水处理过程模型预测控制研究综述》，《信息与控制》2022年第1期。

兑红炎、刘凯鑫、陶俊勇：《基于马尔可夫模型的多等级灾害下复杂系统可靠性和维修分析》，《运筹与管理》2024年第1期。

范如国等：《基于SEIR的新冠肺炎传播模型及拐点预测分析》，《电子科技大学学报》2020年第3期。

郭峰、刘臣宇、李元垒：《基于边际分析法的可修复备件最优库存研究》，《价值工程》2010年第14期。

刘涛等：《面向任务的复杂系统韧性评估方法》，《系统工程与电子技术》2021年第4期。

刘雄峰、邵亦文、孙瑶：《城市道路网络韧性的定义内涵、衡量指标与研究方法》，《城市环境设计》2022年第6期。

庞玉成等：《"新基建"背景下我国医院基础设施建设发展及对策》，《建筑经济》2020年第10期。

宋文静、易华辉：《基于延误时间成本的航材备件采购方案研究》，《航空工程进展》2015年第1期。

王智慧等：《温州地区52例新型冠状病毒肺炎治愈患者的临床特征分析》，《浙江医学》2020年第4期。

肖宝亮、张明智、贺筱媛：《关键基础设施建模与仿真研究综述》，《系统仿真学报》2015年第7期。

周振宇:《路网级联失效预防及修复策略研究》,硕士学位论文,长沙理工大学,2015年。

二 英文文献

Ab-Samat, H., Kamaruddin, S., "Opportunistic Maintenance (OM) as a New Advancement in Maintenance Approaches", *Journal of Quality in Maintenance Engineering*, Vol. 20, No. 2, 2014.

Aggarwal, S., "Minimal Path Set Importance in Complex Systems", *Proceedings of the Institution of Mechanical Engineers, Part O: Journal of Risk and Reliability*, Vol. 235, No. 2, 2020.

Ahmad, R., Kamaruddin, S., "An Overview of Time-based and Condition-based Maintenance in Industrial Application", *Computers & Industrial Engineering*, Vol. 63, No. 1, 2012.

Ahmed, A. A. A., Liu, Y., "Throughput-based Importance Measures of Multistate Production Systems", *International Journal of Production Research*, Vol. 57, No. 2, 2018.

Ahmed, S., Dey, K., "Resilience Modeling Concepts in Transportation Systems a Comprehensive Review Based on Mode, and Modeling Techniques", *Journal of Infrastructure Preservation on and Resilience*, Vol. 1, No. 1, 2020.

Albert, R., et al., "Error and Attack Tolerance of Complex Networks", *Nature*, Vol. 406, No. 6794, 2000.

Ali, I., "Analyzing the Impacts of Diversity on Organizational Resilience: Analytical Review and Formulation", *IEEE Engineering Management Review*, Vol. 50, No. 4, 2022.

Almoghathawi, Y., et al., "A Multi-criteria Decision Analysis Approach for Importance Identification and Ranking of Network Components", *Reliability Engineering & System Safety*, Vol. 158, 2017.

Almoghathawi, Y., Barker, K., "Component Importance Measures for Interdependent Infrastructure Network Resilience", *Computers & Industrial Engineering*, Vol. 133, 2019.

Argyroudis, S. A., et al., "Resilience Assessment Framework for Critical Infrastructure in a Multi-hazard Environment: Case Study on Transport Assets", *Science of the Total Environment*, Vol. 714, 2020.

Arif, A., et al, "Optimizing Service Restoration in Distribution Systems with Uncertain Repair Time and Demand", *IEEE Transactions on Power Systems*, Vol. 33, No. 6, 2018.

Ayyub, B. M., "Systems Resilience for Multihazard Environments: Definition, Metrics, and Valuation for Decision Making", *Risk Analysis*, Vol. 34, No. 2, 2014.

Azadeh, A., et al., "Performance Evaluation of Integrated Resilience Engineering Factors by Data Envelopment Analysis: The Case of a Petrochemical Plant", *Process Safety and Environmental Protection*, Vol. 92, No. 3, 2014.

Bai, G., et al., "Improved Resilience Measure for Component Recovery Priority in Power Grids", *Frontiers of Engineering Management*, Vol. 8, No. 4, 2021.

Baroud, H., et al., "Importance Measures for Inland Waterway Network Resilience", *Transportation Research Part E: Logistics and Transportation Review*, Vol. 62, 2014.

Baroud, H., Barker, K., "A Bayesian Kernel Approach to Modeling Resilience-based Network Component Importance", *Reliability Engineering & System Safety*, Vol. 170, 2018.

Ben Ammar, S., Eling, M., "Common Risk Factors of Infrastructure Investments", *Energy Economics*, Vol. 49, 2015.

Beste, L. F., Hoffman, R. M., "A Quantitative Study of Resilience", *Textile Research Journal*, Vol. 20, No. 7, 1950.

Birnbaum, Z. W., *On the Importance of Different Components in a Multicomponent System*, New York: Academic Press, 1969.

Borgonovo, E., "Differential Importance and Comparative Statics: An Application to Inventory Management", *International Journal of Production Economics*, Vol. 111, No. 1, 2008.

Britton, N. R., Clark, G. J., "From Response to Resilience: Emergency Management Reform in New Zealand", *Natural Hazards Review*, Vol. 1, No. 3, 2000.

Bruneau, M., et al., "A Framework to Quantitatively Assess and Enhance the Seismic Resilience of Communities", *Earthquake Spectra*, Vol. 19, No. 4, 2003.

Bukowski, L., Werbińska-Wojciechowska, S., "Using Fuzzy Logic to Support Maintenance Decisions According to Resilience-based Maintenance Concept", *Eksploatacja i Niezawodnosc - Maintenance and Reliability*, Vol. 23, No. 2, 2021.

Cai, B., et al., "Resilience Evaluation Methodology of Engineering Systems with Dynamic-Bayesian-network-based Degradation and Maintenance", *Reliability Engineering & System Safety*, Vol. 209, 2021.

Carpenter, S., et al., "From Metaphor to Measurement: Resilience of What to What?", *Ecosystems*, Vol. 4, No. 8, 2001.

Cassady, C. R., et al., "Selective Maintenance for Support Equipment Involving Multiple Maintenance Actions", *European Journal of Operational Research*, Vol. 129, No. 2, 2001.

Chaves, A., et al., "Improving the Cyber Resilience of Industrial Control Systems", *International Journal of Critical Infrastructure Protection*, Vol. 17, 2017.

Chen, C. Y., "Task Scheduling for Maximizing Performance and Reliability Considering Fault Recovery in Heterogeneous Distributed Systems", *IEEE Transactions on Parallel and Distributed Systems*, Vol. 27, No. 2, 2016.

Chen, L., et al., "Maintenance Cost-based Importance Analysis under Different Maintenancee Strategies", *Reliability Engineering & System Safety*, Vol. 222, 2022.

Chen, L., "Safety of Nuclear Energy: Analysis of Events at Commercial Nuclear Power Plants", Switzerland: ETH Zurich, 2018.

Chen, Y., Feng, H., "Maintenance Strategy of Multicomponent System based on Structure Updating and Group Importance Measure", *Communications in Statistics-Theory and Methods*, Vol. 51, No. 9, 2020.

Cheng, C., et al., "Resilience Evaluation for UAV Swarm Performing Joint Reconnaissance Mission", *Chaos*, Vol. 29, No. 5, 2019.

Connor, K. M., Davidson, J. R., "Development of a New Resilience Scale: the Connor-Davidson Resilience Scale (CD-RISC)", *Depression and*

Anxiety, Vol. 18, No. 2, 2003.

Dhulipala, S. L., Flint, M. M., "Series of Semi-Markov Processes to Model Infrastructure Resilience under Multihazards", *Reliability Engineering & System Safety*, Vol. 193, 2020.

Diallo, C., et al., "Optimal Joint Selective Imperfect Maintenance and Multiple Repairpersons Assignment Strategy for Complex Multicomponent Systems", *International Journal of Production Research*, Vol. 57, No. 13, 2018.

Duan, C., et al., "Selective Maintenance Scheduling under Stochastic Maintenance Quality with Multiple Maintenance Actions", *International Journal of Production Research*, Vol. 56, No. 23, 2018.

Dui, H., et al., "Generalized Integrated Importance Measure for System Performance Evaluation: Application to a Propeller Plane System", *Eksploatacja i Niezawodnosc-Maintenance and Reliability*, Vol. 19, No. 2, 2017.

Dui, H., et al., "System Performance-based Joint Importance Analysis Guided Maintenance for Repairable systems", *Reliability Engineering & System Safety*, Vol. 186, 2019.

Dui, H., et al., "Cascading Failures and Resilience Optimization of Hospital Infrastructure Systems Against the COVID-19", *Computers & Industrial Engineering*, Vol. 179, 2023.

Dui, H., et al., "Component Importance for Multi-state System Lifetimes with Renewal Functions", *IEEE Transactions on Reliability*, Vol. 63, No. 1, 2014.

Dui, H., et al., "An Importance Measure for Multistate Systems with External Factors", *Reliability Engineering & System Safety*, Vol. 167, 2017.

Dui, H., Si, S., Yam, R. C. M., "A Cost-based Integrated Importance Measure of System Components for Preventive Maintenance", *Reliability Engineering & System Safety*, Vol. 168, 2017.

Dui, H., et al., "Performance-based Maintenance Analysis and Resource Allocation in Irrigation Networks", *Reliability Engineering & System Safety*, Vol. 230, 2023.

Dui, H., et al., "Some Extensions of the Component Maintenance Priority", *Reliability Engineering & System Safety*, Vol. 214, 2021.

Dui, H., Yang, X., Liu, M., "Importance Measure-based Maintenance Analysis and Spare Parts Storage Configureation in Two-echelon Maintenance and Supply Support System", *International Journal of Production Research*, Vol. 61, No. 23, 2022.

Dui, H., et al., "Recovery Analysis and Maintenance Priority of Metro Networks Based on Importance Measure", *Mathematics*, Vol. 10, No. 21, 2022.

Dui, H., et al., "Importance Measure-based Resilience Analysis of a Wind Power Generation System", *Proceedings of the Institution of Mechanical Engineers, Part O: Journal of Risk and Reliability*, Vol. 236, No. 3, 2022.

Dui, H., Zheng, X., Wu, S., "Resilience Analysis of Maritime Transportation Systems Based on Importance Measures", *Reliability Engineering & System Safety*, Vol. 209, 2021.

Dui, H., et al., "Preventive Maintenance of Multiple Components for Hydraulic Tension Systems", *Eksploatacja i Niezawodnosc - Maintenance and Reliability*, Vol. 23, No. 3, 2021.

Ebrahimi, A. H., et al., "A Resilience-based Practical Platform and Novel Index for Rapid Evaluation of Urban Water Distribution Network Using Hybrid Simulation", *Sustainable Cities and Society*, Vol. 82, 2022.

Espinoza, S., et al., "Multi-phase Assessment and Adaptation of Power Systems Resilience to Natural Hazards", *Electric Power Systems Research*, Vol. 136, 2016.

Espiritu, J. F., et al., "Component Criticality Importance Measures for the Power Industry", *Electric Power Systems Research*, Vol. 77, No. 5-6, 2007.

Fan, D., et al., "Group Maintenance Optimization of Subsea Xmas Trees with Stochastic Dependency", *Reliability Engineering & System Safety*, Vol. 209, 2021.

Fang, Y. P., et al., "Resilience-based Component Importance Measures for Critical Infrastructure Network Systems", *IEEE Transactions on Reliability*, Vol. 65, No. 2, 2016.

Feng, Q., et al., "Time-based Resilience Metric for Smart Manufacturing Systems and Optimization Method with Dual-strategy Recovery", *Journal of Manufacturing Systems*, Vol. 65, 2022.

Feng, Q., et al., "Importance Measure-based Phased Mission Reliability and UAV Number Optimization for Swarm", *Reliability Engineering & System Safety*, Vol. 223, 2022.

Feng, Q., et al., "Resilience Design Method Based on Meta-structure: A Case Study of Offshore Wind Farm", *Reliability Engineering & System Safety*, Vol. 186, 2019.

Galante, G. M., et al., "Handling the Epistemic Uncertainty in the Selective Maintenance Problem", *Computers & Industrial Engineering*, Vol. 141, 2020.

Gandhi, O., et al., "Levelised Cost of PV Integration for Distribution Networks", *Renewable and Sustainable Energy Reviews*, Vol. 169, 2022.

Ganin, A. A., et al., "Operational Resilience: Concepts, Design and Analysis", *Scientific Reports*, Vol. 6, 2016.

Gao, J., et al., "Universal Resilience Patterns in Complex Networks", *Nature*, Vol. 530, No. 7590, 2016.

Garg, A., Deshmukh, S. G., "Maintenance Management: literature Review and Directions", *Journal of Quality in Maintenance Engineering*, Vol. 12, No. 3, 2006.

Goerger, S. R., et al., "Engineered Resilient Systems: A DoD Perspective", *Procedia Computer Science*, Vol. 28, 2014.

Hajebi, S., et al., "Water Distribution Network Sectorisation Using Structural Graph Partitioning and Multi-objective Optimization", *Procedia Engineering*, Vol. 89, 2014.

Hao, S., et al., "Reliability Modeling for Mutually Dependent Competing Failure Processes Due to Degradation and Random Shocks", *Applied Mathematical Modelling*, Vol. 51, 2017.

Hariri-Ardebili, M. A., "Risk, Reliability, Resilience (R3) and beyond in Dam Engineering: A State-of-the-art review", *International Journal of Disaster Risk Reduction*, Vol. 31, 2018.

Henry, D., Ramirez-Marquez, J. E., "Generic Metrics and Quantitative Approaches for System Resilience as a Function of Time", *Reliability Engineering & System Safety*, Vol. 99, 2012.

Hesabi, H., et al., "A Deep Learning Predictive Model for Selective Maintenance Optimization", *Reliability Engineering & System Safety*, Vol. 219, 2022.

Holling, C. S., "Resilience and Stability of Ecological Systems", *Annual Review of Ecology and Systematics*, Vol. 4, 1973.

Holling, C. S., "Simplifying the Complex: The Paradigms of Ecological Function and Structure", *Futures*, Vol. 26, No. 6, 1994.

Hosseini, N., et al., "Cost-based Fire Risk Assessment in Natural Gas Industry by Means of Fuzzy FTA and ETA", *Journal of Loss Prevention in the Process Industries*, Vol. 63, 2020.

Hosseini, S., et al., "A Review of Definitions and Measures of System Resilience", *Reliability Engineering & System Safety*, Vol. 145, 2016.

Huang, J., et al., "Deep Reinforcement Learning Based Preventive Maintenance Policy for Serial Production Lines", *Expert Systems with Applications*, Vol. 160, 2020.

Huang, W., et al., "A New System Risk Definition and System Risk Analysis Approach Based on Improved Risk Field", *IEEE Transactions on Reliability*, Vol. 69, No. 4, 2019.

Hussain, A., et al., "Microgrids as a Resilience Resource and Strategies used by Microgrids for Enhancing Resilience", *Applied Energy*, Vol. 240, 2019.

Hynes, W., et al., "Systemic Resilience in Economics", *Nature Physics*, Vol. 18, No. 4, 2022.

Jain, P., et al., "Resilience Metrics for Improved Process-risk Decision Making: Survey, Analysis and Application", *Safety Science*, Vol. 108, 2018.

Jain, P., et al., "Process Resilience Analysis Framework (PRAF): A Systems Approach for Improved Risk and Safety Management", *Journal of Loss Prevention in the Process Industries*, Vol. 53, 2018.

Kendra, J. M., et al., "Elements of Resilience after the World Trade Center Disaster: Reconstituting New York City's Emergency Operations Centre", *Disasters*, Vol. 27, No. 1, 2003.

Kerkhoff, A. J., Enquist, B. J., "The Implications of Scaling Approaches for Understanding Resilience and Reorganization in Ecosystems", *BioScience*, Vol. 57, No. 6, 2007.

Kuo, W., *Optimal Reliability Modeling: Principles and Applications*, Hoboken: John Wiley & Sons, 2003.

Lambert, H. E., *Fault Trees for Decision-making in Systems Analysis*, Livermore: University of California, Berkeley, 1975.

Langdalen, H., et al., "On the Importance of Systems Thinking When Using the ALARP Principle for Risk Management", *Reliability Engineering & System Safety*, Vol. 204, 2020.

Leveson, N., "A New Accident Model for Engineering Safer Systems", *Safety Science*, Vol. 42, No. 4, 2004.

Levitin, G., et al., "Optimal Shock-driven Switching Strategies with Elements Reuse in Hetero geneous Warm-standby Systems", *Reliability Engineering & System Safety*, Vol. 210, 2021.

Levitin, G., et al., "Co-optimizing Component Allocation and Activation Sequence in Heterogeneous 1-out-of-n Standby System Exposed to Shocks", *Reliability Engineering & System Safety*, Vol. 230, 2023.

Levitin, G., et al., "Dynamic Task Distribution Balancing Primary Mission Work and Damage Reduction Work in Parallel Systems Exposed to Shocks", *Reliability Engineering & System Safety*, Vol. 215, 2021.

Levitin, G., Xing, L., Dai, Y., "Minimum Cost Replacement and Maintenance Scheduling in Dual-dissimilar-unit Standby Systems", *Reliability Engineering & System Safety*, Vol. 218, 2022.

Li, X. H., et al., "A Hybrid Strategy for Network Immunization", *Chaos Solitons & Fractals*, Vol. 106, 2018.

Li, Y., et al., "Time-varying Importance Measure of Mechanical Systems Considering Maintenance", *Engineering Computations*, Vol. 36, No. 9, 2019.

Li, Z., et al., "Resilience-based Transportation Network Recovery Strategy during Emergency Recovery Phase under Uncertainty", *Reliability Engineering & System Safety*, Vol. 188, 2019.

Liu, B., et al., "A Value-based Preventive Maintenance Policy for Multi-component System with Continuously Degrading Components", *Reliability Engineering & System Safety*, Vol. 132, 2014.

Liu, C., et al., "A Modeling Framework for System Restoration from Cascading Failures", *PloS One*, Vol. 9, No. 12, 2014.

Liu, F., Dui, H., Li, Z., "Reliability Analysis for Electrical Power Systems Based on Importance Measures", *Proceedings of the Institution of Mechanical Engineers, Part O: Journal of Risk and Reliability*, Vol. 236, No. 2, 2022.

Liu, M., et al., "Resilience Importance Measure and Optimization Considering the Stepwise Recovery of System Performance", *IEEE Transactions on Reliability*, Vol. 72, No. 3, 2022.

Liu, M., et al., "Importance Measure Construction and Solving Algorithm Oriented to the Cost-constrained Reliability Optimization Model", *Reliability Engineering & System Safety*, Vol. 222, 2022.

Liu, W., et al., "Recovery-based Seismic Resilience Enhancement Strategies of Water Distribution Networks", *Reliability Engineering & System Safety*, Vol. 203, 2020.

Liu, W., Song, Z., Ouyang, M., "Lifecycle Operational Resilience Assessment of Urban Water Distribution Networks", *Reliability Engineering & System Safety*, Vol. 198, 2020.

Liu, X., et al., "Network Resilience", *Physics Reports*, Vol. 971, 2022.

Long, L., et al., "Organizational Resilience: The Theoretical Model and Research Implication", *ITM Web of Conferences*, Vol. 12, 2017.

Luthar, S. S., et al., "The Construct of Resilience: A Critical Evaluation and Guidelines for Future Work", *Child Development*, Vol. 71, No. 3, 2000.

Marseguerra, M., Zio, E., "Monte Carlo Estimation of the Differential

Importance Measure: Application to the Protection System of a Nuclear Reactor", *Reliability Engineering & System Safety*, Vol. 86, No. 1, 2004.

McCall, J. J., "Maintenance Policies for Stochastically Failing Equipment: A Survey", *Management Science*, Vol. 11, No. 5, 1965.

Mechefske, C. K., Wang, Z., "Using Fuzzy Linguistics to Select Optimum Maintenance and Condition Monitoring Strategies", *Mechanical Systems and Signal Processing*, Vol. 15, No. 6, 2001.

Meng, F., et al., "Topological Attributes of Network Resilience: A Study in Water Distribution Systems", *Water Research*, Vol. 143, 2018.

Mishra, D. K., et al., "A Review on Resilience Studies in Active Distribution Systems", *Renewable and Sustainable Energy Reviews*, Vol. 135, 2021.

Mitra, A., Shaw, R., "Systemic Risk Management in India: An Analytics Perspective", *Progress in Disaster Science*, Vol. 18, 2023.

Natvig, B., et al., "Simulation Based Analysis and an Application to an Offshore Oil and Gas Production System of the Natvig Measures of Component Importance in Repairable Systems", *Reliability Engineering & System Safety*, Vol. 94, No. 10, 2009.

Ouyang, M., et al., "Emergency Response to Disaster-struck Scale-free Network with Redundant Systems", *Physica A: Statistical Mechanics and its Applications*, Vol. 387, No. 18, 2008.

Perrings, C., "Resilience and Sustainable Development", *Environment and Development Economics*, Vol. 11, No. 4, 2006.

Petritoli, E., et al., "Reliability and Maintenance Analysis of Unmanned Aerial Vehicles", *Sensors (Basel)*, Vol. 18, No. 9, 2018.

Pregenzer, A. L., *Systems Resilience: A New Analytical Framework for Nuclear Nonproliferation*, Sandia National Laboratories (SNL), Albuquerque, NM, and Livermore, CA (United States), 2011.

Rahmani, D., et al., "A Robust Model for a Humanitarian Relief Network with Backup Covering under Disruptions: A Real World Application", *International Journal of Disaster Risk Reduction*, Vol. 28, 2018.

Rose, A., "Defining and Measuring Economic Resilience to Disasters",

Disaster Prevention and Management: *An International Journal*, Vol. 13, No. 4, 2004.

Salem, S., et al., "Probabilistic Resilience-guided Infrastructure Risk Management", *Journal of Management in Engineering*, Vol. 36, No. 6, 2020.

Salman, A. M., et al., "Maintenance Optimization for Power Distribution Systems Subjected to Hurricane Hazard, Timber Decay and Climate Change", *Reliability Engineering & System Safety*, Vol. 168, 2017.

Sarkar, D., et al., "Emergency Restoration Based on Priority of Load Importance Using Floyd-Warshall Shortest Path Algorithm", *Computational Advancement in Communication Circuits and Systems*: Proceedings of ICCACCS 2018, Springer Singapore, 2020.

Sayed, A. R., et al., "Resilient Operational Strategies for Power Systems Considering the Interactions with Natural Gas Systems", *Applied Energy*, Vol. 241, 2019.

Serdar, M. Z., et al., "Urban Transportation Networks Resilience: Indicators, Disturbances and Assessment Methods", *Sustainable Cities and Society*, Vol. 76, 2022.

Shafiee, M., Finkelstein, M., "A proactive Group Maintenance Policy for Continuously Monitored Deteriorating Systems: Application to Offshore Wind Turbines", *Proceedings of the Institution of Mechanical Engineers, Part O: Journal of Risk and Reliability*, Vol. 229, No. 5, 2015.

Shahraki, A. F., et al., "Selective Maintenance Optimization for Multi-state Systems Considering Stochastically Dependent Components and Stochastic Imperfect Maintenance Actions", *Reliability Engineering & System Safety*, Vol. 196, 2020.

Sharifi, A., "Resilient Urban forms: A Review of Literature on Streets and Street Networks", *Building and Environment*, Vol. 147, 2019.

Sharma, A., et al., "A Literature Review and Future Perspectives on Maintenance Optimization", *Journal of Quality in Maintenance Engineering*, Vol. 17, No. 1, 2011.

Si, S. B., et al., "Integrated Importance Measures of Multi-state Systems under Uncertainty", *Computers & Industrial Engineering*, Vol. 59, No. 4,

2010.

Si, S., et al., "Integrated Importance Measure of Component States Based on Loss of System Performance", *IEEE Transactions on Reliability*, Vol. 61, No. 1, 2012.

Si, S., et al., "Importance Analysis for Reconfigurable Systems", *Reliability Engineering & System Safety*, Vol. 126, 2014.

Si, S., et al, "System Reliability Allocation and Optimization Based on Generalized Birnbaum Importance Measure", *IEEE Transactions on Reliability*, Vol. 68, No. 3, 2019.

Si, S., et al., "Recent Advances in System Reliability Optimization Driven by Importance Measures", *Frontiers of Engineering Management*, Vol. 7, No. 3, 2020.

Smith, B. W., et al., "The Brief Resilience Scale: Assessing the Ability to Bounce Back", *International Journal of Behavioral Medicine*, Vol. 15, No. 3, 2008.

Sun, W., et al., "Resilience Metrics and Measurement Methods for Transportation Infrastructure: the State of the Art", *Sustainable Resilient Infrastructure*, Vol. 5, No. 3, 2020.

Tan, W., et al., "A Graph-based Model to Measure Structural Redundancy for Supply Chain Resilience", *International Journal of Production Research*, Vol. 57, No. 20, 2019.

Tang, T., et al., "Reliability Analysis and Selective Maintenance for Multistate Queueing System", *Proceedings of the Institution of Mechanical Engineers, Part O: Journal of Risk and Reliability*, Vol. 236, No. 1, 2021.

Vesely, W., et al., *Measures of Risk Importance and Their Applications*, Battelle Columbus Labs, 1983.

Vu, H. C., Do, P., Barros, A., "A Stationary Grouping Maintenance Strategy Using Mean Residual Life and the Birnbaum Importance Measure for Complex Structures", *IEEE Transactions on Reliability*, Vol. 65, No. 1, 2016.

Wang, X., et al., "Reliability Modeling for Competing Failure Processes with Shifting Failure Thresholds under Severe Product Working Conditions", *Applied Mathematical Model*, Vol. 89, No. 2, 2021.

Wang, Y., et al., "On Microgrids and Resilience: A Comprehensive Review on Modeling and Operational Strategies", *Renewable and Sustainable Energy Reviews*, Vol. 134, 2020.

Webb, C. T., "What is the Role of Ecology in Understanding Ecosystem Resilience?", *BioScience*, Vol. 57, No. 6, 2007.

Wen, M., et al., "Resilience-based Component Importance Measures", *International Journal of Robust and Nonlinear Control*, Vol. 30, No. 11, 2020.

Wu, G., et al., "A Gene Importance Based Evolutionary Algorithm (GIEA) for Identifying Critical Nodes in Cyber-Physical Power Systems", *Reliability Engineering & System Safety*, Vol. 214, 2021.

Wu, J., et al., "A Markov Resilience Assessment Framework for Tension Leg Platform under Mooring Failure", *Reliability Engineering & System Safety*, Vol. 231, 2023.

Wu, S., et al., "Linking Component Importance to Optimization of Preventive Maintenance Policy", *Reliability Engineering & System Safety*, Vol. 146, 2016.

Wu, Y., Chen, S., "Resilience Modeling and Pre-hazard Mitigation Planning of Transportation Network to Support Post-earthquake Emergency Medical Response", *Reliability Engineering & System Safety*, Vol. 230, 2023.

Xiahou, T., et al., "Measuring Conflicts of Multisource Imprecise Information in Multistate System Reliability Assessment", *IEEE Transactions on Reliability*, Vol. 71, No. 4, 2021.

Xin, Y., et al., "Discerning Influential Spreaders in Complex Networks by Accounting the Spreading Heterogeneity of the Nodes", *IEEE Access*, Vol. 7, 2019.

Xing, L., Johnson, B. W., "Reliability Theory and Practice for Unmanned Aerial Vehicles", *IEEE Internet of Things Journal*, 2022.

Xing, L., "Cascading Failures in Internet of Things: Review and Perspectives on Reliability and Resilience", *IEEE Internet of Things Journal*, Vol. 8, No. 1, 2021.

Yodo, N., et al., "Predictive Resilience Analysis of Complex Systems

Using Dynamic Bayesian Networks", *IEEE Transactions on Reliability*, Vol. 66, No. 3, 2017.

Yu, S., et al., "A New Approach of Robustness-Resistance-Recovery (3Rs) to Assessing Flood Resilience: A Case Study in Dongting Lake Basin", *Landscape and Urban Planning*, Vol. 230, 2023.

Zeng, Z., et al., "A Markov Reward Process-based Framework for Resilience Analysis of Multistate Energy Systems under the Threat of Extreme Events", *Reliability Engineering & System Safety*, Vol. 209, 2021.

Zhang, C., et al., "Resilience Efficiency Importance Measure for the Selection of a Component Maintenance Strategy to Improve System Performance Recovery", *Reliability Engineering & System Safety*, Vol. 217, 2022.

Zhang, M., "A Heuristic Policy for Maintaining Multiple Multi-state Systems", *Reliability Engineering & System Safety*, Vol. 203, 2020.

Zhang, W., Wang, N., "Bridge Network Maintenance Prioritization under Budget Constraint", *Structural Safety*, Vol. 67, 2017.

Zhang, Y., Shen, J., Ma, Y., "An Optimal Preventive Maintenance Policy for a Two-stage Competing-risk System with Hidden Failures", *Computer & Industrial Engineering*, Vol. 154, 2021.

Zhu, X., et al., "Remaining-useful-lifetime and System-remaining-profit Based Importance Measures for Decisions on Preventive Maintenance", *Reliability Engineering & System Safety*, Vol. 216, 2021.

Zhu, X., et al., "Birnbaum Importance-based Heuristics for Multi-type Component Assignment Problems", *Reliability Engineering & System Safety*, Vol. 165, 2017.

Zio, E., et al., "Importance Measures-based Prioritization for Improving the Performance of Multi-state Systems: Application to the Railway Industry", *Reliability Engineering & System Safety*, Vol. 92, No. 10, 2007.

Zou, C. C., et al., "Email Worm Modeling and Defense", *Computer Communications and Networks*, 2004.

Zuo, M., "System Reliability and System Resilence", *Frontiers of Engineering Management*, Vol. 8, No. 4, 2021.